Lydia Thalmayer

Abraham und das Vermächtnis seiner Frauen

IMPRESSUM

Lydia Thalmayer
Abraham und das Vermächtnis seiner Frauen
Layout und Titelgestaltung: Andreas Klinkert
Titelbild: »Die Verstoßung von Hagar und Ismael« (Ausschnitt), Jan Victors, 1650
Satz: Bettina Lutze
Druck: Druckhaus Bayreuth

Verlagsgesellschaft mbH
Postfach 2010
61410 Oberursel
ISBN: 3-88095-109-8

LYDIA THALMAYER

ABRAHAM

und das Vermächtnis seiner Frauen

Eine Vision für Frieden zwischen Juden und Arabern
im Sinne der Abrahamischen Ökumene

Inhalt

Einladung 6
Zum Geleit 11
Der Bruch mit den Göttern 15
Aufbruch und Reise 18
Sarajs erster Traum: Abschied von den Göttern 39
Haran, die Stadt des Mondgottes 49
Der Ruf Gottes 52
Der Weg nach Kanaan 58
Das Land Kanaan 67
Heimatsuche 70
Ägypten 77
Sarajs zweiter Traum: Die unsichtbare Schutzmauer 93
Saraj und Pharao 95
Der Tanz der Schmetterlinge 104
Abrams Innenschau 108
Großmut als Strafe 112
Hagars Schicksal 115
Sarajs dritter Traum: Das Geheimnis des Rollsiegels 125
Unruhig ist Abrams Herz und findet keine Heimat 129
Trennung von Lot 132
Hagars neue Heimat 133
Das ganze Land dir und deinen Nachkommen 136
Der Krieg der Könige – Abram befreit Lot 140
Noch einmal eine Verheißung 140

Sarajs vierter Traum: Tief schmerzen die eigenen Pfeile 144
Hagars Erwählung und Auftrag 146
Hagar – Abrams zweite Frau 155
Konflikte – Flucht als Ausweg 157
Begegnung am Brunnen 160
Der Sohn Abrams wird geboren. Ismael ist sein Name 162
Gottes Bund mit Abraham 166
Drei Männer zu Gast 167
Sodoms Untergang – Warum? 169
Abrahams zweiter Sohn, Isaak, wird geboren 170
Isaaks Entwöhnung. Ein Fest 172
Saras fünfter Traum: Trennung von Hagar 176
Saras harte Forderung 180
Abrahams schwerste Entscheidung 183
Die Wüste zeigt ihr heißes Gesicht 185
Das Geheimnis der Rettung 187
Auf der Suche nach einem geheimnisvollen Ort 191
Abrahams Rückkehr nach Kanaan 195
Ein Opfer. – Abrahams Kampf mit Gott 197
Saras Angst um ihren Sohn 201
Saras sechster Traum: Der Kelch ging vorüber 203
Wo ist Hagar? 205
Hagars Heimholung 209
Saras Vermächtnis 211
Saras siebter Traum: Sara träumt ihren größten Traum 213
Ismael, mein Bruder 221

Einladung

A B R A H A M. – Warum Abraham heute?
»Der Streit im Hause Abraham muss endlich begraben werden.« Dieser Ausspruch von Hans Küng angesichts des letzten Golfkrieges, gab mir den Anstoß, nach den religiösen Wurzeln des Familienstreits zwischen Juden und Arabern zu fragen. Die Rückbesinnung auf Abraham, den gemeinsamen Stammvater von Juden und Arabern, könnte zur Brücke werden, auf der sich seine Nachkommen nach Epochen von Streit, Hass und Zwietracht eines Tages die Hände reichen. In Herzen der Menschen muss Versöhnung stattfinden.

In den drei abrahamischen Religionen, Judentum, Christentum und Islam, glauben die Menschen an den gleichen Gott, den einzigen, den es für sie gibt. Die Gläubigen beten zu ihm, sie verehren ihn, sie sind von seiner Allmacht, Güte und Liebe überzeugt. Wenn diese Tatsache endlich einmal den Glaubenden wirklich bewusst werden würde, müsste dies doch viele befähigen, nicht länger das Trennende in den Vordergrund zu stellen, sondern das Gemeinsame mehr und mehr hervorzuheben. Es sollten sich alle angesprochen fühlen und guten Willens sein, den ›Anderen‹, den Juden, den Christen, den Muslim, kennen zu lernen, und in Wohlwollen die unterschiedlichen Auffassungen betrachten und tolerieren. Dann könnte all das Ähnliche in unseren Ansichten über Gott bald eine neue Beziehung untereinander schaffen.

Ich begann die Vätergeschichte der Genesis, des ersten Buchs der Bibel (l. Buch Mose), zu lesen, und neugierig geworden suchte ich auch in altem jüdischen Schrifttum und in islamischen Überlieferungen nach Quellen, die von Abraham, seinen Frauen Sara und Hagar und seinen Söhnen Ismael und Isaak berichten.

Steinchen für Steinchen habe ich wie in einem Mosaik das mir wichtig Erscheinende zusammengesetzt, und daraus ergab sich das Bild, in dem sich Abrahams Welt in allen Facetten spiegelt. So ist eine fiktive, zeitübergreifende Biografie Abrahams entstanden wie auch Lebensbilder seiner Frauen, mit neuen Perspektiven und ungewöhnlichen Schlussfolgerungen.

Es verbinden sich historische Zusammenhänge mit der spannungsgeladenen Atmosphäre zwischen Sara und Hagar, den beiden Frauen Abrahams. Sara, der Stamm-Mutter des jüdischen Volkes, und Hagar, der Stamm-Mutter arabischer Völker.

Ich berichte Bekanntes aus dem Alten Testament, Unbekanntes aus alten jüdischen Büchern, und es werden auch die Ansichten über Abrahams Familie aus dem Koran berücksichtigt. Dazu hineinverwoben die Visionen, die ich in den Träumen der Sara aufsteigen lasse. Träume, in denen sich in langer Zeit etwas entwickelt, was vielleicht heute, am Beginn eines neuen Zeitalters, durch eine andere Qualität des Denkens Wirklichkeit werden könnte.

Die Geschichte eines langen Zeitenkreises ist abgerollt. Wie sollen wir sie heute erzählen?

In vielen Menschen ist die Bereitschaft da, religionsgeschichtliche Überlieferungen einer neuen Betrachtungs- und Denkweise zu unterziehen. Interessant dazu sind die Ausführungen von Claus Westermann, dessen Interpretation der Genesis eine sehr wertvolle Hilfe für mich war. Er schreibt:

> *»Die späteren Generationen, lange nach der Väterzeit, haben sich die alten Geschichten und die damaligen Verheißungen ihrem oft sehr anderen Denken entsprechend zu erklären versucht, und manchmal ist ihr Erklären in die Wiedergabe der Erzählungen und Verheißungen eingegangen. Denn für sie war wichtig, was sie ihnen zu ihrer Zeit bedeuteten ... Wenn wir heute diese alten Geschichten lesen, nehmen wir auch an der Geschichte ihrer Auslegung teil.«*

Diese uralte Tradition war mir in gewisser Weise Vorbild zu meiner Version der Geschichte, wenn ich historische Texte mit neuen Gedanken in Zusammenhang bringe.

So entsprechen auch manche Begriffe und Dialoge, Erzählungen und Deutungen in diesem Buch unserem heutigen Denken. Wenn sich dazu alte Rache- und Vergeltungsgelüste auflösen, können ganz andere Dimensionen in zwischenmenschlichen Beziehungen erreicht werden.

Als Abraham sich damals von den vielen Göttern seiner Tradition abgewandt hat, war es für ihn ein weiter Weg des Suchens, seinen Gott zu finden.

Auch in unserer Zeit dienen wir so genannten Göttern und Halbgöttern, die wir uns erschaffen haben. Vieles opfern wir ihnen und lassen uns von ihnen beherrschen. Aber auch wir hinterfragen heute in unserer Religion Belastendes, Überholtes und Hemmendes, um nach einem Gottesverständnis zu suchen, mit dem wir in das neue Jahrtausend gehen können. Gar mancher stellt sich die Frage: Wer ist der Gott, der uns in ein »Neues Land«, in eine »Neue Zeit« führen kann? Wie können wir Menschen in dieser aufgeklärten, von den Naturwissenschaften beherrschten Zeit ihn uns vorstellen, ihn verstehen, ihn neu entdecken im weitesten Sinne?

Es gibt viele Suchende mit einer großen Sehnsucht nach Erkennen, nach Erfassen. Suchende nach Gott, nach Heilem, nach Gutem. Nach einer Botschaft für unsere Zeit. Man möchte Dinge ergründen, die hinter der sichtbaren Welt stehen. Und so wird der Glaube der nächsten Zukunft auch von mystischen, spirituellen und esoterischen Gedanken im besten Sinne des Wortes beeinflusst und geprägt werden.

Für die alten Religionen könnte das ein weites Land sein, das neu zu bebauen, neu zu bearbeiten wäre. Und es müsste vielleicht einiges auf dem »Acker Gottes«, was in Jahrhunderten gepflanzt und oft manipuliert wurde, untergepflügt werden.

Um manches aus den überlieferten Geschichten verständlich zu machen, müssen wir sie jetzt aufwecken, die biblischen Personen. Und indem wir sie lebendig werden lassen, von ihren damaligen Lebensumständen erfahren, ihre Gefühle nachvollziehen, uns ihre Ängste vor Augen führen, können sie uns sehr vertraut werden, und es wird nicht scheinen, als lägen Jahrtausende dazwischen.

Damit wir dann auch das Umfeld der damaligen Zeit kennen lernen, brechen wir auf in den Nahen und Mittleren Osten und wandern mit Abraham die Wege, von denen man nach neueren Erkenntnissen annimmt, dass sie Abraham damals mit seinem Gefolge gegangen ist. Und das Verweilen an manchen Orten, die für ihn eine große Bedeutung hatten, kann uns ganz mit hineinnehmen in diese vergangene Zeit.

Dort begegnet uns Abraham als durch und durch menschliche Gestalt mit allen Schwächen und Stärken, Gutes tuend wie Schuld auf sich ladend, und trotzdem unter Gottes Schutz stehend.

- Abraham, der mit gütiger, aber auch starker Hand als charismatischer Führer seine Sippe von Ort zu Ort führt.
- Abraham, der auch als Glaubender wankt und zweifelt.
- Abraham, der Hungersnöte und Kriege durchstehen muss.
- Abraham, der mit List und Schlauheit ums Überleben kämpft.
- Abraham, der Segen und Verheißung erfährt.
- Abraham, der bis zu seinem Tod seine Wege mit Gott geht, in seiner Zeit, mit seinem Verständnis, auf seine ihm gemäße Weise.
- Sara, seine schöne Frau, wird in dieser Erzählung oft durch ihre Handlungen charakterisiert, da sie viele Dinge »in die Hand nimmt«. Sie macht uns manchmal betroffen durch ihre starken menschlichen Gefühle.
- Sara erleben wir in den großen Auseinandersetzungen mit Hagar, der Nebenfrau Abrahams.
- Sara, deren Wandlung sich vollzieht durch großen Schmerz, durch die Vision der Opferung ihres Sohnes Isaak.
- Sara, die in ihrem letzten Traum die Schrecken des jahrtausendelangen Streits zwischen ihren und Hagars Nachkommen in apokalyptischen Szenen voraussieht.
- Sara, die am Ende ihres Lebens die große Frau wird, die Hagar aus der Verbannung heimholt, die alle dunklen Gefühle überwindet, die mit Hagar Frieden schließt.
- Sara, die uns hier den Auftrag gibt, Liebe zu leben, nachdem sie selbst Licht und Liebe geworden ist.
- Hagar, die zweite Frau Abrahams, ist sicher die unbekannteste und am meisten verkannte Gestalt.
- Hagar, die in der Genesis ebenfalls direkt von Gott angesprochen wurde, eine große Verheißung bekam und den Auftrag, Stamm-Mutter arabischer Völker zu werden.

Nie wurde dies exegetisch weitertransportiert. Hagar wird in unserer Bibel nur als Magd Saras bezeichnet, aber aus dem Buch »Was wurde aus Saras Töchtern« (von Pnina Nave Levinson, Jerusalem) erfahren wir, welche Würde Hagar in der jüdischen Tradition gegeben wird. Nämlich, dass sie eine Tochter Pharaos sei und später, nach Saras Tod, als *Ketura* (der Name bedeutet »Weihrauch«) die »dritte« Frau Abrahams wurde, mit der er noch sechs Söhne zeugte.

Alle diese Tatsachen geben Hagar einen Stellenwert, dessen Bedeutung in dieser Geschichte sichtbar wird.

Wenn wir nun bereit sind, uns auf eine neue Sichtweise einzulassen und mit etwas Fantasie alte Grenzen überschreiten, können wir Abraham, dem gemeinsamen Vater unseres Glaubens, Sara und Hagar, den beiden großen Frauen, in einem weiten transzendenten Raum begegnen und die Worte von ihnen hören, die sie angesichts unserer heutigen Welt aussprechen würden: *Liebe* und *Frieden, Frieden* und *Liebe.*

Dann kann nicht nur in Traum und Vision der Silberstreif am östlichen Horizont weiterwachsen, sondern auch in Wirklichkeit ein Weg zum Frieden gefunden werden.

Lydia Thalmayer

Zum Geleit

Eine zeitgemäße Botschaft

Dieses Buch ist ein Werk der Liebe. Nicht nur, dass hier viel Material liebevoll zusammengebracht wird, die Autorin, eine offensichtliche Idealistin, will durch ihr Buch der Liebe zwischen den Menschen eine Hilfestellung geben.

Die Geschichte Abrahams, seiner Frauen und Söhne wird hier ganz neu erzählt, dabei spannend und niemals ermüdend. Viele von uns kennen zwar die Erzählung aus der Bibel (wer sich noch an seine Religionsstunden erinnert), aber nicht so, wie hier dargestellt. Dass die rivalisierenden Frauen, Sara und Hagar, sich am Ende finden, ist nicht nur biblisches Neuland. Als die Stamm-Mütter des jüdischen und arabischen Volkes enthält dies auch eine wichtige, heute besonders zeitgemäße Botschaft, dass auch Juden und Muslime sich einander finden mögen. Und darüber hinaus, dass auch sonst in der Welt nach Leid und Chaos Glück und Befriedung kommen, dass die geschundene Schöpfung die Erlösung erlebe.

Daran müssen wir alle arbeiten.

»Es kommt von den Himmeln keine Rettung, so komme sie von mir.
Ich find' den Himmel nur in meinem Herzen, und deinen findest du allein in dir.«

Das ist die Antwort und die Botschaft dieses Buches, dem wir weite Verbreitung wünschen, heute mehr denn je.

Rabbiner Prof. Nathan Peter Levinson, Jerusalem

Inschallah. Gebe es Gott

Die Historizität der biblischen Erzählungen in ihren Einzelheiten ist bekanntlich fragwürdig. Das bezieht sich ebenfalls auf die Erzählstoffe dieses Ursprungs, die vom Qur'an (Koran) übernommen worden sind. Einen historischen Wertmaßstab an sie zu legen wäre ein müßiges Unterfangen. Sie haben in den heiligen Texten wohl die Aufgabe, die Gläubigen in der angestammten Stimmung der Vorväter im Glauben zu halten und ihnen so den Weg eines religiös erfüllten Lebens aufzuzeigen. Sie wirken gelegentlich auch als literarisch-pädagogische Behelfe, die auf eine Hebung der Glaubensempfindungen ausgerichtet sind. Der Erzählung vom »schönen Joseph« im Qur'an zum Beispiel wird vom Qur'an selbst direkt ein literarisch-ästhetischer Zweck zugeschrieben. Hier ist also keine genaue Wiedergabe der Historie zu erwarten. Die Helden der gegenständlichen Erzählungen erscheinen als nachahmenswerte Vorbilder. Ihre einstige gesellschaftliche Rolle gehört in das gemeinsame Religionsbewusstsein. Die Erzählstoffe, die darüber berichten, enthalten Ansatzpunkte für den interreligiösen Dialog, denn alle drei monotheistischen Religionen treffen darin einander.

Nach der Art der übrigen heiligen Bücher enthält der Qur'an, also die Grundurkunde des Islam, neben den eindeutigen noch symbolische Aussagen. Manche Sachverhalte erfordern geradezu, symbolhaft oder andeutungsweise angegangen zu werden. »Die symbolische Sprache ist«, meint der muslimische Soziologe Ali Shari ati, »wortbeständiger als die Alltagssprache der Laien.« Die symbolische Sprache eignet sich dazu, verschiedene Menschentypen, Klassen und Gesellschaftsschichten anzusprechen. Sie behält in allen Zeiten und Generationen ihre Aussagekraft. Menschen von unterschiedlichen Bildungsstufen, Mentalitäten und Charaktereigenschaften können ihr gleich gespannt zuhören. Um unwirkliche Inhalte zu vermitteln, bedient sich der Mensch eben der Zeichen oder Sinnbilder, aber auch der Musik, der Skizzen, der Landkarten und anderer Mittel mehr. Die Musik erzählt uns mit bloßer Form ganze Bände. Im Qur'an ist beispielsweise die Mitteilungsart nicht allein durch die Sprache, sondern auch durch den Klang, den Stil und den melodiösen Vortrag gesichert.

Die biblischen Geschichten, als Sachberichte verstanden, erschweren in der heutigen, weitgehend säkularisierten Welt den Zugang zum Glauben – schon gar, wenn sie von Wundern erzählen. Ihr Inhalt gehört im Islam nicht zur inneren Glaubenssphäre. Im Gesamtlehrsystem kommt ihnen eine untergeordnete Rolle zu. Das ist u. a. durch die Natur dieser Religion zu erklären. Sie ist nicht so sehr geschichtsorientiert wie das Judentum und das Christentum. Sie ist vielmehr in das gesamte Weltgeschehen und die Natur eingebunden. Im Qur'an ist nicht etwa – wie in den Evangelien – die Geschichte des Religionsverkünders das Zentralthema. Ein ganzes Panorama von großen Religionsgestalten ist dort gegenwärtig, die Gott als eigentlichen Religionsstifter in die Mitte stellen. Abraham steht am Anfang der eindeutig monotheistisch verstandenen Religionsgeschichte. An ihn knüpfen alle Fäden der einheitlich verlaufenden religiösen Überlegungen. Lydia Thalmayer, schriftstellerisch begabt, von der Idee der Ökumene ergriffen und der Symbolsprache mächtig, stellt sich in diesem Buch mit ihren seherischen Fähigkeiten vor. Sie hat für Abrahams Nachkommen, Juden und Araber, eine glücklichere Zukunft in Frieden und Einigkeit vorausgesehen. Wie einst Martin Luther King baut sie ihre Vision auf dem Traum: auf den sieben Träumen der Sara. »I have a dream« ist der Ausgangspunkt dieses liebenswerten und interessanten Buches. Als Mensch begrüße ich sein Erscheinen; als Muslim füge ich hinzu: *Inschallah* (Gebe es Gott!).

Prof. Dr. Smail Balic, Zwerndorf bei Wien

Impuls aus den Wurzeln

Wer in die Konfrontation zwischen Juden und Arabern hineinschaut, glaubt, dass diese Feindschaft unüberbrückbar ist. Dabei stammen beide Völker, Araber und Juden, von dem einen und gleichen Vater, Abraham, ab, auch wenn die Mütter der Nachkommen verschieden sind: für die Araber Hagar, für die Juden Sara.

Aber das bedeutet nicht, dass sie nicht zu ein und derselben Familie gehören. In der Zeit damals, als die Welt im gesamten Orient ohne Glauben an einen einzigen Gott lebte und ihr Glaube in zahllosen Göttern und Götzen Ersatz fand, war Abraham nach unserem heutigen Sprachgebrauch ein Revolutionär. Er suchte den *einen* Gott.

Damit hat er sich erstmals gegen seinen Vater gestellt, der mit der Herstellung von Götterbildern seinen Lebensunterhalt verdiente. Abraham versuchte, ihn von der Nutzlosigkeit seines Tuns zu überzeugen, doch als er keine Hoffnung sah, ist er ausgewandert und auf seinen Reisen durch Syrien und Kanaan (heute Palästina) bis nach Ägypten gekommen. Auf diese Weise hat er viele verschiedene Völker kennen gelernt, und diese Erfahrungen haben ihn in seinem Vorhaben, der Verbesserung der Gesellschaft, bestärkt.

Vielleicht hat sich auch auf diesen Wanderungen der Boden bereitet für den Gedanken, an einen einzigen Gott zu glauben.

Liest man heute den Talmud, das Alte Testament und den Koran, dann findet man fast die gleichen Geschichten und Erzählungen, mit hier und dort gewissen unterschiedlichen Interpretationen.

Über die Jahrtausende hat sich leider nicht der ursprüngliche Gedanke durchgesetzt, sondern mehr oder weniger die Interpretationen, die in Hunderten von Jahren immer wieder zu Auseinandersetzungen und Kriegen geführt haben, die bis zum heutigen Tag andauern.

Gerade jetzt kommt durch dieses Buch die Anregung zur Besinnung, zum Ursprung und zu den Wurzeln zurückzugehen. Und damit ist dieses Buch ein kleiner neuer Impuls, der auf andere Impulse wartet, damit wir endlich den Boden für den Frieden in den Köpfen und Herzen der Menschen in dieser Region ebnen können.

Durch die Erfahrungen, die wir überall in der Welt erleben, stellt man fest, dass Kriege den Menschen die Kraft für den wirtschaftlichen Aufbau und Wohlstand wegnehmen und nur Elend und Leid verbreiten.

Aus diesem Wissen hat Europa gelernt, so dass die *Europäische Gemeinschaft,* ohne Grenzen und mit einem einheitlichen Euro, auf dem besten Wege ist, die Folgen der unzähligen Kriege in den letzten hundert Jahren, und vor allem die des Ersten und Zweiten Weltkriegs zu überwinden.

Es gibt immer noch viele Menschen, die durch Kriege leiden. In Asien, Afrika, Lateinamerika, aber auch in Europa und bei uns in Palästina und Israel zwischen Juden und Arabern.

So ist es an der Zeit, heute von unserem Ursprung zu lernen, dass das Leben in Frieden viel besser für die Menschen und auch für die kommenden Generationen ist.

Frieden, der auf Gerechtigkeit, gegenseitigem Respekt und Akzeptanz sowie Bewahrung der Würde eines jeden einzelnen aufgebaut ist, ist das, was wir heute überall in der Welt und vor allem im Nahen Osten brauchen.

Mögen viele Menschen durch dieses Buch dazu einen weiteren Gedankenanstoß finden.

Abdallah Frangi
Generaldelegierter Palästinas in Deutschland

Mesopotamien, Land zwischen den beiden großen Flüssen Euphrat und Tigris, ca. 1800/1750 v. Chr

Der Bruch mit den Göttern

Ur in Chaldäa, die große Stadt am Euphrat, ist in Aufruhr. Gellende Schreie hallen durch die Straßen: »Feuer! Es brennt! Die Zikkurat brennt! Feuer im Tempel!« Menschen rennen zum heiligen Bezirk. Hier und dort schreien sie die Unglücksnachricht in die Häuser hinein, und sofort hasten sie weiter. Immer größer wird die Schar derer, die herbeieilen. Die Ersten stürmen die Treppen hinauf, Rauch qualmt ihnen entgegen. Drinnen stehen die hölzernen Götterbilder in Flammen, stürzen von ihren Sockeln, und die Gold- und Silberstatuen schmelzen dahin.

An den untersten Stufen kauert, wie in einer Ohnmacht zusammengesunken, eine dunkle Gestalt. Es ist Abram, jener Abram, dem Gott viele Jahre später den Namen Abraham geben wird. Jetzt kommt er zu sich. Einige Leute rufen: »Wie ist das passiert? Was ist geschehen?« Andere schreien zu den Göttern und wehklagen. Grauen steht in ihren Gesichtern. Sollte es wahr sein, was manche denken, fürchten sie ein schreckliches Strafgericht auf diesen Frevel.

Inzwischen ist der ganze Tempel eingehüllt in Rauch. Abram spürt die Menschenmenge um sich wogen. Eine düstere Ahnung schwängert die Luft. Einer schreit: »War das Terachs Sohn Abram?« Abram sieht seinen Vater herbeieilen, er springt auf und bemerkt das Entsetzen in dessen Augen. Er weiß, für diesen angesehenen Mann ist ein solcher Verdacht ungeheuerlich.

Nun kommt Abrams Bruder Haran keuchend, in schnellem Lauf herbei. Er schiebt alle beiseite, die ihm im Wege stehen, er stürzt in den Tempel hinein. Abram möchte ihn zurückhalten, doch Haran ist schneller. Er will die Götter retten – doch er stirbt in Qualm und Rauch.

Abram ist in höchster Verzweiflung. Dazu kommt die Angst vor dem aufgebrachten Volk. Die Leute schreien und gestikulieren. Sie bestürmen Abram, als müsste er wissen, wie alles passiert ist. Doch Abram kann sich an die letzten Minuten nicht erinnern. Er weiß nur noch, er trug das Opferfeuer, er rückte die hölzerne Statue des Gottes Barisat zurecht. Dann wurde ihm schwarz vor Augen. Sein Bewusstsein muss ausgesetzt haben.

Ein paar Tage später. Sie begraben Haran in der Familiengruft. – Kalt und hart hallen die Schritte auf den Stufen hinab zur Hauskapelle. Tränen steigen in Abrams Augen, und das schrille Rufen der Klageweiber schmerzt in seinen Ohren.

Als die Trauerzeit nach sieben Tagen beendet ist, beginnt Terach wieder zu arbeiten. Abram setzt sich zu ihm in die Werkstatt, nimmt da und dort einen Gegenstand in die Hand, aber es fällt ihm schwer, sich zu konzentrieren.

Alles vor kurzem Geschehene wird noch einmal lebendig. Abram erinnert sich an seine harten Worte gegen die Götter und an seine Weigerung, mit seinem Vater die Dienste im Tempel auszuführen. Es gab eine große Auseinandersetzung, das war kurz vor dem Unglück in der Zikkurat.

Abram weiß es noch genau. Terach polierte eine gerade fertig gewordene Statue, und Abram sagte zu ihm: »Vater, wie oft habe ich dich schon nach der Macht der Götterbilder und nach dem Sinn der vielen steinernen Beterfiguren gefragt, aber immer weichst du meinen Fragen aus. Ich sage dir, sie sind alle nutzlos.« Unwirsch entgegnete Terach damals: »Ich will nichts davon hören, wir müssen arbeiten, wir haben viele Bestellungen!«

Tag für Tag fertigte Terach neue Götterbilder, und Abram musste sie verkaufen. Im Ausstellungsraum standen viele Figuren zur Auswahl, und die Kaufleute, auch aus fremden Ländern, kauften sie gerne und bezahlten mit Gold und Silber.

Dann war eines Tages der Steingott Merumat im Tempel umgefallen, und Abram musste ihn mit Hilfe seines Vaters wieder aufrichten. Dabei fiel der Kopf des Merumat herab. Stumm und starr lagen die Teile des geborstenen Götterhauptes verstreut umher. Terach störte sich nicht daran, er meißelte aus Stein einen neuen Kopf und setzte ihn kunstvoll auf den alten Rumpf, die Überreste zerschlug er.

Abram weiß noch genau, wie er das neue Götterbild anstarrte und zu seinem Vater sprach: »Bist du nicht eher deiner Götter Gott, da du durch dein Geschick sie erschaffst aus Stein mit Hammer und Meißel oder aus Holz mit deinem Messer. Und auch in Gold und Silber gibst du ihnen Form und Gestalt, ganz wie es dir gefällt. Welcher Sinn liegt in deinem Tun und Glauben?«

Damals schwieg Terach, starrte vor sich hin und schaute auf die umherliegenden Steine. Dann erwiderte er: »Vielleicht tue ich es, weil andere es vor uns getan haben, und diese es taten, weil unsere Vorväter es schon so hielten. Irgendwann hat das alles einmal angefangen, und kaum einer fragt heute noch nach dem ursprünglichen Sinn. Es ist Tradition geworden. Die Götterfigur mag ja stumm und unbeweglich sein, es könnten aber manche Menschen doch etwas erahnen von Geist und Gleichnis und vom symbolischen Gehalt hinter diesen Dingen. Vielleicht ist auch vieles in Vergessenheit geraten. Die Menschen wollen sie aber haben, diese Götter, sie wollen sie auch heute noch verehren und preisen.«

»Vater, denkst du wirklich, dass unser Götterkult nur deshalb gut und richtig und immer noch sinnvoll ist, weil andere, lange Zeit vor dir, das Gleiche getan haben?«, ereiferte sich Abram. »Es könnte doch sein, dass vieles, was die Priester uns erzählen, gar nicht stimmt oder nicht mehr.« Aufbrausend fuhr Abram fort: »Heute ist eine andere Zeit, wir müssen neue Fragen stellen. Manchmal sinne ich, welche Überlieferungen von wirklich Weisen stammen und welche von Menschen, die Macht ausüben wollen? Sie machen uns ja auch Angst, verpflichten uns und drohen mit Strafen. Vater, ich höre Neues in meinem Herzen und sehe in meinen Träumen nur einen einzigen Gott, einen einzigartigen. Und der ist ganz anders als alles, was wir bisher dachten.«

»Aber wir sehen doch zumindest die Götter, die am Himmel thronen«, wirft Terach ein, »diese sichtbaren Gewalten. Wir wissen ihre Namen, Sin der Mond, Utu die Sonne und Ischtar die Venus, dieser große leuchtende Stern am Abend und am Morgen. Wir kennen ihre Wege und Bahnen, und wir spüren sie vielfach in ihren Wirkungen.«

»Vielleicht sind ja die Sterne dort oben, die wir Götter nennen, Diener dieses einen mächtigen Gottes, den ich meine«, gibt Abram zu bedenken. »Und ich suche diesen Gott und versuche, ihn zu begreifen, und wenn ich ihn gefunden habe, wird er mein Gott sein für immer.«

Der Brand im Tempel bringt für Terachs Familie einschneidende Veränderungen mit sich. Terachs Ansehen ist gesunken. Die Priesterschaft verdächtigt insgeheim Abram, weiß sie doch um seine Rebellion gegen den herrschenden Glauben. Die Nachbarn ziehen sich zurück und reden kaum noch mit den Familienmitgliedern.

Abrams Bruch mit den Göttern ist besiegelt, und er weiß: Hier in der Stadt seiner Väter hätte er keine Chance, seine Gottessuche zu leben, diesem Gott zu dienen und ihn zu verehren.

Die turbulenten Ereignisse zwingen Abram direkt zu dem Gedanken, von Ur wegzugehen, und er wünscht sich sehr, sein Vater möge mit ihm kommen. Doch erst nach langen, schmerzhaften Überlegungen schließt sich Terach diesem Plan an. Die Entscheidung fällt ihm nicht leicht.

Als dann zum Aufbruch gerüstet wurde, kamen auch noch andere Mitglieder der Sippe zu dem Entschluss, Ur zu verlassen. Zurückbleiben will nur Abrams Bruder Nahor mit seiner Frau Milka.

Aufbruch und Reise

Wie auseinander gezogene Rauchschwaden liegt der aufgewirbelte Staub der trockenen Straße über dem langen Zug.

Abram, seine Frau Saraj, die später nach Gottes Willen den Namen Sara bekommt, sein Vater Terach, sein Neffe Lot und viele Verwandte verlassen ihre Heimat, die Stadt Ur am Euphrat. Schwarze Esel in großer Anzahl sind vollbepackt mit Körben und Taschen, Säcken und Zelten, Stangen und Wasserschläuchen; sie tragen den ganzen Hausrat, den gesamten Besitz einer großen Familie. Links und rechts des Weges treiben Hirten die Schaf- und Ziegenherden der Sippe. Seit dem frühen Morgen sind sie unterwegs. Endlos weiten sich Landschaft und Zeit.

Die jüngste Vergangenheit wollen alle vergessen. Sie hoffen, ihr wie der entschwindenden Stadt den Rücken kehren zu können. Trotzdem begleitet eine dunkle Wolke aus aufgewühlten Gedanken, vagen Hoffnungen, auch unsicheren Erwartungen und schmerzhaften Erinnerungen diese Schicksalsgemeinschaft.

Vielleicht sind es aber bereits die noch unausgesprochenen Wünsche an die Zukunft, die in den Tiefen des Bewusstseins mithelfen, sanft den Boden für den Neubeginn zu bereiten. Doch Kanaan, das Land, das Terach erreichen möchte, liegt noch in weiter Ferne.

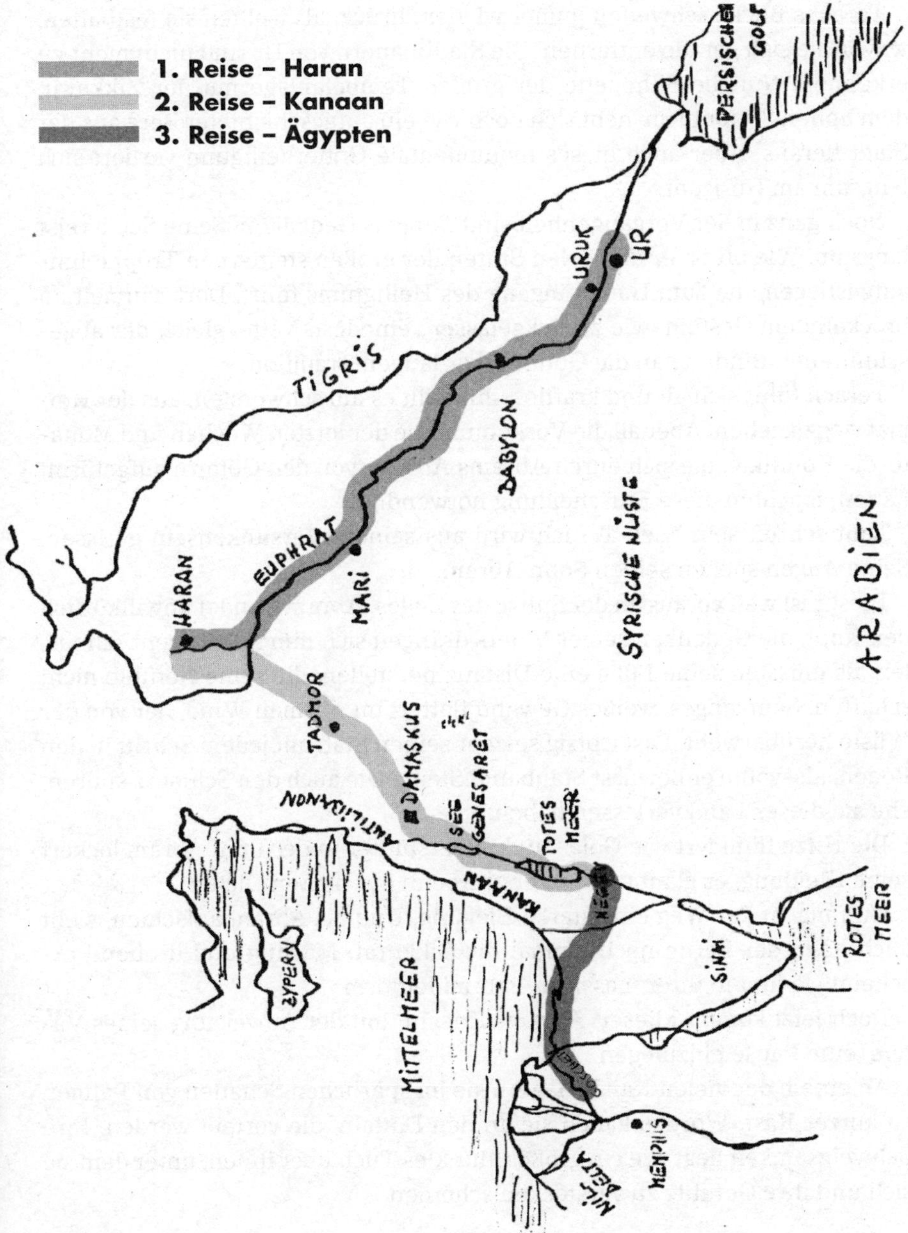
1. Reise – Haran
2. Reise – Kanaan
3. Reise – Ägypten
PERSISCHER GOLF
UR
URUK
TIGRIS
BABYLON
EUPHRAT
MARI
HARAN
SYRISCHE WÜSTE
ARABIEN
TADMOR
DAMASKUS
ANTILIBANON
SEE GENESARET
TOTES MEER
KANAAN
NEGEV
SINAI
ROTES MEER
ZYPERN
MITTELMEER
GOSCHEN
MEMPHIS
NILDELTA

Terachs Blicke schweifen immer wieder zurück, als wollten sie festhalten, wovon sie sich gerade entfernen. Die Stadtmauern von Ur sind nicht mehr zu erkennen. Nur die Silhouette der großen Tempelanlage mit der Zikkurat, dem hohen Stufenturm, hebt sich noch wie ein aufgeschichteter Berg aus der Stadt heraus. Aber auch dieses monumentale Götterheiligtum verliert sich langsam am Horizont.

Noch ganz in der Vergangenheit sind Terachs Gedanken. Seine Seele reist langsam. Wie oft ist er die vielen Stufen der großen steinernen Treppe hinaufgestiegen, die zum Haupteingang des Heiligtums führt. Dort baumelt an bröckelndem Gestein, wie zurückgelassen, eine lose Kette, gleich der abgeschnittenen Bindung an die Götter einer langen Tradition.

Terach fühlt sich alt und kraftlos, ihm fällt es am schwersten, aus der Heimat wegzuziehen. Aber all die Vorkommnisse der letzten Wochen und Monate, die Konflikte, die sich durch Abrams Abkehr von den Göttern aufgetürmt hatten, machten diese Entscheidung notwendig.

Laut schreit sein Esel. Terach wird aus seinem Versunkensein gerissen. Seine Augen suchen seinen Sohn Abram.

Dieser ist weit voraus an der Spitze des Zuges. Abram wendet unwillkürlich den Kopf, die Gedanken seines Vaters drängen sich ihm auf. Er geht schneller, als müssten seine Füße eine Distanz herstellen, die seine Gefühle nicht schaffen. Sein langes, weißes Gewand flattert im warmen Wind, der von der Wüste herüberweht. Fast trotzig setzt er seinen Stab mit jedem Schritt in den Boden, als wollte er bewusst Staub und Steine wie auch den Schmerz spüren, ehe sie dieses Land verlassen haben.

Die Hitze flimmert wie Gold- und Silbersplitter in der Luft. Abram lockert seine Kleidung, er glaubt fast zu ersticken in der heißen Dichte.

Nun macht der Weg eine starke Biegung. Und als Abram aufschaut, sieht auch er in der Ferne noch einmal die Zikkurat. Mächtig und drohend erscheint sie ihm in ihrer massigen Pyramidenform.

Doch jetzt kommt Elieser, Abrams Knecht, mit der Anweisung seines Vaters, eine Pause einzulegen.

An einem der vielen Kanäle lagern sie im spärlichen Schatten von Palmen zu kurzer Rast. Wortlos kauen sie an den Datteln, die verteilt werden. Ihre Schweigsamkeit liegt wie ein großes, dunkles Tuch über ihnen, unter dem sie sich und ihre Gefühle zu verstecken scheinen.

Nach der Ruhepause setzt sich der Zug wieder in Bewegung. Tocke-di-tock, tocke-di-tock. Das gleichmäßige Stampfen der Esel gibt der Karawane ihre monotone Melodie. Die Sonne steht tief im Westen, als sie den Lagerplatz für die Nacht erreichen. Elieser, der mit einigen Knechten vorausgeritten war, hat eine gute Stelle in der Nähe des Flusses ausfindig gemacht. Meckernd und blökend drängen und schubsen sich Schafe und Ziegen ans Wasser. Die Treiber, von denen jeweils einer für fünf Esel zu sorgen hat, haben die Tragetiere von ihrer Last befreit, und auch diese stapfen eilig zum Fluss.

Für die Nacht müssen einige Zelte aufgebaut werden. Frauen und Männer beteiligen sich gleichermaßen an der Arbeit, zu der Vater Terach die Anweisungen gibt. Er ist lange Zeit seines Lebens Nomade gewesen und kennt alle Handgriffe. Auch Abram versteht sich noch darauf. Sie rammen dicke Stöcke in den Boden, und mit Pflöcken und gespannten Seilen befestigen sie die Zelte. Darüber werfen sie Planen aus selbst gesponnener schwarzer Ziegenwolle.

Scherzend und voller Eifer beginnen ein paar junge Burschen einen Wettstreit, wer heute als Erster Feuer zu Wege bringen würde. Einer hat sich schon alles, was er dazu braucht, zurechtgelegt. Ein größeres Stück Holz mit einer eingekerbten Vertiefung, dazu einen dünnen, runden Holzstab, bei dem er am unteren Ende die Rinde fein abgeschabt hat. Während die anderen noch an ihren Hölzern herumschneiden, fängt er schon an, seinen gut präparierten Stock wie einen Quirl in der Mulde hin- und herzudrehen. Schneller, immer schneller, jetzt wird es schon ganz heiß. Die erste Flamme ist da und entzündet die kleinen, feinen Holzspäne, die danebenliegen. Die Kinder, die neugierig und aufmerksam zugeschaut haben, hüpfen vor Freude, und die Mägde warten schon mit den Kochgefäßen.

Es ist dunkel geworden. Nur das flackernde Licht des Feuers erhellt einen Teil des Lagers. Abram teilt Knechte und Sklaven als Wachen gegen Räuber und wilde Tiere ein. Die Frauen säubern die Geschirre und Geräte an der Wasserstelle und gehen bald mit den Kindern in ihre Zelte.

Unbeweglich steht in der Dämmerung, etwas abseits, eine schlanke Gestalt. Es ist Saraj. Fröstelnd hüllt sie sich in das große Tuch, das sie wie ein schützendes Zelt umhüllt und dennoch nicht die Wärme gibt, derer sie bedürfte. Abram hat seine Frau bemerkt, geht rasch auf sie zu und legt seinen

Arm um sie. »Saraj, ich weiß, du leidest. Es ist dir schwer gefallen, alles zurückzulassen. Glaube mir, du wirst viel Neues finden, das dich erfreuen wird.« Saraj nickt, möchte etwas sagen, möchte so vieles sagen. Doch bleibt ihr Mund verschlossen. Und Abram, so sehr mit sich selbst beschäftigt, erfasst nicht die Notwendigkeit, mit beruhigenden Worten aufgekommender Angst und Unsicherheit bei Saraj zu begegnen.

So verlieren sich an seinen eigenen, ruhelosen Gedanken die schwachen Signale, die Sarajs Bedrückung und Hilflosigkeit aussenden. Eine große Traurigkeit befällt Saraj in diesem schmerzlichen Abschied. Auf dem Weg, den ihr Mann eingeschlagen hat, fühlt sie sich noch fremd. Trotzdem ist sie gewillt, alle Schritte mit Abram zu gehen und für gut und richtig zu halten, was er beschließen wird.

So hat sich damals die »Frau« lautlos zurückgezogen und mit ihr die Göttin, einst die große Muttergottheit in langer Tradition. Über Jahrtausende hatte sie Einfluss auf Kult und Schöpfung, die als besondere Wesensbereiche der Frau galten. Nun beginnt sich das zu überlagern durch die Dynamik des Mannes, und wie ein vernetzter Schleier legt sich Resignation über ihre Aura, eingesponnen für lange Zeit.

Niedergedrückt begibt sich Saraj in das Zelt. Abram setzt sich noch zu seinem Vater und seinen Verwandten an die verglimmende Glut. Er legt Lot die Hand auf die Schulter und zieht ihn zu sich heran. Wie einen Sohn liebt er seinen Neffen, und seit Harans Tod hat er die Verantwortung für ihn übernommen. Stumm starren die Männer in das kleiner werdende Feuer. Es ist kalt geworden. Niemand spricht mehr, nur ab und zu blökt ein Schaf. Abram sitzt regungslos, in eine Decke gehüllt. Die Männer haben die Schultern hochgezogen. Eine angstvolle Schwermut lastet auf ihnen, jetzt am Beginn dieses langen Weges, dessen Ziel noch in unbekannter Zukunft liegt.

Müde erhebt sich Terach. Und die anderen tun es ihm gleich. Schweigend gehen sie in ihre Zelte. Die Dunkelheit der Nacht legt sich über das kleine Volk, und die regenerierenden Kräfte des Schlafes und der Träume können ihre geheimnisvolle Arbeit beginnen.

Am nächsten Tag beschließen Terach und Abram weiterzuziehen, bis sie einen günstigen Rastplatz für eine längere Bleibe gefunden haben. Voraus geht Abram. Ruhiger sind an diesem neuen Morgen seine Gedanken, die Emotionen nicht mehr so wild und wirr. Heute ist ein guter Tag. Er spürt eine große, ziehende Kraft, gleichsam als ginge jemand wegweisend vor ihm her. »Ist das mein Gott, den ich so stark herbeigedacht habe, von dem ich schlafend und wachend so oft träume? Wem gehört die Stimme, die ich manches Mal zu hören glaube in meinem Innern? Wie eine Vision nimmt sie mich gefangen.« Immer wieder fragt sich Abram und versucht zu unterscheiden.

»Ist es meine eigene Stimme, die mir Dinge einflüstert, die ich nicht kenne und doch erfasse, als wüsste ich alles schon seit langer Zeit? Oder klingt so die Stimme Gottes, die ich mit Inbrunst zu hören versuche?« In solchen Augenblicken spürt Abram seinen Geist fluten wie strömende Wasser, als müsste er zu einem Kanal werden für diesen Gott, als wolle ihm dieser etwas mitteilen, durch ihn etwas transportieren, sich offenbaren. Kurze, lichtvolle Augenblicke. Aber in diesen Momenten erkennt Abram immer mehr, wie nahe er sich seinem Gott schon fühlt, wie er von einem ganz neuen Geist durchdrungen wird. So wächst Abrams Gottesbild wie ein Mosaik in leuchtenden Farben, und jeder Gedanke an Gott ist ein Stück Erkenntnis.

Bedachtsam und majestätisch schreitet Abram heute voran. Eingeatmet in die Kraft seiner treibenden Gedanken geht er seiner Bestimmung entgegen. In ein neues Land, mit seinem Gott. Vor seinem inneren Auge sieht er ein fantastisches Reich, das seine reinen Wünsche und Hoffnungen aufbauen.

War gestern ein dunkler Tag voll Traurigkeit, der ihn die Qualen der letzten Monate noch einmal spüren ließ, so leuchtet heute alles für ihn in einer Klarheit, die ihn hoffnungsvoll in die Zukunft blicken lässt. Er spürt die Urkräfte der Natur, fühlt sich mit ihnen verbunden, ahnt den Sinn der Dinge, die Notwendigkeit des Fortschreitens. Mit seinen Füßen tastet er den Weg, den sein Geist ihm weist.

Noch sind die einzelnen Teile des Ganzen nicht zusammengefügt. Doch während das Mosaik wächst, sich gestaltet, wird eine neue Wirklichkeit entstehen. Das Licht, das Abram einfängt, strahlt aus seinen Augen, gibt seiner Gestalt ein ganz persönliches Gepräge. Aus seinen Gedanken formt sich der Ausdruck seines Gesichtes. In der Rhythmik des Gehens verschmelzen sein inneres und sein äußeres Sein zu einer Einheit und erschaffen seinen besonderen Klang.

Die dunklen, fast schwarzen Augen leuchten, sie beherrschen sein Gesicht. Wach und scharf entgeht ihnen nichts in unmittelbarer Nähe wie in der

Ferne. Sie können aufblitzen im Zorn, aber auch gütig und verstehend Dinge und Menschen betrachten. Wo es nötig scheint, handelt und urteilt Abram streng. Trotzdem spüren alle die Gerechtigkeit, von der seine Entscheidungen bestimmt sind.

Auch Terach sieht heute manches in einem anderen Licht. Er löst sich aus der gleichmäßig dahintrabenden Gruppe und treibt seinen Esel mit lockenden Rufen zu einer schnelleren Gangart an, bis er Abram erreicht hat.

Abram verlangsamt seinen Schritt, als sein Vater ihm zuruft: »Warte, mein Sohn, ich möchte ein Stück mit dir gehen.« Abram lacht, zum ersten Mal seit vielen Tagen. »Vater, ich sehe, du bist guten Mutes heute.« »Es ist so, wie du sagst«, erwidert Terach. Terach steigt von seinem Esel, schweigend gehen sie eine ganze Weile nebeneinander her. Abram fühlt ein starkes Gefühl der Verbundenheit mit seinem Vater, und er hat den großen Wunsch, sich endlich von allem Vergangenen zu befreien. »Es ist an der Zeit, dir zu danken, Vater. Für alles. Für deinen Entschluss, Ur zu verlassen und mit mir zusammen die Brücken abzubrechen.« Terach nickt sinnend mit dem Kopf und sagt ruhig und mit großem Ernst: »Es ist nicht leicht, einen alten Baum zu verpflanzen. Es wird dauern, bis er wieder Wurzeln schlägt.« Nach einer langen Pause fährt er fort:

»Dein Bruder Nahor, der zurückgeblieben ist, wird die Herden, die Felder und das Haus gut verwalten. Ich denke oft an zu Hause. Aber wer weiß, ob ich ihn und die Seinen je wiedersehe.« »Ich wünsche es, Vater, ich wünsche es«, beteuert Abram. »Es gibt noch etwas, was mir sehr am Herzen liegt und mich bedrückt«, beginnt Abram erneut: »Ich bitte dich um Verzeihung für all das seelische Ungemach, das ich dir bereitet habe. Wenn ich nur an die harten Worte denke, die ich dir wegen der Götter gegeben habe.«

Terach bleibt stehen, schaut Abram lange in die Augen, packt ihn mit beiden Händen fest an den Oberarmen und spricht feierlich: »Mein Sohn, ich habe dir vergeben. Ja, manches hat wehgetan. Es ist dahin, dem Wind gegeben. Es möge mich und dich nicht mehr belasten auf unserem neuen Weg.« Eine großzügige Handbewegung, von seinem Herzen ausgehend, unterstreicht seine Worte.

»Ich habe viel nachgedacht und bin selbst in manche Zweifel geraten. Nun will auch ich von deinem Gott hören, von dem du immer redest. Vielleicht begreife ich ihn eines Tages.« Und nach einer Weile: »Ich ahne ja, dass du etwas siehst, was uns noch verborgen ist. Vielleicht bist du gerufen, uns einen anderen Weg aufzuzeigen.«

Abram ist tief berührt von den Worten seines Vaters und greift nach dessen Hand, drückt sie in Dankbarkeit.

Dann bleibt Terach nochmals stehen und bedeutet Abram, ebenfalls anzuhalten.

Langsam und bedächtig zieht er einen Gegenstand aus einem länglichen Lederfutteral, entfernt das feine weiße Tuch, in das er gewickelt ist, und hält Abram mit beiden Händen ein reich verziertes Krummschwert aus Bronze entgegen. Hell glänzt es im Sonnenlicht. Im Griff des Schwertes ist dunkelblauer Lapislazuli eingelegt, verziert mit kleinen Goldkugeln. Die Scheide ist in feinster filigraner Goldarbeit in geometrischen Mustern gearbeitet.

Überrascht, fast erschrocken schaut Abram auf Terach: »Vater, ich weiß, dies ist dein kostbarstes Stück!« »Das ist es«, erwidert Terach klar und fest. »Ich lege es in deine Hände – es möge dich schützen und dir dienen mit der Kraft des Feuers und der Sonne, es möge dir beistehen in jedem Kampf und dir helfen, das Göttliche zu verteidigen.«

Abram küsst die Hände seines Vaters und nimmt voll Ehrfurcht das prächtige Schwert entgegen. Zärtlich fährt er mit seinen Händen darüber. Er weiß, diese Gabe seines Vaters ist mehr als ein wertvolles Geschenk. Damit hat Terach an Abram die Führung, die Verteidigung, die Verantwortung für die ganze Sippe übergeben. Abram umarmt seinen Vater und küsst ihn auf beide Wangen.

Für Augenblicke hatten sie alles um sich vergessen. Terachs Knecht brachte das Gefolge zum Stillstehen und veranlasste eine kleine Pause, damit gebührend Abstand zu seinen Herren gehalten ward. Aus einiger Entfernung konnten aber alle die beeindruckende Geste miterleben. Nun kommen sie näher, verbeugen sich vor Terach und beglückwünschen Abram. Sie umringen ihn und bedrängen ihn, das Schwert zu zeigen. Und indem er den Kreis abschreitet, präsentiert er den Männern das Zeichen seiner neuen Macht und Würde.

Am frühen Abend erreichen sie einen günstigen Lagerplatz direkt am Ufer des Euphrat. Grüne, saftige Weiden versprechen gute Nahrung für die Herden. Da dieser Ort für mehrere Ruhetage ihre Bleibe sein soll, werden diesmal die großen, stabilen Zelte aufgeschlagen. Das Gepäck tragen sie zusammen, mit Planen wird es sorgfältig zugedeckt.

Saraj weist einige Frauen an, Wasser vom Fluss zu holen. Andere melken schon die Ziegen und füllen die Milch in Krüge. Geschäftig rennen Knechte und Mägde hin und her, zerren die Zelte aus den Hüllen, legen die langen Stangen zurecht, und die Kinder spielen einstweilen mit den umherliegenden Holzpflöcken. Aus Taschen und verschnürten Bündeln kramen die Frauen der Hirten all die Dinge hervor, die sie heute und in den nächsten Tagen brauchen werden. Dazwischen schreien Esel und stampfen ungeduldig mit den Hufen. Und dabei verhallt so manche Anweisung im Getöse dieser emsigen Betriebsamkeit. Nach der tagelangen bedrückenden Lautlosigkeit ist wieder die gewohnte Geräuschkulisse entstanden, wie sie auf Lagerplätzen üblich ist. Vielleicht helfen gerade diese Aufgaben und Arbeiten, langsam einen inneren Abstand zu bekommen zu all dem, was sie in Ur verlassen haben.

Etwas abseits des allgemeinen Trubels hat Saraj einen kleinen Bereich abgegrenzt. Hier wird der Teig für das Fladenbrot vorbereitet. Es herrscht eine fast andächtige Stille. Die Frauen sprechen leise miteinander, und ihre Bewegungen sind ruhig und gleichmäßig. Mit ihrem Tun strahlen sie eine ganz bestimmte Art von Würde aus. Ein auffallender Gegensatz zu der hektischen Betriebsamkeit in ihrer Nähe. Zwei Mägde knien auf der Erde und zerreiben mit einem Handstein das Korn. Eine andere vermischt Mehl, Wasser und Salz mit großer Sorgfalt. Saraj bringt den Sauerteig, den sie in einem kleinen Krug mit Wasser aufbewahrt hat. Er wird gut untergeknetet, und bald fühlt sich der Teig leicht und locker an. Geschickt formen jetzt die flinken Frauenhände daraus dünne Fladen, die sie vorsichtig in die heiße Asche legen.

Bis die Männer alle Zelte aufgestellt haben, sind auch die Frauen mit dem Brotbacken fertig geworden. Die Kinder haben die knusprigen Scheiben auf lange Stöckchen geschoben und tragen sie stolz zum Essensplatz. Der feine Geruch frischen Brotes liegt in der Luft. Für jeden gibt es dazu Käse, etwas getrocknetes Fleisch und zum Schluss eine Hand voll Datteln. Die ganze Schar lagert um die Feuerstellen. Krüge mit Milch und Wasser reichen sie reihum. Gegessen wird schweigend, beschaulich und ohne Hast. Und während sie beim gemeinsamen Mahl andächtig das warme Brot kauen, spüren sie in ihrer Zusammengehörigkeit so etwas wie Heimat, vielleicht nur als unbewussten Zustand, auch wenn sie die äußeren Mauern ihres Ursprungs verlassen haben.

Das Essen ist beendet, Wohlgefühl breitet sich aus. Die Männer stimmen einen leisen Gesang an. Erstmals seit ihrem Weggang aus Ur spüren sie jetzt eine gute Stimmung, die allmählich aus ihnen wächst und sie mehr und mehr erfüllt.

Abram erhebt sich und spricht zu Terach: »Vater, erlaubst du, dass ich für uns alle meinem Gott danke und ihm ein Opfer darbringe?« Terach ist einverstanden. Er ist neugierig, hat keine Vorstellung, wie man dem neuen Gott entgegentritt, ihn verehrt. Ein Gott ohne Gestalt, ohne Tradition, ein Gott, der keinen bestimmten Ort, keinen Tempel braucht, um darin zu wohnen. Ein einziger Gott für alle Bedürfnisse der Menschen! Zweifelnd wiegt Terach den grauen Kopf, nachdenklich zupft er an seinem weißen Bart.

Abram bittet Elieser ein Erstlingslamm von der Herde zu bringen. Dann entfernt er sich vom Lager, um einen passenden Platz für sein Dankopfer zu suchen. In der Nähe des Flusses ragen einige große Steine aus der Erde. Abram betrachtet sie von allen Seiten, umschreitet sie, und einer davon scheint ihm besonders als Opfertisch geeignet. Er setzt sich auf einen kleinen Erdhügel, will seine Gedanken zusammenholen, die heute weit vorausgeeilt waren. Von den Zelten her dringt leises Gemurmel zu ihm.

Zum ersten Mal will er sich, zusammen mit den anderen, öffentlich an seinen Gott wenden, möchte sie alle mit einbeziehen in seinen Lobpreis. Er fragt sich, wie er ihnen allen alles verständlich machen kann, was er fühlt, was er in seinem Innern vernimmt. Er muss es nach außen bringen, doch erscheinen ihm alle Worte, die er kennt, zu dürftig dafür.

Sein Gott ist nicht irgendein Gott. Nicht einer von vielen. Dieser Gott muss nicht gegenwärtig sein in Gestalt eines Götterbildes, einer Statue, einer Figur. Es bedarf keines Tempels, um sich ihm zu nähern.

Von seinem Vater erhielt er heute sein Amt als Führer der Sippe. Mit all seinen Kräften will er diese Verpflichtung erfüllen. Er weiß, so wie er die, die ihm anvertraut sind, durch alle Fährnisse leiten muss, so muss er sie zusammenhalten in einem Glauben, der ihnen Einigkeit gibt, der sie zusammenschließt und stark macht. Er muss ihnen für das Entschwindende etwas Neues, Hoffnungsvolles geben.

Alle wissen sie um seinen Bruch mit den Göttern, die sie und ihre Ahnen jahrhundertelang verehrten. Abram spürt aber auch, sie können sie noch nicht loslassen, obwohl sie ihm Gehorsam bezeugen und sich unter seinen Schutz begeben haben.

Unruhe und Unsicherheit treiben Abram hin und her. Ja, er hat Angst vor dieser großen Aufgabe. Sein Puls jagt das Pochen und Klopfen bis zum Hals, als dränge seine ganze Lebenskraft dazu, die Existenz dieses Gottes beweisen zu wollen. Ich muss ihnen sagen: ER IST und: ER IST DA.

Es gibt ihn, auch wenn wir ihn nicht sehen können. Er ist immer bei uns. Dieser Gott wandert mit uns, er gibt uns Schutz, und das Führen gehört zu seinem Wesen. Er war es, der mich aus all meinen Zweifeln herausgeholt hat. Und ich glaube, es ist um ihn so vieles, was ich noch nicht begreife. Aber alles, was ich fühle und ahne, alle meine Erkenntnisse muss ich ihnen nahe bringen. Immer stärker spürt Abram dies als Auftrag.

Schon nähert sich Elieser mit einem kleinen weißen Lamm, das er sorgsam in den Armen trägt. Terach bringt eine Schale mit Feuer, wie er das von seinem Dienst im Tempel gewohnt ist. Hinter den beiden Männern kommen langsam und zögernd Saraj, Lot, die Verwandten, dann die Knechte und Mägde. Die Männer tragen Fackeln in ihren Händen, es ist inzwischen dunkel geworden.

Abram wartet, bis alle vor ihm stehen. Sein Vater stellt das Feuer auf den Stein, die lodernden Fackeln haben sie in die Erde gesteckt. Voller Erwartung sind alle Augen auf Abram gerichtet.

Dieser ist ganz ruhig geworden. Vor ihm der Stein, den vielleicht gläubige Hände vor langer Zeit bereitet haben mögen. Dahinter in einem halben Rund die Männer und Frauen, die sich ihm anvertraut haben.

Abram hebt seine Arme langsam bis zur Höhe seiner Schultern, er bewegt sie leicht nach vorne, und seine geöffneten Hände scheinen die Segnung seines Gottes empfangen zu wollen.

Jetzt kann Abram in einfachen Worten zu ihnen sprechen.

»Hört nun, mein Vater Terach und ihr alle,
dass ich euch kundtue den Gott,
den ich erkannt,
der alles schuf.
Nicht schufen die es,
die wir für Götter hielten!

Ich heiße weder Feuer,
weder Wasser
noch die Erde
Gott.

Auch nicht die Sonne,
nicht den Mond
und nicht die Sterne.

Mein Gott ist kein Symbol,
kein Abbild,
auch kein System.

Er ist der Gott »DER IST«.
Möcht' Gott, der EINE,
doch durch sich selbst
uns offenbaren.

(Die Verse sind frei gestaltet nach der »Apokalypse des Abraham« über »Gott den Unvergleichlichen«)

Schweigend hat die ganze Versammlung von Abram die Worte über die Stufen seines Erkennens vernommen. Kindlicher Glaubenswille und zweifelnde Ungläubigkeit spiegeln sich in ihren Augen und drücken sich aus in kleinen hilflosen Gesten. Lot bringt seinem Onkel ein kleines Gefäß mit sieben verschiedenen Gewürzen. Es sind Weihrauch, Galbanum, Styrax, Narden, Myrrhen, Ähren und Kostwurz. Mit großer Sorgfalt zerreibt Abram die Ingredienzien in einem Mörser, ehe er sie in das Feuer schüttet. Hell flammt es auf, und während diese knisternd verbrennen, breitet sich süßer Wohlgeruch aus, als wollten die heiligen Kräuter mit ihrem feinen Duft zusammen mit der Kraft des feurigen Elementes die Sinne der Menschen anrühren, sie streicheln, ehe sie verwandelt in den Odem der Schöpfung zurückkehren. Dann beginnt Abram mit der Vorbereitung zur Opferung des Lammes.

Still liegt das kleine Tier vor ihm auf dem kühlen Stein. Ehrfürchtig streicht er mit der Hand über dessen Kopf, als bäte er es um Vergebung, ehe er es tötet. Er hält einen Augenblick inne, lauscht. Es ist, als würde das Lämmchen etwas sagen wollen. Fragend schaut Abram auf die Umstehenden. Hört ihr es nicht?

Das Lämmchen spricht:
»Ich frage nicht, warum gerade ich,
weil ich es ahne.
Es ist die große Weisheit,
die es mir bestimmt.

Nicht schrei' und zerre ich,
ich fürchte nicht den Tod
und wehre nicht der Füße Fessel.

Der sanfte Druck durch deinen Arm,
der sich um meinen Hals gelegt,
ist gut und warm.

So wie das Gras mir seine Kräfte gab
und ihm die Erde,
so wie des Samens Flug sein Ende fand
und daraus neues Sein entstand,
so reih' ich mich für dich
als Perle in die lange Kette.
Und wenn ich nur für ein paar Tage
deinen Atem rette,
dann ist ein Plan erfüllt.
Vielleicht bin ich ein Teil von dir
geworden
und du von mir.

So nimm es denn, mein kleines Leben,
es ist geweiht,
und führ' es zur Vollendung hin
in Würde.
Dann ist's kein Leid
und nicht umsonst gegeben.

Es ist nur eine Stufe
in der weiten Zeit.«

Jahrtausende später wird einer kommen und sagen: »Wer meinen Leib isst und mein Blut trinkt, der bleibt in mir und ich in ihm.«
Geheimnisvolle Worte – unverstanden – bis heute.

Lot steht mit einer Opferschale bereit, um das Blut aufzufangen. Abram gießt etwas davon über den Altarstein als Symbol des Lebens, als sühnende und lösende Kraft. Dies ist vertrautes Geschehen. Alle sind erleichtert, dass auch solches zum neuen Glauben gehören darf.

Die Fackeln sind fast ganz heruntergebrannt, die Opferstunde ist zu Ende. Während alle zum Lagerplatz zurückgehen, schwingt langsam die andächtige Stimmung aus. Jetzt holen die jungen Leute ihre Musikinstrumente hervor, Laute, Flöte und Tamburin, und die Ersten beginnen schon zu musizieren. Unbefangen singen sie die Lieder, in denen sie ihren Göttern bisher die Ehre erwiesen haben, und Abram lässt sie gewähren.

In solchen Gesängen erklingen alte Mythen, Sagen von Dämonen und bösen Geistern. Und in den vielen Strophen werden gewaltige Mächte des Universums lebendig.

Dann rufen sie Ischtar in ihren Liedern. Innana-Ischtar, wie sie auch genannt wird, ist der Frauen und Mädchen liebste Göttin. Sie verehren sie als die Göttin der Fruchtbarkeit und der Liebe. In der Hymne, die sie gerade anstimmen, heißt es: »Ischtar, die Göttin des Morgens, und Ischtar, die Göttin des Abends, das bin ich.« Mehrmals wiederholen sie diese Strophe und suchen am Nachthimmel die glitzernde Venus, die man als Sinnbild der Göttin ansieht. In ihrer Fantasie lassen sie sie schweben zwischen unausgesprochenen Erwartungen und träumerischen Vorstellungen von Liebe, Macht und Fülle der Gaben. Ischtar, im lichten Teil ihres Wesens die Göttin des offenen Herzens und der liebevollen Umarmung, ist für sie ein Zauber im strahlenden Universum.

Auch wenn es schon Nacht ist, so grüßen sie dennoch Gott Utu, der die Sonne versinnbildlicht. Sie wissen, morgen wird er sie wieder begleiten, sie wärmen, der Erde Segen spenden, seine heiße Kraft beweisen.

Die letzte Strophe gilt Nanna, das ist der Mondgott Sin, den man von alters her in seiner Heimatstadt Ur verehrt. Für sie ist Nanna der himmlische Hirte, der seine »trächtigen Kühe«, die Sterne, auf der Wiese des Universums weiden lässt.

Uraltes Wissen in Sumer, Mythen, mit denen sie vertraut sind, gewachsen mit ihnen, verwachsen. Es wird lange dauern, bis sie über die neue Brücke gehen können, die Abram zu bauen beginnt, auf deren noch schwankenden Boden sie kaum ihre Füße zu setzen wagen.

Und in Abram selbst kämpfen noch lange zwei Seelen. Bohrende Zweifel, von konstruierten Bedenken genährt, halten die fortschreitenden Gedanken an, reißen manchmal das wachsende Erkennen und Vertrauen von einer Stunde zur anderen nieder wie ein jäher Hagelschlag die sprießende Saat.

Gott ist für Abram die wahre Gerechtigkeit, der Große, der Starke, der Mächtige. Aber alles Starke fürchtet man, und vor Zorn und Strafe muss man sich hüten. So trägt Abram vielleicht unbewusst die Furcht vor den alten Gottheiten in den Umgang mit seinem Gott hinein und kann sich ein Leben lang nicht von Ängsten und Schuldgefühlen befreien. Und sie leben sogar weiter über die Jahrtausende.

Der Gott der reinen Liebe liegt noch im Dunkeln.

Saraj tritt frühmorgens aus ihrem Zelt. Sie hat die Decke, die als Vorhang dient, zurückgeschlagen und schaut in die aufgehende Sonne. Das ist Utu, der gerade am östlichen Horizont seine Tagesreise beginnt. »Utu«, flüstert sie leise vor sich hin und lächelt. Sanft legt sich ein rosa Schimmer auf ihr schönes Antlitz, und das heller werdende Licht spiegelt sich in ihren glänzenden Augen, die es weitergeben, aussenden.

Seit sie unterwegs sind, hat sie wenig mit Abram gesprochen. In weiser Zurückhaltung bleibt sie im Hintergrund und versucht, sich Gegebenheiten anzupassen, Stimmungen zu erfühlen. Wenn sie heute ihren Blick in den Morgen schickt, die vorauseilenden Gedanken werdende Dinge zu fassen versuchen, ist es, als sähe sie in unendlicher Ferne etwas, von dem sie nur eine unbestimmte Ahnung, aber noch keine Vorstellung hat. Ihre geheimen Wünsche holen wunderbare Bilder herbei, verzaubern den Augenblick. Doch der Tag wächst schnell, ihre Flügel gleiten zur Erde, die Füße berühren den Boden, und die hell schimmernden Blüten der Hoffnung wandeln sich in das Farbenkleid der Wirklichkeit.

Zu dieser frühen Stunde ist ringsum noch alles ruhig. Nur ihre Magd schüttelt bereits die Decken vom Nachtlager aus. Saraj winkt sie herbei, und gemeinsam laufen sie zum Fluss. Das Wasser ist frisch und klar, lachend und prustend nehmen sie ein kurzes Bad. Auf dem Weg zurück kommen ihnen einige Mägde mit Krügen auf dem Kopf entgegen, sie laufen zum Fluss, um Wasser zu holen.

Saraj schlüpft in ihr Zelt. Sorgfältig bindet sie ihr langes, schwarzes Haar hoch und hält es mit ihren schönsten Kämmen zusammen. Heute zieht sie ein buntgewebtes Wickelkleid über das knöchellange weiße Gewand, dazu schmückt sie sich mit Ketten und Armringen, die sie aus einem mit Elfenbein eingelegten Kästchen holt. In der gedrückten Stimmung der letzten Tage hatte sie es als unpassend empfunden, so fröhliche Farben zu tragen. Doch heute möchte sie Abrams Aufmerksamkeit auf sich lenken, möchte ihm gefallen.

Ungeduldig wartet sie auf ihn. Es dauert ihr zu lange. Sie macht sich auf die Suche nach Abram. Halt, sie wollte ja noch die Sandalen mit den roten Lederriemen anziehen. Schnell kehrt sie noch einmal ins Zelt zurück. Sie bemerkt nicht, dass Abram ihr folgt. Erst als sich der Eingang des Zeltes hinter ihm schließt, spürt sie seine Nähe. Er herzt und küsst sie, als wolle er wieder gutmachen, was er ihr in letzter Zeit an Zärtlichkeit versagt hatte.

»Du warst so verständnisvoll Saraj. Ohne Fragen zu stellen und ohne Murren hast du die ganze Last mitgetragen, die ich zu verantworten habe. Dein Schweigen zur rechten Zeit ist wie Gold vom Himmel.«

Eng aneinander geschmiegt sitzen sie auf den weichen Teppichen. »Du bist eine wunderbare Frau, Saraj, du meine Fürstin«, flüstert er ihr ins Ohr und drückt sie innig an sich. Dann wickelt er etwas aus einem feinen seidenen Tüchlein. Es sind zwei kunstvoll gearbeitete Kleiderspangen. Sachte legt er sie in Sarajs Hände. Abram hatte die Schmuckstücke am letzten Tag seines Aufenthaltes in Ur gekauft, sie sollten für Saraj ein symbolisches Andenken an die Heimat sein.

»Oh, Abram!« Saraj stößt einen kleinen Freudenschrei aus und eilt mit ihnen ans Tageslicht, um sie genauer zu betrachten. Es sind zwei außergewöhnliche Stücke. Eine Spange ist in Gold, ganz filigran in Form einer Sonne gearbeitet. Ein rötlich schimmernder Karneol ist als glühender Mittelpunkt eingesetzt. Die andere Spange ist aus Silber. Sie zeigt die Sichel des Mondes, auf welchem kleine Edelsteine wie Sterne glitzern. Saraj weiß, Silber ist schon allein wegen seiner Seltenheit sehr kostbar.

Liebkosend streicht sie mit den Fingern darüber und betrachtet sie nachdenklich. »Abram, ich verstehe, über diese edlen Steine willst du mir eine

Rückverbindung zur verlassenen Heimat schaffen.« Sie umarmt Abram. »Sie sind wunderschön, und ich danke dir sehr. Am liebsten würde ich sie gleich anlegen.« Und Abram hilft ihr, sie an ihrem Kleid zu befestigen.

Eilig läuft sie zu den anderen Frauen hinüber, die sie sofort neugierig umringen und staunend die Juwelen bewundern.

Jeder weiß, Schmuck wird nicht allein zur Zierde einer Frau gekauft und geschenkt, er ist auch gedacht als wichtige Geldanlage, er gilt als Vermögen der Frau. Abram blickt voller Stolz auf Saraj, wie sie nun mit erhobenem Haupt und leichtfüßig wie eine Gazelle zu ihm zurückkommt. Sie ist seine Gefährtin in guten und in schweren Tagen, er ehrt und verehrt sie auf vielerlei Weise.

Ausgelassen freuen sich die jüngeren Familienmitglieder und die Kinder über diesen Tag, der als kleine Verschnaufpause gedacht ist.

Dessen ungeachtet wollen einige Frauen heute Käse und Butter machen. Gerade Letzteres ist keine leichte Arbeit und braucht viele Hände zur Zubereitung. Vorsichtig schüttet eine Magd Milch in einen Schlauch aus Ziegenbalg. Er ist schwer geworden und schwappt hin und her, während sie ihn zu einem Gestell schleppt. Dort hängt sie ihn auf und schiebt ihn zurecht. Zwei Frauen kommen dazu, und jetzt wird dieser Sack von den beiden geschlagen und immer wieder geschlagen. So lange, bis sich drinnen viele kleine Butterklümpchen bilden, die dann vorsichtig herausgenommen werden. Drumherum stehen schon die Kinder und warten auf Probierstückchen, die sie schmatzend im Mund zergehen lassen.

Abram schickt die ersten Kundschafter auf den Weg. Sie sollen die weitere Route ausmachen. Die Tiere dürfen sich noch satt fressen, da für den nächsten Abschnitt mit mehreren Reisetagen gerechnet wird.

Ehe sich die Sonne zum Untergang anschickt, wandern Abram und Saraj Hand in Hand nochmals zum Ufer des Euphrat. Die Zeit der Überschwemmungen im Frühjahr ist vorbei, die Wege haben sich gefestigt und können ohne Gefahr benutzt werden. Als sie an den Steinen vorbeikommen, wo Abram das erste Dankopfer darbrachte, bittet Saraj, er möge ein wenig mit ihr verweilen.

In langen Schatten legt sich die Dämmerung über die Landschaft. Sie setzen sich auf einen Stein, der noch warm vom Tage ist. Sanfte Farben halten den versinkenden Tag noch für kurze Zeit am Leben, ehe er als Vergangenheit in die Unendlichkeit eintaucht.

»Abram, dieser Ort, an dem du uns von deinem Gott erzählt hast, ist jetzt ein besonderer Ort. Hier möchte ich dich viele Dinge fragen, die mich und auch die anderen Frauen beschäftigen. Ich muss über so vieles nachdenken und finde keine Klarheit. Dein Gott ist für uns eine so große, unwirkliche Gestalt. Allerhöchster und Herr nennst du ihn oft. Aber welchen Namen hat er denn wirklich?« Saraj macht eine Pause. »Uns ist er noch sehr fremd und macht uns fast ein wenig Angst, da er so überirdisch ist, so fern. Und dennoch sei er immer bei uns, sagst du?«

»Ja, Saraj, ich verstehe deine Fragen gut, aber auch für mich ist sein Bild noch unvollständig. Oft bitte ich darum, dass er zu mir sprechen möge, dass ich ihn hören kann, ihn verstehen lerne. Manche Fragen stelle ich auch an mich selbst, wenn ich im Zweifel bin. Wahrscheinlich müssen wir noch viel Geduld haben, bis die Zeit reif ist, vielleicht auch, bis wir die Reife haben. In meinem Herzen aber liegt das Wissen, dass ER IST. Und manchmal glaube ich, in kühnen Gedanken, dass wir ihm ähnlich sind durch das, was in uns ist, vielleicht auch durch den Geist, den er in uns erschaffen hat. Ich vertraue darauf, dass er mir die richtigen Wege weist, auch wenn ich seine Hand nicht sehe.

Und, Saraj, seinen Namen wird er uns kundtun, irgendwann. Oh könntest du schon fühlen, was ich fühle, was ich ahne.«

Abram macht eine lange Pause, dann beginnt er mit tiefer Stimme einen Sprechgesang:

»ER ist ewig und herrscht allein,
dieser Gott.
Durch sich selbst ist ER geworden.
Unverweslich, makellos, unsterblich ist ER
in allen Zeiten und Räumen.
Seine Vollkommenheit kommt durch IHN selbst.
ER liebt alle Menschen,
und alles, was ER geschaffen.
ER ist gütig und mild,
und immer zeigt ER Geduld.
Eli, das heißt ›mein Gott‹.
ER IST – und meine Seele liebt ihn.«

(Frei nach »Apokalypse des Abraham«)

Saraj lauscht aufmerksam. Die Worte Abrams klingen wie ein Gesang im Tempel, und doch ist es eine andere Melodie. Der Augenblick ist erfüllt von der Kraft dieser Worte, die Abram aussendet. Und nun glaubt Saraj in der Dichte der Gefühle etwas zu erkennen, was sie noch nie empfunden hat. Unwillkürlich summt sie diese einfachen Töne mit, eine eigenartige, mitreißende Schwingung hat sie erfasst. Sie möchte mit dabei sein und einstimmen in diesen Lobpreis. Abram spürt die Zustimmung seiner Frau und nimmt voller Begeisterung ihre Hände in die seinen. In diesem Moment fällt etwas zu Boden. Saraj erschrickt. Vorbei der Zauber der entrückten Stimmung. Schnell möchte sie den verlorenen Gegenstand aufheben, aber Abram greift schon danach.

Die Sterne sind inzwischen sichtbar geworden, und die Nacht ist hell. Abram hält ein kleines, kühles Etwas ins Mondlicht. Es ist ein silbernes Ischtar- Figürchen, das Saraj, ohne dass sie es richtig gewahr geworden wäre, die ganze Zeit in Händen gehalten hatte. Schuldbewusst blickt sie zu Boden. Abram hält es ihr entgegen. Saraj zögert, nimmt es dann aber hastig in ihre Hand, wendet sich abrupt zur Seite und steckt es in die Tasche ihres Kleides. Sie rechnet mit Abrams Zorn, da ihr plötzlich bewusst wird, dass sie soeben mit ihrer alten Göttin in Händen den Gott Abrams gepriesen hatte.

Trotzig hebt sie den Kopf und stellt Abram eine unbequeme Frage: »Wen habe ich nun verraten? Die alte Göttin oder den neuen Gott?«

Abram kann keine Antwort darauf geben. Für sich selbst glaubt er, die Welt der vielen Götter hinter sich gelassen zu haben. Doch muss er erkennen, dass ihre Kraft noch lange eine Faszination ausüben wird auf die, die sich unter ihrem Schutz geborgen fühlten.

So spricht er den Tadel nicht aus, den er schon auf den Lippen hatte. Begütigend legt er seinen Arm um Saraj und sagt: »Ich merke es, ich habe euch aus eurer Geborgenheit gerissen, und ihr seid in eine Verlorenheit gestürzt, aus der ich euch noch nicht herausholen konnte. Aber lass uns über alles reden, was dich und die andern quält.« Saraj ist erleichtert und beschämt zugleich. Stockend bekennt sie, dass sie heimlich auch noch andere kleine Statuetten aus Ur mitgenommen habe und jeden Tag die Göttin Ischtar anflehe, sie möge doch ihren Leib segnen, damit ihr endlich ein Sohn geschenkt werde.

Abram zuckt zusammen. Damit hat seine Frau an eine verborgene Wunde in seinem Herzen gerührt. Niemals noch hat Abram seinem Weib einen Vorwurf gemacht, dass sie bis jetzt kinderlos geblieben sind. Aber es ist auch sein sehnlichster Wunsch, einen Erben zu haben. Einen Sohn, viele Söhne.

»Saraj, du weißt, Nachkommen sind das Wichtigste im Leben eines Mannes, ganz besonders für einen Sippenführer wie mich. Vertraue von nun an auf meinen Gott, auf diesen großen Vater, er wird dir deinen Wunsch erfüllen.«

»Fast immer sprichst du von deinem Gott als Vater. Und wo bleibt unsere große Mutter? Wie können wir denn ganz ohne Muttergottheit leben? Wem sollen wir unsere Sorgen anvertrauen, unsere geheimen Wünsche?«

»Saraj, ich versuche wie ein Vater unsere große Familie zu schützen und auf sicheren Wegen zu führen. Genau so, glaube ich, können wir uns Gott als den großen Vater für alle vorstellen.«

Saraj ist noch nicht zufrieden. »Unsere Mütter beten seit uralten Zeiten zu Ischtar um Fruchtbarkeit. Sie sorgt für Leben und Gesundheit und lässt das Kind im Mutterleib wachsen. Sie ist die Göttin der Liebe. Wann immer Mann und Frau zusammen sind, ist etwas anwesend, das von ihr ausgeht. Abram, sag', warum sollen wir auch nicht mehr glauben, dass Nammu, die Mutter des alten Erdgottes Enki, unsere Urmutter ist? Von unseren Vorfahren wissen wir, dass der Himmel und die Erde vor unendlich langer Zeit aus ihr geboren wurde und dass sie als unsere Schöpferin alle Lebewesen geformt hat aus feuchtem Lehm. Sie muss doch noch einen Platz in unseren Herzen haben dürfen. Alles war so wohl geordnet und eingeteilt, und jeder konnte es verstehen.« Dann fährt sie fort:

»Abram, aber in letzter Zeit habe ich oft auch einen ganz anderen Gedanken. Wäre es denkbar, in deinem Gott Mutter und Vater gleichzeitig zu sehen? Ich stelle mir vor, die Mutter als Schöpferin, als Gebärerin, den Vater als Führer und Beschützer? Der Teil des Vaters schärft unseren Verstand und lässt uns wissen, was wir tun sollen, der Anteil der Mutter liebt uns inniglich und gibt uns die Weite des Herzens. Ein solches Bild von Gott, Abram, das wäre für mich wunderbar und sehr tröstlich.«

Abram nickt stumm und wiegt nachdenklich den Kopf. Er tastet nach Sarajs Hand und drückt sie fest. »Saraj, das hast du schön gesagt. Ich verstehe, du willst vermitteln zwischen den alten Göttern und dem neuen Gott. Das wäre ein Weg. Aber, Saraj, ich sehe in Gott sogar mehr als Mann und Frau. Ich glaube, in ihm sind alle Aspekte vereint, die wir so vielen Göttern zugeschrieben haben. Er muss ein geheimnisvolles einziges Ganzes sein. Er wird uns alle Antworten geben zur rechten Zeit. Darauf vertraue ich, darauf warte ich. Hab' auch du Geduld, denn ich kann im Moment weder deine Fragen beantworten noch deine Zweifel ausräumen. Vielleicht werden wir aber auch immer nur so viel erkennen, wie wir zu fassen vermögen.«

Saraj wirkt immer noch bekümmert. Jetzt ist der Grund aber ein ganz anderer. Tränen laufen über ihr Gesicht. Unter Schluchzen drückt sie sich an Abram und spricht: »Ich möchte dir doch so gerne einen Sohn schenken. Abram, ich weiß, wie sehr du darauf wartest. Dass es bisher noch nicht gelang, erfüllt mich mit großem Kummer. Oft halfen unsere Götter den Frauen in solchen Situationen. Ich habe Angst, wenn ich Ischtar nicht mehr anrufen darf, dass ich unfruchtbar bleibe. Oder glaubst du, auch dein Gott kann meinen Leib segnen?«

Tröstend nimmt Abram sie in seine Arme und sagt zu ihr: »Saraj, du meine Einzige, ich bin sicher, wenn wir an die Macht unseres Gottes glauben, werden wir eines Tages einen Sohn haben.« Hand in Hand gehen sie in ihr Zelt. Während Saraj langsam vom Wachsein in die Arme des Schlafes sinkt, setzen sich in ihrem Traum die Bilder der Landschaft fort, durch die sie soeben mit Abram gegangen ist.

Sarajs erster Traum: Abschied von den Göttern

Unwirklich hängt der Mond in zartem Gelborange wie eine große leuchtende Laterne am Himmel. Sein sanftes Licht atmet Ruhe und Frieden. Aber die dunklen Flecken in seinem runden Gesicht wirken heute wie traurige Riesenaugen.

Um ihn scharen sich die unzählbaren Sterne, flimmern und blinken im schwarzblauen Äthermeer. Saraj glaubt sich mittendrin, als wäre sie ein Teil des Ganzen. Ein schwereloses Gefühl hebt sie hoch, trägt sie empor, als hinge sie selbst in seidenweicher Luft. Trotzdem fröstelt sie in der Kühle der Nacht, sieht sich schicksalsverflochten zwischen den Gestirnen. Ein unbestimmtes Furchtgefühl durchdringt sie, und in dieser Angst spürt sie einen starken Druck, der sie zurück auf die Erde drängt. Ihre Zehenspitzen berühren den Boden, und ein elektrisierendes Zittern erschüttert ihren Körper. Alles scheint sich zu drehen, die Erde fängt an zu beben, als würden die geballten Urkräfte in ihrer Gewalt alle Ordnungen einreißen, Festgewachsenes entwurzeln, zerstören, Unheil bringen. Es ist, als schüttelten sie die Kreaturen wie Würfel in einer starken Hand, um sie durcheinander zu werfen, bis sie fallen nach einem unbekannten Gesetz.

Festhalten, weisen ihre Gedanken! Halt dich fest! Irgendwo! Hilfe suchend kreisen die Augen, bleiben an einem winzigen Punkt in der Ferne haften. Dort glaubt sie Abram zu erkennen. Wohin geht er? Saraj möchte ihm nach, sie versucht zu laufen, will ihn einholen. Alle Kräfte ihres Willens bietet sie auf, aber den Befehlen ihres Geistes gehorchen ihre Füße nicht. Sie sind wie festgewurzelt und können sich nicht von der Stelle bewegen. Über die große Distanz hinweg beginnt sie zu rufen und zu schreien. Doch der Ton verliert sich in ihrem eigenen Ohr, als sei er zurückgehalten in einem geschlossenen Gefäß. In ihre sterbenden Schreie bricht ein nie gehörter Lärm, schwillt an, als würden in Tosen und Brausen aus allen Himmelsecken Ungeheuer und Dämonen geboren.

Angstvoll weiten sich Sarajs Augen und starren auf das große, schwarze Loch, das sich vor ihr auftut. Daraus erwächst ein mächtiger, dunkler, pyramidenförmiger Berg, bäumt sich erst auf und bricht dann donnernd in sich zusammen. Sand- und Staubwolken steigen auf und verdecken die Sicht, dazwischen treiben Nebelfetzen wie zerrissene Schleier. Dann zwingen schrille markerschütternde Signale Sarajs Blick nach oben. Sin, der Mond, ist in eine ungeheure Bewegung geraten. Wie ein wild gewordener Kreisel muss er unaufhörlich rotieren. In dieser rasenden Geschwindigkeit wird er kleiner und kleiner, und zuletzt fällt er vom Himmel wie ein schrumpeliger Apfel von einem hohen Baum. So kullert er vor Sarajs Füße, und sie schaut entsetzt in sein verzerrtes Gesicht, kann sein Sterben nicht aufhalten.

Der schnelle Tod des Mondes wirkt wie ein Sog, die Sterne mitreißend in die unauslotbare Tiefe eines verborgenen Zustandes. Auf dem Wege dorthin jagen sie in wildem Durcheinander über ihre himmlische Weide, leuchtende Schweife hinter sich ziehend, verglühend. Ein schauriger Totentanz.

Ein letzter leuchtender Stern kommt direkt auf Saraj zu. Sie greift nach ihm, bekommt ihn zu fassen. »Ischtar«, flüstert sie. Liebevoll drückt sie ihn an ihr Herz, dabei bricht er auseinander, und sie bemerkt, er bestand aus feinstem durchscheinenden Glas und hatte viele dünne Risse. Saraj durchfährt ein großer Schmerz. Sie möchte ihn wieder zusammenfügen, doch es gelingt ihr nicht. Der Stern hat seinen Glanz verloren. Er zerfällt in tausend kleine Teile, in denen sich Tautropfen und Tränen in allen Regenbogenfarben ein letztes Mal spiegeln, bis auch ihre Umwandlung sie weiterträgt zu ihrer nächsten Bestimmung.

Sarajs Seele gleitet in tiefstes Dunkel. Tränen über Tränen, die kein Ende finden, strömen wie die Quellen eines Flusses, und in diesen Fluten sieht sie sich hilflos waten. Reglose Statuen treiben auf dem Wasser, einige mit dem Gesicht nach unten, andere mit hohlen Augen in die Finsternis starrend. Saraj möchte sie aufhalten. Flehend streckt sie die Hände danach aus, sie ist zu schwach, sie zu retten, und eine nach der anderen versinkt.

Wohin verschwinden die steinernen Zeugen eines alten Glaubens? Haben sich die lautlos gewordenen Muttergottheiten in einen langen Schlaf gelegt? Werden sie in ihrer Stummheit andauern, oder werden sie ihre Sprache wiederfinden, wenn einst, in anderer Zeit, neue Gewalten sie in ihrem Grunde bewegen, um einen Geist, der ihnen innewohnte, neu zu erwecken?

Das Wasser reicht Saraj schon bis zu den Hüften. Sie fürchtet, mitgerissen zu werden. Mit letzter Kraft versucht sie das Ufer zu erreichen. Saraj fühlt sich zerteilt, als sei auch ein Stück von ihr versunken und davongetragen worden.

Jetzt schwindet langsam das Dunkle in ihrem Traum. Ein erstes helles Rot entsteigt der Tiefe, kristallweiße Flammen lodern in den Himmelsbogen, die Schatten weichen. Eine starke, warme Energie zieht Saraj hoch, mitten hinein in ein wunderbares Licht. Saraj glaubt, es sei Utu, die Sonne. Doch es ist noch lange vor Sonnenaufgang.

Abram steht plötzlich neben ihr. Er war vorausgeeilt. Jetzt kommt er zurück, um sie zu holen. »Hat ihn das Beben nicht berührt?«, denkt Saraj. »Wo war er in der Zeit, in der ich litt?« Abram führt sie in eine ihr fremde Gegend, sie gehen einen unbekannten Weg. Es ist ein Weg mit vielen Hindernissen, über manche Steine stolpern sie ... Da wacht Saraj auf.

Abram nimmt ihre Hand und fragt besorgt: »Saraj, was ist? Du zitterst.« »Abram ich hatte einen qualvollen Traum. Ich war allein und ganz weit weg, ich sah viele schreckliche Bilder. Es ist alles verloren gegangen. Morgen, ich erzähle dir morgen davon.«

Erschöpft dreht sie sich zur Seite und kommt endlich zur Ruhe.

In der Kühle des nächsten Morgens ist Aufbruch. Abram hofft, in mehreren Tagesreisen die Stadt Uruk erreichen zu können.

Durch kultivierte Gegenden und fruchtbares Ackerland führt der Weg. Der in Jahrhunderten angeschwemmte Boden ist durchzogen von künstlichen Kanälen, und vielerorts schützen Deiche die Felder und Siedlungen vor den jährlichen Überschwemmungen. Hier und da treffen sie auf Kolonnen von Arbeitern, die Kanäle ausbessern, Böschungen neu anlegen oder Übergänge reparieren. Anstrengung und Mühen sind in diese Gesichter geschrieben. Aufseher und Vorsteher geben genaue Anweisungen, wie alles zu machen sei. Sie führen ein strenges Regiment.

Wandern und Verweilen ist nun ihr Rhythmus, der Rhythmus der Nomaden. Das ist wie das langsame Strömen eines Flusses. Alles ist in Bewegung. Ein ganz neues Gefühl für sie, die sie aus Ur, der großen Stadt kommen. Aber dieses Gefühl der Freiheit lässt sie einen immer engeren Kontakt zur Natur bekommen.

In der Nähe des Euphrat finden sie in der heißen Mittagszeit etwas Schatten unter Palmen, die hier in kleinen, lichten Wäldern und Hainen an den Uferrändern wachsen. Während sie in Grüppchen zusammensitzen, beobachten sie die vorbeiziehenden Lastschiffe, die Fischerkähne und die kleinen, runden Binsenboote, die wie Körbe auf dem Wasser schaukeln. Fröhlich winken die Kinder den Menschen in den Booten zu.

An geschützten Stellen stehen auf angeschwemmten, erhöhten Sandbänken die einfachen, viereckigen kleinen Schilfhütten der Fischer und die anspruchslosen Lehmbauten der Arbeiter. Sonnenverbrannte, gefurchte Gesichter und gebeugte Rücken sprechen eine stumme Sprache von der schweren Arbeit.

Manchmal muss Abram mit seinem Gefolge auch Umwege machen. Vor allem im Bereich der größeren Städte, wo die königlichen Schaf- und Rinderherden ihre festen Weideplätze haben. Bis an die Ränder der Wüste führt dann ihr Weg. Aber zwischendurch kreuzen sie und benutzen sie auch wieder die große Handelsstraße, auf der ständig Karawanen unterwegs sind.

Händler und Kaufleute kommen mit ihren Waren aus den umliegenden Ländern und bewegen sich auf diesen uralten Wegen. Privatreisende und auch Kuriere schließen sich ihnen aus Sicherheitsgründen oft an.

Gerade reiten vornehme, fremdländische Männer an ihnen vorbei. Sie werden von einem eigenen Schutztrupp bewacht. Elieser kennt einen der Männer und erfährt, dass sie wertvolle Waren nach Mari transportieren. Gold, Silber und Edelsteine aus Elam und Afghanistan. Ein Händler aus Tyrus hat Purpur geladen, der für den Herrscher von Mari bestimmt ist. Mari, die berühmte Stadt, die weit oben am Euphrat liegt.

Auch viele Gewürze machen den langen Weg von einem Land zum andern. Manches wird schon unterwegs verkauft. Es wird gehandelt, wird gefeilscht, bis beide Parteien mit dem Preis zufrieden sind. Die Nomaden tauschen Wolle und Tiere gegen Güter, die sie brauchen, aber nicht selbst erzeugen oder herstellen können.

So ziehen die einen nach Norden, andere kommen von dort und reisen nach Süden. Die Männer begrüßen sich ehrerbietig und tauschen begierig Nachrichten und Neuigkeiten aus. Aktuelle Berichte über kleinere Fehden werden weitergegeben, aber auch von Überfällen wird gesprochen. Jeder weiß irgendetwas Interessantes zu erzählen aus dem Land, aus dem er gerade kommt. Da werden dann schon mal aus einfachen Querelen die größten Abenteuer.

Eines Abends zeigen sich in der Ferne, wie aus einem Dunstnebel herausgehoben, die Umrisse der Stadt Uruk. Mächtige Mauern umschließen sie. Hier herrscht die Göttin Innana-Ischtar. Hier hat sie ihre Heimat. Als die Herrin des Himmels verehrt man sie, als die Göttin des Krieges wird sie gefürchtet. Uruk, das ist aber ebenso die Stadt des Gilgamesch, des legendären Königs von Uruk. Gilgamesch, erzählt man, sei zu zwei Dritteln Gott, zu einem Drittel Mensch gewesen. Er ist eine der großen Figuren der Dichtung, des Mythos dieser Zeit.

Für den nächsten Tag ist ein Besuch in der Stadt geplant. Saraj bittet Abram, mit einigen Frauen das Heiligtum der Göttin besuchen zu dürfen.

Am Vorabend erzählt dann Terach am Feuer von den alten, geheimnisvollen Geschichten. Geschichten, in denen Wahrheit und Legende sich in vergangenen Zeiten vermischt haben. Er hat sie schon von seinem Vater und seinem Großvater gehört. Alle haben sie eine lange Tradition. Terach kann so unterhaltsam und spannend die Begebenheiten schildern, als wäre alles erst gestern geschehen. So wird eine ruhmvolle Vergangenheit durch Worte wieder erweckt, von neuem lebendig, und der Geist der frühen Götter und Halbgötter darf sich für kurze Zeit noch einmal bei ihnen zeigen.

In einer wundersamen Geschichte lässt Terach Gilgamesch vor ihren Augen erscheinen. Vor tausend Jahren soll alles begonnen haben. Wie es heißt, seien bei seiner Geburt viele Götter an der Wiege gestanden und hätten ihm ihre Gaben geschenkt. Mit Heldenmut, Macht, Weisheit, Stärke und Schönheit wurde er ausgestattet. Gilgamesch habe dann in einem ganz besonderen Palast residiert. Ein Heer von Hofbeamten war ihm zu Diensten: Schreiber, Diener, Köche, aber auch Musiker und Dichter und viele andere, die zu einer königlichen Hofhaltung gehörten. Terach macht eine kleine Pause, um dann fast dramatisch fortzufahren.

Zuerst hatte Gilgamesch die Stadt Uruk tyrannisiert, so sagt die Legende, und die Bevölkerung suchte verzweifelt Zuflucht bei anderen Göttern. Als man diese bat, einen Rivalen für Gilgamesch zu erschaffen, schickten sie Enkidu. Dieser wilde Mann kam aus der Welt der unbehausten Natur, er war behaart am ganzen Leib, und er sollte Gilgamesch besiegen. Aber durch List und Verführung eines Weibes brach dessen Ur-Natur, und in einem Zweikampf, der die Mauern der Stadt erbeben ließ, besiegte ihn Gilgamesch. Aber, es ist fast unglaublich, die beiden wurden daraufhin unzertrennliche Freunde.

Weiter heißt es, dass es auch einen Streit zwischen Gilgamesch und der Göttin Ischtar gegeben hatte. Ischtar begehrte Gilgamesch. Doch dieser verschmähte ihre Zuneigung, kränkte und beschimpfte die Göttin. In ihrer Macht konnte sie Anu, den Himmelsstier, zu sich auf die Erde holen. Er sollte nun Gilgamesch vernichten. Aber wieder war Gilgamesch siegreich.

Verse über Verse weiß Terach auswendig herzusagen, und alle staunen über sein Gedächtnis. Dann gibt es noch eine letzte Geschichte. Das ist die Überlieferung von der großen Flut, die einst über das Land hereinbrach. Nur einer, ein gottesfürchtiger, gerechter Mann, heißt es, soll mit seiner Familie überlebt haben. Er habe sich ein Schiff gebaut, viel größer als ein Haus, damit konnte er sich und die Seinen und dazu viele Tiere retten.

Oft legen die Burschen Holz nach, und ihre Wangen glühen wie das Feuer. In ihren Träumen spinnen sie fantasievoll die Geschichten weiter und bewahren sie, verwoben mit eigenen Vorstellungen, als Wirklichkeit für die nächste Generation.

> *Denn als die Götter einst die Menschen schufen,*
> *da teilten sie den Tod der Menschheit zu.*
> *Das Leben nahmen sie für sich.*
> (Gilgamesch-Epos)

Abram und Terach begleiten die Frauen auf dem Weg in die fremde Stadt. An der Anlegestelle am Fluss besteigen sie die kleinen runden Boote, die sie auf die andere Seite des Euphrat bringen. Dort können sie nach eingehender Kontrolle das Haupttor passieren.

Ähnlich wie in Ur gibt es hier große, breite Straßen mit prunkvollen Häusern. Aus gebrannten Ziegeln erbaut, farbig und reich verziert, machen sie einen vornehmen Eindruck. Wie schweres Parfüm liegt ein Duft von Reichtum und Luxus über dieser Region.

Dicht gedrängt und ineinander geschachtelt reihen sich dagegen die schmucklosen Bauten aus luftgetrockneten Lehmziegeln im Viertel der einfachen Leute aneinander. Aber irgendwie bilden auch sie eine Einheit. Und sogar hier sind manche Häuser mit Mörtel verputzt und weiß getüncht.

Zwischen den Wohngegenden ziehen sich Obstanlagen und Blumengärten hin, sie gehen über in offene Felder und ausgedehnte Ländereien. Die größten davon gehören alle der Göttin Ischtar.

Saraj ist mit den Frauen die beeindruckende Prachtstraße entlanggegangen. Nun stehen sie staunend vor dem großen Tempel der Göttin Ischtar. Scheu betreten sie den Bereich für die Beter. Eine weihevolle Stille empfängt sie, die sie ganz gefangen nimmt. Mit ihren geöffneten Herzen begegnen sie hier noch einmal ihrer geliebten Göttin.

Abram und Terach haben inzwischen den Basar gefunden. Weitläufig erstreckt er sich über mehrere Straßenzüge. Hier wollen sie ihre Vorräte einkaufen. Danach ist der große offene Markt für sie ein verlockender Anziehungspunkt. In einem Gewimmel von Schafen, Ziegen und Eseln wird geschrien, gestikuliert, gefeilscht, und am Ende hat so manches Tier einen neuen Herrn gefunden.

Sie gehen ein paar Schritte weiter und kommen zum Platz der Gewürzhändler. Über den losen Verkaufsständen liegt eine einzigartige Aromawolke. Voll und schwer, würzig und scharf sind die Gerüche, die alle Sinne berühren und betören. Gleich daneben haben die Ackerbauern ihre Erzeugnisse auf Planen und Decken ausgebreitet und in Körbe geschichtet. Feigen, Datteln und Granatäpfel, Getreide, Mehl, Linsen, Honig, Salz, Sesamöl, Wein und vieles mehr gibt es zu kaufen. Die verschiedenen Naturalien tauschen sie meist gegen andere Waren, aber manche bezahlen auch mit Gold, Silber oder mit Erz. Von Gold- und Silberringen hacken sie geschickt die dazu nötigen Stückchen ab, wie auch von kleinen Platten und Barren. Einige Händler besitzen eine Waage, damit können sie die Edelmetalle mit Hilfe von speziellen Gewichtsteinen genau abwiegen.

Dieser Besuch in Uruk, hat bei aller Abwechslung, die der Tag brachte, manche auch etwas wehmütig an zu Hause erinnert. Zu kurz noch ist die Zeitspanne, in der sie vom städtischen Leben zum Nomadendasein gewechselt haben. Doch die große Reise geht bald weiter.

Immer noch ist das Land fruchtbar und erstreckt sich über eine weite, flache Ebene. Nach vielen Tagesetappen nähern sie sich dann der nächsten großen Stadt.

Schon allein ihr Name: Babil-Bab-ilim-Babylon, sobald er ausgesprochen wird, spannt er sich wie ein filigranes Geflecht, geheimnisvoll, undurchsichtig, über diese Metropole, die sich wahrscheinlich mehr als Zustand denn als Stadt in die Vorstellungswelt der Menschen hineingezaubert hat.

Nach allen Berichten, die sie kennen, soll dies eine der größten und ältesten Städte der Welt sein. Aber auch eine der verrufensten. Von der Ausdehnung, dem Reichtum und den Ausschweifungen der Bewohner sind die unglaublichsten Geschichten im Umlauf, die mancher in seiner eigenen Fantasie dazu noch weiter ausschmückt.

Tagelang vor der Ankunft sprechen die Männer schon darüber. Die Alten schauen sich kopfnickend an, und den Jüngeren läuft ein Schauer über den Rücken. Aber auch die Frauen tuscheln untereinander.

Dann sind von weitem die riesigen Umfassungsmauern zu erkennen. Überragt wird die Stadt von dem sagenhaft großen Turm, der so hoch gebaut ist, dass man glauben möchte, was erzählt wird, dass die Götter, die in ihm wohnen, von dort direkt in den Himmel gelangen könnten.

Diesmal wird der Lagerplatz in etwas größerer Entfernung der berüchtigten Stadt aufgebaut, und nur die Männer erlauben sich, sie kennen zu lernen.

Terach möchte mit Abram zuerst die heiligen Bezirke besuchen. Über den träge dahinfließenden Euphrat führt eine lange Brücke. Sie reicht fast bis zum großen Stadttor. Dahinter beginnt gleich die breit angelegte Prozessionsstraße, die in weitläufige Plätze und große Höfe mündet. In diesem Areal befindet sich, in einem riesigen Quadrat, der Tempel des Gottes Marduk. Marduk ist der mächtige Stadtgott in Babylon. Die Außenwände des imposanten Gebäudes sind mit bunten Ziegeln verkleidet, in deren Glanz sich die Sonne spiegelt. Staunend stehen die Männer erst vor der beeindruckenden Fassade, und danach können sie im Innern der Anlage die große, sitzende Statue des Stadtgottes bestaunen, die aus purem Gold geschaffen wurde.

In unmittelbarer Nähe und unübersehbar erhebt sich ETEMENANKI, die Zikkurat von Babylon. Hinter einer hohen Einfriedung überragt sie in ihrer Größe die gesamte Stadt. Von Süden her ansteigend, führt eine monumentale Treppe bis in den höchsten Bereich des Tempelturms. Dort oben residieren die Mathematiker, die Astronomen, die Astrologen. Und diesen statten Terach und Abram einen Besuch ab, denn auch sie sind in diesen Wissenschaften bewandert und wollen mit den weisen Männern Erkenntnisse und Berechnungen austauschen. Während sie hinaufsteigen, umfängt sie die besondere Aura dieses Gebäudes. Immer waren die Priester die Hüter der Sternenweisheit. Sie verstanden es, den Sternenhimmel wie ein göttliches Bilderbuch zu betrachten.

Durch Beobachtungen und genaue Berechnungen der Bahnen und der Bewegungen lernten sie in einem langen Prozess die Qualität der Zeiten zu deuten und bevorstehende Ereignisse zu benennen. Die Himmelsschau und die daraus resultierende Weisheit waren ein wichtiger Teil ihres Glaubens.

Nachdem die beiden Männer die vielen hundert Stufen des hohen Turmes wieder hinabgestiegen, aus der geistigen Sphäre wieder in den Alltag eingetaucht sind, führt sie der Weg in die Straßen der Altstadt.

Dort herrscht beängstigendes Geschiebe und Gedränge. Knechte und Mägde, Diener und Sklaven, Träger mit schweren Lasten erledigen eilig ihre Aufträge. Immer wieder werden sie durch befehlende Rufe an die Hauswände gedrückt, wenn pompöse Sänften durch die Straßen getragen werden, in denen sich Männer wie Frauen von ihren Palästen zu den feinen Geschäften tragen lassen.

Hier liegen Schätze aus der ganzen damals bekannten Welt. Glänzende Stoffe in allen Farben, so fein und dünn, wie sie sonst in ganz Mesopotamien nicht zu haben sind. Sie kommen aus China, einem weit entfernten östlichen Land. Auch das glatte, leuchtend weiße, das königliche Linnen aus Ägypten wird feilgeboten, und vor allem viel edler Schmuck in kunstvoller Verarbeitung.

Die ganze Stadt vibriert in nicht abreißendem Lärmgetöse, das sich wie ein tönendes Band hin- und herbewegend durch alle Straßen und Gassen zu schlingen scheint. Eingewoben in diese Geräuschkulisse sind auch die verschiedenen Sprachen. Einheimische und Fremde versuchen mit viel Geduld und mit Hilfe der Dolmetscher, sich zu verständigen. Hier und da sitzen Schreiber mit einem Stapel Tontafeln neben sich und warten auf Kunden. Ihre Aufgabe ist es, für die größeren getätigten Geschäfte alles Notwendige aufzuschreiben. In der geläufigen altbabylonischen Keilschrift ritzen sie mit spitzem Rohrgriffel die Schriftzeichen in den feuchten Ton.

Als Abram und Terach mit aufgepackten Eseln zurückreiten, sind sie noch ganz überwältigt von dem Gesehenen und Erlebten. Es war ein langer Tag mit so vielen interessanten Eindrücken.

Neugierig werden sie schon von den Daheimgebliebenen erwartet. Am Abend nach dem Essen lassen sie dann etwas von der knisternden Atmosphäre in farbigen Bildern vor den Augen der gespannt lauschenden Zuhörer erstehen. Die jungen Burschen warten noch auf etwaige Geschichten von erotischen Abenteuern und sind ein wenig enttäuscht, dass von solchen nicht erzählt wird. Trotzdem sitzen sie lange mit offenem Mund und roten Ohren um Abram und können nicht genug bekommen von dem, was er alles zu berichten weiß.

Ehe sie aufbrechen, werfen sie noch einen langen Blick auf Babil. Babylon, wie sie auch genannt wird, diese eindrucksvolle Stadt, wird gleich einer verführerischen Frau im frivolen Glitzerkleid in ihrer Erinnerung bleiben.

Dann kommen sie in das große Land, das die Amoriter beherrschen. Diese Nomaden aus dem Inneren Arabiens haben sich des Landes bemächtigt. Es ist eine unruhige Gegend. An vielen Orten gibt es Kämpfe zwischen rivalisierenden Stämmen. Abrams Gruppe lebt in ständiger Angst, von solchen kriegerischen Horden überfallen zu werden, denn wochenlang sind sie in wenig besiedeltem Land unterwegs. Alle Männer haben sich gut bewaffnet. Besonders nachts werden Frauen und Kinder, das Gepäck, ihre gesamte Habe streng bewacht.

Die Vorräte, die in Babylon eingekauft wurden, gehen allmählich zur Neige. Jetzt müssen sie, sobald sie bei Bauern vorbeikommen, Wolle und Felle gegen Getreide und Öl tauschen, das dann bis Mari ausreichen muss. Diese große Stadt wollen sie in einigen Tagen erreichen. Schon lange vor Mari begegnen ihnen viele Soldaten. Abram meint, das bedeute nichts Gutes, und hofft, dass sie unbehelligt ihren Weg fortsetzen können.

Als sie dann nach Mari kommen, können sie den berühmten Palast des Königs Zimrilim wenigstens von außen bewundern. Gehört haben sie schon viel davon. Das ganze Areal ist schwer bewacht, und kein Unbefugter darf die Schwelle überschreiten. Diese Anlage ist die größte königliche Residenz und gilt als wahres Wunderwerk. Mit 260 Räumen allein im Erdgeschoss hat sie eine unvorstellbare Größe. Den Luxus der Ausstattung kennt man nur vom Hörensagen, er soll alle märchenhaften Vorstellungen übersteigen.

Haran, die Stadt des Mondgottes

Als sie von Mari in nordwestlicher Richtung weiterwandern, erreichen sie die Stelle, an der der Balikfluss in den Euphrat mündet.

Hier lagern sie länger als sonst, damit Menschen und Tiere sich erholen können. Neugierig betrachten sie die Ankunft einer großen Reisegruppe, die gerade von Haran kommt und auf dem Weg nach Süden ist.

Begeistert erzählen diese Leute, dass sich die alte Karawanenstation zu einer blühenden Stadt entwickelt hat. Terach hört sehr interessiert zu und möchte mehr darüber erfahren.

Nach bedächtigem Überlegen und Abwägen einigen sich Terach und Abram, die Straße am Euphrat zu verlassen, um am Balik entlang nordwärts bis Haran zu ziehen. So folgen sie dem Fluss, der eine weite, fruchtbare Ebene durchläuft, und sie finden die Stadt, wie die Fremden sie ihnen geschildert haben.

Vom ersten Augenblick an hat Haran für alle eine große Anziehungskraft. Und das ganz besonders für Vater Terach. Heimatliche Gefühle sind erwacht, da in dieser Stadt der Gott Sin, der Gott des Mondes, verehrt wird, genau wie in Ur. Es mögen der verwandte geistige und religiöse Hintergrund des dortigen Lebens, aber auch die äußeren erfreulichen Bedingungen dazu beitragen, dass Terach ernsthafte Überlegungen anstellt, die Reise hier zu beenden. Abram ist einverstanden, und so bleiben sie in Haran.

Gegen gutes Geld weist man ihnen einen günstigen Ort als Lagerplatz zu, und die Tatsache, wieder einen festen Wohnsitz zu haben, stimmt jeden froh. Gut gelaunt machen sich alle Frauen und Männer an die Arbeit, das neue Domizil herzurichten.

Sorgfältig und stabil werden nun alle mitgebrachten Wohnzelte aufgebaut. Das sind einmal die rechteckigen mit Vorplatz, Hauptraum und Nebenraum für die Frauen und dann die großen Rundzelte, die eine starke Mittelstütze haben und für eine Familie viel Platz bieten. Bald steht eine größere Anzahl von Zelten fertig da, jetzt müssen nur noch die wasserabstoßenden, dicht gewebten Planen aus Ziegenhaar obendrauf befestigt werden. Ein besonderer Blickfang sind die bunt gefärbten, verzierten Lederhäute, die jedem Eingang eine eigene Note geben. Auf die Innenausstattung legen die Frauen besonderen Wert. Schilfmatten und Felle breiten sie aus, dazu noch weiche Teppiche und bequeme Sitzkissen. So schaffen sie ein schönes Bild von orientalischer Wohnkultur. Nun können dazu kleine hölzerne Möbel aufgestellt werden, auch Tonkrüge und Schalen holen sie aus der Verwahrung. Was noch fehlt, wird auf dem Markt von Haran gekauft. Tagelang herrscht emsige Geschäftigkeit, und selbst die Kleinen helfen beim Auspacken von Körben und Taschen und schleppen die für sie oft viel zu schweren Gegenstände stolz zu den Zelten. Letztendlich ist dann aus der losen Zeltstadt ein gemütliches Zuhause entstanden, in dem sich alle wohlfühlen.

Die Frauen haben aufgeatmet, da die große Bürde des oftmaligen Aus- und Einpackens für sie nun wegfällt. Voller Freude holen sie ihre bunten Gewänder hervor, schütteln sie auf und breiten sie in der Sonne aus. Aller Schmuck wird sorgfältig gereinigt, und bald tragen sie wieder Arm- und Fußringe und Ketten aus bunten Tonperlen.

Dieses Haran liegt eingebettet in seine Fruchtbarkeit. Die Gärten voller Obstbäume bringen reiche Erträge, und auf den Äckern erntet man Gerste, Weizen und Emmer, mehr als die Menschen hier brauchen. Graugrüne Olivenhaine erstrecken sich über weite Fluren, und die kultivierten Reben bringen Wein in so großen Mengen, dass ein geflügeltes Wort sagt, in Haran gäbe es Wein wie Wasser. Oftmals wenn die Männer im Basar und auf den offenen Märkten Einkäufe machen, bringen sie ihren Frauen kleine Geschenke mit. Die eine bekommt hübsche Haarspangen, die andere ein buntes Tuch oder farbige Glasperlen für eine neue Kette. Der Kinder liebste Schleckerei sind die kleinen Honigkuchen.

Endlich können sich die Männer wieder am lang entbehrten Bier laben. Genüsslich saugen sie es aus dünnen Röhrchen, wenn sie sich nach getaner Arbeit zusammenfinden. An manchen Abenden holen sie ihre Brett- und Würfelspiele hervor und sitzen lange darüber, bis ihre Köpfe heiß werden und die Feuerstellen heruntergebrannt sind.

Sie verbringen eine glückliche Zeit im Tal des Balik, in Haran.

Nachdem sich ihr Dasein nach ihren Vorstellungen geordnet und gefestigt hat, machen Terach, Abram und Lot ausgiebige Erkundungen und kehren immer wieder zufrieden zu den Ihren zurück. Haran ist ein bevorzugter Treffpunkt für Händler aus allen Himmelsrichtungen. Ein idealer Platz für Tauschen, Kaufen und Verkaufen, aber ebenso für Ackerbau und Viehzucht. Neuigkeiten machen schnell die Runde, man weiß Bescheid über die Verhältnisse im Lande und über das, was sich in den angrenzenden Gebieten ereignet. Auch über die politische Lage in den verschiedenen Stadtstaaten ist man schnell informiert.

Terach trägt sich seit langem mit dem Gedanken, Land zu kaufen, und heute ist er mit der Verwaltung der Stadt einig geworden. Sorgfältig wird der Kauf nach geltendem Recht getätigt. Auf weiche Lehmtafeln ritzt ein Schreiber alle Daten und Abmachungen.

Als wichtige Dokumente werden sie, wenn sie getrocknet sind, in einem kostbaren Holzkasten aufbewahrt. Dort liegen sie dann zusammen mit den Tafeln des Verkaufs ihres Besitzes in Ur.

Vielleicht dienen diese tönernen Verträge einmal als Zeugnisse des bewegten Schicksals einer großen Familie. Abgelegt für Jahrtausende, konservieren sie Begebenheiten, Zusammenhänge, Hintergründe, schaffen eine Verbindung zu einer lang zurückliegenden Vergangenheit, um möglicherweise eines glücklichen Umstandes oder eines vorherbestimmten Zufalls willen an irgendeinem späten Tag aus der Versenkung aufzutauchen, um uns wie in einem Kaleidoskop ein paar schillernde Splitter urzeitlichen Geschehens freizugeben.

Jedenfalls besitzt Terach nun eigenen Boden, eigenes Land, das seine Sippe bearbeitet und bepflanzt. Von großer Wichtigkeit sind bestimmte Weiderechte, denn Terach möchte die Viehzucht ausbauen und ein wenig Handel treiben. Die Nähe zur Stadt ist günstig, aber trotzdem schätzt er es, die inzwischen gewohnte Verbindung zur freien Natur beibehalten zu können.

Mit den größer und größer werdenden Herden wandern die Hirten von Weide zu Weide. Nicht überall sind sie gerne gesehen, wenn ihre zahlreichen Ziegen und Schafe das Land abweiden. So ziehen sie oft bis an den Rand der Wüste, wo auf weiten Flächen noch Niemandsland ist.

Der Ruf Gottes

Auch heute sind sie wieder weit in unbewohntes Gebiet gekommen. Hier trennt sich Abram von Lot und den Hirten. Auf seinem Esel reitet er alleine noch weiter hinaus in den glühenden Hauch des elfenbeinfarbenen Landes.

Unendlich weitet sich die Steinwüste, die sich mal in sanften Hügeln rhythmisch aufschichtet, um dann da und dort bizarr anzuwachsen zu steingewordenen Hindernissen, grob und zerklüftet, in zu Felsen verdichteten Wogen, als seien sie inmitten eines schrecklichen Kampfes der Gewalten erstarrt.

In glühende Garben bündelt das grelle Licht die Farben der Wüste zu einem schmerzlichen Strahl. Doch Abram achtet weder auf das Brennen in den Augen noch auf die Hitze, die beständig strömt, als würde sie unaufhörlich von einem riesigen Backofen gespeist. Dort draußen gibt es einen Ort, zu dem er eine besondere Verbindung hat, seit er einmal an dieser Stelle rastete. Es ist der Kreuzungspunkt zweier Wege, die in vergangener Zeit vielleicht viel begangen waren, längst aber verweht und versandet und kaum mehr zu erkennen sind.

Lose Steine, die einmal aufeinander geschichtet gewesen sein mögen, liegen verstreut unterhalb einer kleinen Anhöhe. An dieser Stelle sieht Abram sich oft in seinen Träumen. Und wenn er hierherkommt, hat er jedes Mal das Gefühl, als fließe aus einem unsichtbaren Bereich eine Kraft in ihn, die ihm Antrieb, Mut und Vertrauen gibt.

Heute gibt er einem starken Verlangen Raum, schauen zu dürfen auf ein Stück seines vor ihm liegenden Weges. Heute wachsen seine Wünsche ins Unendliche, und heute breitet sich in ihm die Gewissheit aus, dass sein Ruf, sein immerwährender Anruf an seinen Gott, nicht unerwidert bleiben kann.

Bedachtsam trägt er einige Steine zusammen und baut einen kleinen Sockel. Er hat Weihrauch mitgebracht und will Gott ein Rauchopfer darbringen. Knisternd verbrennen die wohlriechenden Körnchen, verströmen ihren Duft. Die Glut glimmt lautlos. Rauchschwaden steigen in die Höhe. Abram schaut ihnen nach, als könnten sie ihm einen Weg weisen.

Allein inmitten einer großen Stille, ahnt Abram, dass ihn sein unbedingtes Vertrauen zu Gott befähigen wird, heute das noch Unausgesprochene zu hören. Es ist so still, als hielte selbst die Lautlosigkeit der Wüste auch noch den heißen Atem an.

Nachdem Abram lange in tiefer Versunkenheit Gottes Anwesenheit zu spüren sich erbat, bemächtigt sich seiner eine große Erregung. Angespannt bis zum Äußersten, wirft er sich zu Boden. Alle Pläne, alle Ängste, alle Fragen, aber auch alle Bitten lässt er fallen. Er spürt sich eins werden mit der Erde, in die seine Finger greifen. Seiner Seele wachsen Flügel, sein Glaube wird zu einem Magneten, der alle Gaben des Himmels an sich zieht. Und es öffnet sich ihm das Reich der Offenbarung im Geiste seines reinen Gebetes.

Zum ersten Mal vernimmt er klar und deutlich eine Stimme, die Stimme seines Gottes, die aus der Unendlichkeit zu ihm spricht:

»Gehe aus deinem Land und aus deiner Verwandtschaft
und aus dem Haus deines Vaters in das Land,
das ich dir zeigen werde.

Ich will dich zu einem großen Volk machen
und will dich segnen und deinen Namen groß machen,
und du sollst ein Segen sein.

Ich will segnen, die dich segnen,
und wer dich verwünscht, den will ich verfluchen.
Und in dir sollen sich segnen
alle Geschlechter des Erdbodens.«

(Aus der Genesis)

Abram fährt mit dem Oberkörper aus seiner kauernden Stellung hoch und stößt keuchend und schwer atmend in abgehackten Worten heraus: »Mein Gott – DU BIST! Bist du wirklich da?«

Er blickt zum Himmel. Die Sonne steht im Zenith, sein Auge kann den Glanz nicht ertragen. Sein Kopf sinkt erneut in den Sand. Und es ist, als tränke er aus einem Strom von Güte und Liebe und Zärtlichkeit.

Lange liegt Abram im Sand und gibt sich dem Lieben seines Gottes hin. Es ist wie ein Ineinanderfließen zwischen ihm und Gott, als könnten sie einander nicht mehr loslassen.

Langsam richtet er sich dann auf. Seine Gedanken versuchen die Worte festzuhalten, die er soeben vernommen hat.

»... ›Ich will dich zu einem großen Volk machen‹ – und – ›in dir sollen sich segnen alle Geschlechter des Erdbodens‹. Was soll dies alles bedeuten?«, sinnt Abram. Der Auftrag, der an ihn ergangen ist, geht weit über das hinaus, was Abram einst geträumt hatte. Gott gebietet ihm nun die endgültige Trennung von seinem Vater, von seiner Vergangenheit, von seiner Tradition. Alles, was bisher war, muss er jetzt abschließen.

Die Blätter seiner Zukunft warten auf ein neues Kapitel, das nur er mit seinem Leben schreiben kann. Und das bedeutet Aufbruch und Auszug – Weitergehen und Wanderung. Er muss die Veränderung zulassen, seinem Leben abermals eine neue Richtung geben. Erschreckend wird Abram bewusst, dass dieser Weg ein ungeheures Vertrauen von ihm verlangt. Angst vor dem Unbekannten steigt in ihm hoch. Trotzdem, er wird den Willen Gottes ausführen. Er ist auf eine Quelle des Wissens gestoßen, er ahnt ein Urgeheimnis. Und das Spiel seiner Wünsche und Gedanken ist sein unaufhörliches Gebet, während er zurückreitet.

Als Abram den Weideplatz erreicht, suchen seine Augen als Erstes seinen Neffen. »Hol' deinen Esel, Lot, wir reiten nach Hause.« Dieser ist sehr verwundert, dass sie so bald nach Haran zurückkehren sollen. Aber er merkt am Verhalten seines Onkels, dass etwas Besonderes der Grund sein muss. Ohne weiter zu fragen, macht er sich mit ihm auf den Weg.

Als sie abends zu den Zelten kommen, begrüßt Abram liebevoll seinen alten Vater und zärtlich seine Frau Saraj. Nachdem er sich vom Staub des Rittes befreit hat, kann er nicht länger warten. Es drängt ihn, sein Erlebnis mitzuteilen. Die wichtigsten Familienmitglieder, Terach und Lot, Saraj und Elieser, bittet er zu dieser Besprechung. Etwas abseits, wo sie ungestört sein werden, sucht Abram einen ruhigen Platz. Zwei Fackeln stellt er über Kreuz in den weichen Boden, und sie lagern im Kreis um die Lichtquelle. Erwartungsvoll schauen die Gerufenen auf Abram.

Abram hat für einen kurzen Moment die Augen geschlossen, drei tiefe Atemzüge weiten seinen Brustraum, als wolle er damit die noch vorhandene

Unruhe langsam aus seinem Körper hauchen. Gleich ist er bereit. Und jetzt kann er wahrheitsgetreu seine Begegnung mit Gott in der Wüste schildern. Alles, was er vernommen hat, seinen Auftrag und die Verheißung von Volk und Segen.

Tief bewegt haben die Anwesenden Abrams Mitteilungen angehört und in sich aufgenommen. Sie glauben Abram, dass es so gewesen ist, auch wenn sie es kaum fassen können. Abram wendet sich an Terach. »Vater, du wolltest uns damals nach Kanaan führen. Nun werde ich dorthin gehen, vielleicht ist Kanaan das Land, das mein Gott mir zeigen will.«

Saraj rückt ganz nahe an ihren Mann heran und sagt leise zu ihm: »Abram, irgendwie habe ich Angst vor deinen Plänen. Hier ist alles so gut für uns geworden. Aber ich fühle es, du musst tun, was dir befohlen wurde. Und ich verspreche, ich will mit dir deinem Gott gehorchen.« Abram ist glücklich über die Bereitschaft seiner Frau.

Terach möchte noch einmal hören, was Abram gerade erzählt hat. Danach schweigt er lange, bis er sich dazu äußert. Trotz dieser aufregenden Nachricht, die er soeben erfahren hat, bewahrt er eine große Ruhe. Die Summe der Weisheit seines Lebens und Erlebens hat sich in den Jahren auf Terachs Gesicht gelegt. Güte und Verstehen spiegeln sich in seinen Augen, und die Worte, die aus seinem Munde kommen, zeugen von Größe und Ehrlichkeit sich und anderen gegenüber.

»Abram, mein geliebter Sohn. Ich bewundere dein großes Vertrauen und deinen wachsenden Glauben, mit dem du dich so unbeirrbar in die Hände dieses Allerhöchsten begibst. Ich preise dich glücklich deines Mutes wegen, der dich noch einmal aufbrechen lässt in ein dir unbekanntes Land.

Mein Segen wird dich und alle begleiten, die mit dir gehen. Für mich jedoch und für ein paar von den Meinen, wird es richtig sein hierzubleiben. Ehrfurcht vor deinem Gott gebietet mir mein Innerstes, aber ich verheimliche nicht, dass viele meiner Gedanken immer noch zu Sin, Inanna und Utu gehen.

Der Mond, die ewigen Sterne und die Sonne sind Kräfte meines Lebens. Diese Kräfte haben mich geprägt und getragen, sie schaffen die Ordnung meiner Zeiten. Vielleicht spiegeln diese Erscheinungen am Himmel aber auch die verschiedenen Gesichter deines Gottes wider. Wer weiß? Dann ehre ich auch ihn durch mein Opfer und mein Gebet.«

Alle schweigen. Und nach einer Pause fährt Terach fort: »Wohin du auch ziehst, Abram, es werden dir überall bekannte und unbekannte Götter begegnen, und sie werden noch lange eine große Macht verkörpern. Toleriere sie und die Menschen, die ihnen huldigen. Wähle deine Worte stets sorgsam, vor allem wenn du ihnen Neues, Ungewohntes erzählst. Übe Geduld und Nachsicht und bedenke, einen langen Weg geht man Schritt für Schritt.«

Tief atmet Abram auf, ehe er sagt:

»Vater, ich danke dir für deine guten Worte, ich danke dir, dass du mich in Frieden ziehen lässt.« Abram nimmt seinen Vater in die Arme und drückt ihn innig an sich.

Dann, als Terach und Abram sich voneinander gelöst haben, treffen sich unwillkürlich Abrams und Lots Blicke. Forschend und fragend die des Onkels, erwartungsvoll die des Neffen. Lot hat Abrams Gedanken erraten. Fast gleichzeitig breitet sich auf beiden Gesichtern lautloses, übereinstimmendes Lachen aus. Sie sind sich einig. Trotzdem stellt Abram die entscheidende Frage: »Lot, willst du mit mir kommen?«, und Lot: »Wann immer du aufbrichst, ich gehe mit dir.« Ein kräftiger Männerhandschlag besiegelt ihr Übereinkommen.

Jetzt holt Abram Elieser zu sich. Still hatte dieser die ganze Zeit im Halbdunkel hinter ihm gesessen.

»Elieser, du Treuester meiner Treuen. Du wirst viel Arbeit haben, um in den nächsten Wochen unsere Abreise vorzubereiten.« »Du weißt, Herr, dass du über mich verfügen kannst. Jetzt und immer«, ist seine kurze Antwort. Und ergeben beugt er seinen Kopf bis zu den Knien.

Elieser ist mehr als Abrams Knecht. Er ist sein Bewacher und Beschützer, auch sein engster Vertrauter. Und sein Herz ist ein Juwel. Elieser stammt aus Damaskus. Schon in jungen Jahren kam er in Abrams Familie, und oft führte er Abrams Aufträge aus, fast ehe sie ausgesprochen. Vielleicht verstand er als Erster die Zusammenhänge und Hintergründe zu den Entscheidungen seines Herrn. Elieser ist es auch, den Abram als seinen Nachfolger in Betracht gezogen hat, wenn Saraj ihm wirklich keinen Sohn mehr schenken sollte. Abram weiß, nach geltendem Gesetz muss ein Fremder als Erbe eingesetzt werden, wenn eine Ehe kinderlos bleibt.

Kaum sind Abram und Saraj in ihrem Zelt, bricht es aus Abram in freudiger Erregung heraus. »Saraj, hast du verstanden, was Gott verkündet hat? Hast du verstanden? Er will uns zu einem großen Volk machen, und du wirst fruchtbar sein und viele Kinder haben. Unter seinen Schutz und Segen stellt er uns.« Abram sieht schon greifbar seinen sehnlichsten Wunsch in Erfüllung gehen. Aber Sarajs Herz ist zusammengezuckt. Sie möchte es so gerne glauben. »Ach Abram, wenn doch unser Sehnen und Hoffen endlich Erfüllung fände. So oft bin ich niedergedrückt, verzagt und ohne Hoffnung.« Doch Abrams Zuversicht kennt keine Grenzen. Er wiederholt es immer wieder: » ›Ich will dich zu einem großen Volk machen‹, hat er gesagt, und noch etwas, ... ›und in dir sollen sich segnen alle Geschlechter der Erde‹.

Saraj, dieser Gott ist noch viel größer, als ich dachte. Stell dir vor, wenn er alle Völker mit einbezieht. Was ist das für ein Bogen, der sich über uns, über den Lauf der Zeiten spannt? Alle Geschlechter der Erde! Wie soll ich das verstehen? Bin ich auf meiner Suche nach meinem Gott dem wirklich einzigen Gott, dem Gott aller Welten und Zeiten begegnet? Saraj, ich weiß noch nicht, wie ich das begreifen soll, ob ich sicher sein kann, dass ich mich keiner Täuschung durch eine Einbildung hingebe. Nein, niemals besäße meine Fantasie eine solche Kühnheit.

ER, der Allumfassende, der alles umschließt, der alles Sichtbare und Unsichtbare in sich birgt, hat zu mir gesprochen. Mit seinem Sein ist er mir nahe gekommen. Und er wird uns mit seinem Segen auch die Kraft der Fruchtbarkeit schenken. Saraj, ich kann es dir gar nicht in Worten schildern, wie er das alles gesagt hat. Als wäre es nicht eine Stimme, als wären es hundert Stimmen gewesen. Große Worte, wie sie nur einer sprechen kann. Alle sind sie eingemeißelt in meinem Gedächtnis und in meinem Herzen.

Um dieses zu verwirklichen, sind wir beide geschaffen. Du und ich und unsere Kinder, die kommen werden, um unser Werk fortzusetzen. Du darfst nicht aufhören, daran zu glauben, Saraj.«

Abram ist voller Überschwang. Und am nächsten Tag verkündet er allen seinen Leuten den gefassten Entschluss. Erst ist die Überraschung groß, zaghafte Zustimmung da und dort, aber auch Bedauern wird laut. Letzteres vor allem, wenn Abram außer Sicht- und Hörweite ist. Das angenehme Dasein, die Fülle und der Wohlstand sollen jetzt nochmals aufgegeben werden!

Tagelang besprechen sich die Männer in ihren Zelten. Ein Teil der Verwandtschaft entschließt sich, bei Terach in Haran zu bleiben. Die meisten jüngeren Stammesmitglieder wollen Abram folgen und mit ihm ziehen.

Terach hat die Absicht, hier ein festes Haus zu bauen. Da er bereits Besitzer eines umfangreichen Stück Landes ist, eigene Äcker und Felder bewirtschaftet, ist es nun sein heimlicher Wunsch, Nahor, den in Ur zurückgebliebenen Sohn, nach Haran zu holen. Durch einen Karawanenführer, den er seit langem kennt und der jedes Jahr nach Sumer zieht, hat er diesem eine Botschaft überbringen lassen.

Wie viele Menschen im hohen Alter wünscht er sich, dieses oder jenes noch zu erleben. Oft spricht er von alten Zeiten und erinnert sich an viele Einzelheiten seiner Heimat. Dazu gehört das Verlangen nach seinem Sohn, und immer wieder sagt er vor sich hin: »Wenn das geschehen könnte, dass ich Nahor und seine Kinder noch einmal wieder sehe, könnte ich meine Tage in Ruhe beschließen.«

Und dieses Sehnen erhält ihn wach und lebendig, so dass es sehr wahrscheinlich ist, dass die fortdauernde Kraft seiner Gedanken diese Wünsche wirklich werden lässt.

Der Weg nach Kanaan

Es kommt der Tag des großen Aufbruchs. Alle, die gewillt waren, sich Abram anzuschließen, mussten auch innerlich zu der festen Überzeugung gelangen, dass der Weg Abrams auch der ihre sein soll. Trotzdem spüren heute manche von ihnen das Gefühl einer Beklommenheit, wie es einen überfallen kann, wenn ein Abschluss vollzogen ist und der erste Schritt des Neuanfangs getan werden muss. Denn abermals liegt ein langer Weg und eine unbestimmte Zukunft vor ihnen. Aber diesmal ist es der Ruf Gottes, der Abram das für ihn bestimmte Land zeigen will, der ihm seinen Segen, Kraft und Gedeihen dazu versprochen hat und damit verbunden eine große Verheißung.

Am Balikfluss entlang schieben sich langsam die Schaf- und Ziegenherden, daneben trotten die aufgepackten Tragetiere. Es geht nach Süden. Dieses Gebiet kennen die Hirten gut, es ist ihnen noch vertraut. Oft waren sie hier mit ihren Herden. Links vor ihnen auf einem Plateau liegt die Handelsstadt Tuttul (Raqqa), und hier in der Nähe mündet der Balik in den Euphrat.

Mit gemischten Gefühlen und Wehmut im Herzen nehmen sie Abschied von diesen weiten, grünen Ebenen, und schmerzlich wird jedem bewusst, was sie hinter sich lassen. Viel Angenehmes. Das Beschauliche der sesshaften Lebensweise gleichermaßen wie die Geborgenheit. Lange Zeit waren sie es gewohnt, das ganze Jahr über reichlich mit Lebensmitteln versorgt zu sein, besonders auch mit jenen, die die nahe Stadt mit ihren Märkten bot. Dazu trauert mancher noch um etwas anderes, ihm lieb Gewordenes. Aber diese Gedanken werden nur flüsternd untereinander ausgetauscht, denn vor allem hatte man gehorsam zu sein, Abram und seinem Gott.

Obwohl Abram viel von seinem Besitz verkauft hat, ist es immer noch eine große Menge an Hausrat und Gegenständen, die sie mit sich führen. Alles zusammen ein stattlicher Zug.

Eine Zeit lang geht es noch südöstlich am Euphrat entlang, bis sie auf die bekannte Karawanenstraße stoßen, die über die Stadt Tadmor (Palmyra) nach Damaskus führt.

Auf dieser großen Etappe gehen sie einer beschwerlichen Zeit entgegen. Weite Wüstenstrecken erwarten sie. Träge und müde schleppen sich an vielen Tagen die Tiere und die Menschen vorwärts. Eine Bergkette mit Höhen bis 1400 Metern tut sich vor ihnen auf, und der Weg führt durch steiniges Gelände. Durch ausgetrocknete Flussbette und über raue Geröllhalden müssen sie sich kämpfen, und es ist harte Arbeit, die großen Herden zusammenzuhalten. Nur langsam kommen sie voran.

Abrams tägliche Sorge ist vor allem, dass sie genügend Wasser haben werden. Er ist froh, wenn sie bis zum Abend an einen Flusslauf kommen, alle Behälter frisch auffüllen können und die Tiere zu trinken haben.

Eines Tages werden sie von einer schneller ziehenden Gruppe eingeholt. Abram kennt den Führer. Von ihm erfährt er, dass es hier in dieser Gegend zur Zeit nicht ungefährlich ist. Die Berge ringsum sind von verschiedenen Nomadenstämmen bewohnt, von denen gesagt wird, dass sie immer wieder zu Raubzügen aufbrechen. Auch mit kriegerischen Horden aus der syrischen Wüste muss man rechnen. So nimmt Abram das Angebot seines Freundes gerne an, gemeinsam mit den Reisenden den Weg fortzusetzen. Die Schutztruppe ist dadurch vergrößert, und das gibt ihnen ein gutes Gefühl der Sicherheit.

Die nächsten Tage gestalten sich dann recht abwechslungsreich. Die weit gereisten Treiber wissen an den Abenden viel Interessantes zu erzählen. Sie sind mit allen Wassern jener Flüsse gewaschen, an die sie ihre Reisen führen. Neue, unbekannte Schauergeschichten machen die Runde, und es gibt viel zu lachen.

Bald müsste Tadmor (Palmyra) in Sicht sein, denn die Landschaft verändert sich allmählich. An einzelnen, zwar immer noch trockenen und steinigen, aber schon bebauten Äckern führt der Weg vorbei. Auch einige grüne Bauminseln gedeihen mitten im Sand, und hier und dort sprudeln kleine Quellen. Eine Labsal für Mensch und Tier. Großflächig zeigt sich dann die Umgebung, milder in den Formen.

Zusammen mit der Reisegruppe erreichen sie Tadmor, eine ausgedehnte Oase mitten in der syrischen Wüste.

Eng aneinander gestellt bauen sie ihre schwarzen Zelte außerhalb der Stadt auf. Sie kaufen Lebensmittel und legen Wasservorräte an, denn auch die nächste Etappe wird durch unwegsames Bergland führen.

Schon nach kurzem Aufenthalt geht es weiter. In rissiger Erde und in öden Steppen suchen sie nach Pfaden. Stellenweise ist kaum mehr Vegetation, die Wege sind oft auf langen Strecken verweht. Eine brütende, alles lähmende Hitze liegt über dem Tal. Es gibt nur noch verdorrte Sträucher und stacheliges Gestrüpp, Steine und Sand.

In diesen Tagen stöhnen alle über die Strapazen des Unterwegsseins. Zu murren wagen sie nicht, denn Abram strahlt eine große Zuversicht aus. Er sprüht vor Vitalität, und seine Energie reicht vom frühen Morgen bis zum späten Abend. Seinen Männern macht er Mut zum Durchhalten, und Saraj tröstet die schweigend duldenden Frauen. Sie versteht es, dass sie unter den kraftverzehrenden Umständen sehr leiden. Einzig die Kleinsten fühlen sich wohl in ihren Binsenkörben, in denen sie, sanft schaukelnd auf den Eselsrücken, den größten Teil der Wanderung verbringen.

Abram ist stolz auf seine tapfere Frau und bewundert ihre Stärke und ihr entschlossenes Ausharren.

So quälen sie sich noch durch viele heiße Tage und wünschen sich oftmals zurück an die heimische Feuerstelle in Haran. Abram ist ständig bemüht, verantwortungsvoll für seine große Gruppe zu sorgen, aber an manchen unerträglichen Tagen nagen auch Zweifel an ihm. Wird er dieses gewiesene Land wirklich finden, werden sie dort eine Heimat erlangen, wird genug Weideland da sein und ausreichend Nahrung zum Leben für seine Leute?

Bei mancher Rast holt Abram sich Mut und Kraft, indem er ein kleines Opfer darbringt. Meist geht er alleine an einen stillen Ort, um wenigstens für kurze Augenblicke die Gewissheit zu fühlen, dass er auf dem richtigen Weg ist.

Nur noch ein paar Tage verspricht Abram aufmunternd, dann werden erst einmal alle Mühen und Beschwernisse vorbei sein.

Als sie dann die letzten Ausläufer eines Berges umrundet haben, der lange ihre Sicht eingeengt hatte, ist die Wüste fast abrupt zu Ende. Sie befinden sich an den oberen Rändern einer Talsenke.

Vor ihnen liegt ein Land, grün und golden, und mittendrin die Stadt Damaskus. Umgeben von dicken Mauern und mit ihren vielen Türmen wirkt sie majestätisch, wehrhaft und trutzig.

An einem kleinen Fluss, an dem sie rasten, springen alle zusammen mit Schafen und Ziegen ins Wasser, um Staub und Sand abzuwaschen, der sie in den anstrengenden Tagen völlig verkrustet hatte. Kleider und Tücher werden gebürstet und gespült, alle fühlen sich danach sauber und frisch.

Das letzte Stück des Weges, das sie über sanfte Hügel abwärts führt, geht durch ausgedehnte Weinberge und Olivenhaine und an weitläufigen Obstgärten vorbei. Äpfel, Birnen und Aprikosen leuchten in einer Fülle durch das grüne Blattwerk, dass sie glauben, durchs Paradies zu schreiten.

Damaskus liegt vor ihren Augen wie eine Märchenstadt.

Etwas abseits steht Elieser unter einem Olivenbaum. Er hat einen kleinen Zweig abgebrochen und lässt seine Finger langsam über die trockenen Blätter gleiten. Diese Berührung und der Blick auf Damaskus ist die erste Wiederbegegnung mit seiner Heimatstadt nach vielen Jahren. Für ein paar Augenblicke ganz allein und für sich, überlässt er sich diesem unbeschreiblichen Gefühl und spürt noch einmal die warme Nähe seiner Kindheit.

Am Rande des westlichen Horizonts erhebt sich das »weiße Gebirge« (der Antilibanon) mit seinen verschneiten Gipfeln. Uralte Zedernwälder legen sich wie dunkelgrüne Tücher an die Hänge. Dieses Gebirge nährt die Wasser, die das ganze Land hier beleben und fruchtbar machen und es zu einer riesigen, lebensvollen Oase inmitten der Wüsten haben werden lassen. Allein durch die Stadt schlängeln sich sieben Flussarme, und überall grünt es, blühen und duften Blumen.

Wie gewohnt, lagern sie vor den Stadttoren. Alle Arbeiten gehen ihnen heute schnell von der Hand. Eine gute Stimmung kommt auf. Wird es in

Kanaan auch so schön sein? Sie haben keine Ahnung von diesem Land, aber sie haben fantastische Vorstellungen.

Abram schickt als Ersten Elieser mit ein paar Männern in die Stadt. Elieser hat nach Verwandten Ausschau gehalten und alte Erinnerungen aus Ecken und Winkeln hervorgeholt. Die anderen haben die nötigen Dinge besorgt, nun kommen alle zusammen mit voll beladenen Eseln von ihren Einkäufen aus Damaskus zurück.

In den nächsten Tagen dürfen auch andere Familienmitglieder das große Erlebnis genießen. In kleinen Gruppen reiten sie auf ihren Eseln schon frühmorgens los. Staunend nähern sie sich der großen Stadt. Vor den Mauern ist ein großes Gedränge von Menschen und Tieren, ein Rufen, Schreien und Gestikulieren. Massige Tore aus schwerem Holz, die wie eingeschmolzen in die Steinquader erscheinen, stellen sich jedem Besucher achtungsgebietend entgegen. Nachdem alle eingehend von den Wachen geprüft wurden, dürfen sie in die Stadt hinein. Irgendwie eingeschüchtert durch die unübersehbare Mächtigkeit dieser orientalischen Metropole, gehen sie erst zögernden Schrittes durch die ihnen unbekannten Gassen. Sie verlieren sich fast in den endlosen überdachten Basarstraßen. Aber allmählich haben sie sich an die Fremdartigkeit gewöhnt, und jetzt können sie all das Neue bewusst wahrnehmen.

Lärm dringt aus beinahe allen Hausöffnungen, aus Werkstätten, aus fast jedem Winkel. Überall laute Geschäftigkeit. Hier ein Knall, dort ein Pfeifen, ein Rattern. Erschrocken springen sie zur Seite, wenn Krach und Getöse sie so unerwartet treffen.

Jedes Handwerk hat seinen eigenen Klang. Und doch mischen sich metallisches Hämmern, stumpfes Klopfen, zischendes Schleifen, surrendes Bohren und kreischendes Sägen zu einem ganz bestimmten Grundton dieser Stadt, der zu ihr gehört wie das stetige Rauschen ihrer Flüsse.

Rauch aus offenen Feuerstellen zieht an den Hauswänden hoch. Eselshufe klappern auf buckligem Pflaster, und die Tragetiere verschwinden fast unter den schweren Lasten, die man ihnen täglich auf ihre geschundenen Rücken bindet. Am Ende der Straße lärmen streitende Kinder um einen Fetzen bunten Stoffes. Frauen huschen mit Krügen auf dem Kopf vorbei, Händler preisen lautstark ihre Waren und rollen so Furcht erregend mit den Augen, als wollten sie schon damit Preis und Vorteil bestimmen.

In der verrußten Schmiedewerkstatt saust der Hammer auf den schweren Amboss. Ein Messen der Kräfte, zwei Gegenkräften gleich, als müsste mit jedem Schlag Überlegenheit bewiesen werden. So ächzt der Hammer und stöhnt der Amboss, windet sich das glühende Eisenstück zwischen den gewaltigen Schlägen, bis es zu seiner vorbestimmten Gestalt geformt ist. Es sind die berühmten Damaszener Krummschwerter und Dolche, die hier unter groben Fäusten entstehen. Doch danach werden diese von feinen Künstlerhänden mit Gold und Silber bearbeitet und mit edlen Steinen verziert. Jedes Stück wird zu einem einzigartigen Kunstwerk.

Gleich nebenan glänzen in den Schmuckläden kostbare Geschmeide, glitzern Edelsteine, Reifen und Ringe für Arme und Nasen. Gehänge aus feinsten Gold- und Silberblättchen stellen sich zur Auswahl. Eine verführerische Schau.

Düfte, scharf und süß, steigen aus den Verkaufskörben am Gewürzmarkt, und die Fülle an so vielen verschiedenen Obst- und Gemüsesorten, wie sie hier aufgetürmt sind, gab es noch nirgends zu sehen. Es sind aufregende Stunden, ehe sie die Stadt wieder verlassen.

Nach den entbehrungsreichen Wochen, die hinter ihnen liegen, sind sie froh und ausgelassen und überreden Abram, die Weiterreise zu verschieben. Gerne hätten sie die Faszination dieser Stadt noch länger ausgekostet.

Abram holt inzwischen überall Erkundigungen ein. Welche Straßen und Wege gibt es, die nach Kanaan führen? Er hört sich um, was Reisende und Kaufleute berichten, die gerade von dort kommen. Viele, auch sorgenvolle Gedanken macht er sich. Er weiß um die große Verantwortung, die sich vor ihm auftut.

Alle liegen sie ihm am Herzen, die mit ihm gegangen sind. Seine Verwandten und die Hirten mit ihren Familien, und er möchte ihnen bald wieder eine Heimat geben. Unruhe treibt Abram, je näher er sich seinem Ziel weiß, und er drängt zum Aufbruch.

Aus den Informationen kann er schließen, dass Kanaan zum Teil noch dünn besiedelt ist. Da und dort gibt es größere Städte, ansonsten viele kleine Ansiedlungen. Die bergigen Regionen sollen jedoch kaum bewohnt sein.

Die Mauern von Damaskus liegen bald hinter ihnen. Durch fruchtbares, sattes Land windet sich die Straße, die in die Berge führt. Trotz der kühlen

Morgenluft spüren sie noch die warme Feuchtigkeit des grünen Tales unter ihren Füßen.

Dann werden Felder und Äcker immer spärlicher. Die Erde ist jetzt grau und rot, und auf dem bereits kargen Boden mühen sich nur noch Olivenbäume. Je höher sie kommen, desto steiniger und kahler sind die Hänge.

Der große Hermon des Antilibanongebirges liegt weiß gesprenkelt wie ein halbrunder holperiger Rücken in ihrem Blickfeld. Vorgelagert ist die weit gestreckte Hügellandschaft, die Ausläufer des gesamten Bergmassivs. Hier sind die zwei parallel verlaufenden großen Bergketten, die sich von Nord nach Süd durch das ganze Land ziehen, fast zu Ende.

Zwischen einzelnen, steil aufragenden Felsgebilden geht die Route in enge Talschluchten, führt dann unverhofft wieder über ein Stück saftiges Weideland, das von zahlreichen Quellen durchzogen ist. Plötzlich schäumt ein Wasserfall, der über steinige Klippen herunterstürzt, und dann ist gleich wieder der Blick frei auf die Wälder, die bis in große Höhen hinauf wachsen.

Gerade nähern sie sich einem lichten Waldstück, in welchem uralte Zedern stehen. Ehrfürchtig ziehen Frauen und Männer ihre Sandalen aus. Sie tragen sie in den Händen, während sie in dem kühlen Schatten des Haines weilen. Weit ausladend wie Fächerarme breiten diese ehrwürdigen, riesigen Bäume ihre knorrigen, schwarz berindeten Äste aus. In rhythmischer Unregelmäßigkeit formt ihr Wuchs die flachen Etagen und lässt die benadelten Zweige in graugrünen Stufen emporsteigen, höher und höher. Und auf ihrem Weg nach oben greifen sie ineinander, als würden sie sich umarmen.

An einer weiten Lichtung liegt ein alter umgestürzter Zedernstamm. Dort machen sie Rast. Einem hölzernen Gebirge gleich liegen die geborstenen Teile als mächtige Brocken auf dem steinigen Boden. Hell wie Wüstensand ist die Farbe des alten ausgebleichten Holzes, und die gefurchten Rillen und Ringe, die buckeligen Beulen und die zerklüfteten Löcher lassen ahnen, in welche Spanne Zeit dieser Baumriese eingebettet liegt.

Als sie sich langsam entfernen, begleitet sie der würzige Geruch der Zedern, den ein warmer Wind hin- und herfließen lässt. Vielleicht nehmen sie durch diese Begegnung unbewusst ein Wissen um das Mysterium des Lebens und des Vergehens mit sich.

Nach ein paar Stunden erreichen sie ein kleines Dorf. Es ist die letzte bewohnte Ansiedlung auf dem Weg nach oben. Wie in einer Schutzgemeinschaft sind die Häuser eng zusammengebaut. Frauen und Kinder laufen am Weg entlang und betrachten neugierig die Fremden mit ihren Viehherden, die immer näher kommen. Die Dorfbewohner sind sehr freundlich, und bereitwillig bieten sie den Wandernden frisches, klares Wasser aus ihren sauberen Brunnen. Eine willkommene Erfrischung.

Es dauert eine ganze Weile, bis Abrams langer Zug die enge Straße durch den kleinen Ort passiert hat. Danach wird das Hinaufsteigen mühsam. Aber sie gewinnen trotzdem schnell an Höhe.

Die feinen, weißen, aufgefächerten Wölkchen, die sich heute Morgen so zart vom blauen Himmel abhoben, haben sich überraschend zu dicken, grauen, nassen Ungetümen zusammengeballt. Wie eine drohende schwarze Wand baut sich die feuchte, schwere Masse auf. Ein kalter Wind fegt durch das Tal, und schon jagen erste Schauer über ihre Köpfe hinweg. Mit einem Mal ist es dunkel geworden. Abram lässt anhalten. Sie können ihren Weg nicht fortsetzen. Notdürftig werden in Eile ein paar Unterstände aufgebaut, und die Hirten müssen die Tiere zusammentreiben. Zitternd drücken sich die Kinder an ihre Mütter, und dann verbringen alle voller Angst eine unruhige Nacht.

Stundenlang donnert ein gewaltiges Unwetter, zerreißen Blitze die tief hängenden Wolken, zischt der Regen wie Peitschenhiebe. Erst in der Frühe beruhigt sich die durchgeschüttelte Natur, und in strahlendem Morgenrot zeigt sich der neue Tag. Die Luft fächelt wie kühle Seide, als hätte es weder Sturm noch Schauer gegeben. Aufatmend nach den qualvollen Stunden setzen sie die Wanderung fort.

Unwegsam und unübersichtlich ist plötzlich das Gelände, und Abram hat Mühe, die Fährte zu finden. Der Weg ist wie abgeschnitten. Im weiten Umkreis liegen riesige, herabgeschleuderte Gesteinsbrocken, und umgestürzte Bäume türmen sich übereinander. Ein großer aufgerissener Graben versperrt ihnen dann endgültig das Weiterkommen.

Abram ist verunsichert. Gewissenhaft und genau hat er immer wieder nach den Angaben die Strecke geprüft, auf seinen Tafeln alle Einzelheiten notiert, aber nun hat er die Orientierung verloren. Er bespricht sich mit Lot und Elieser. Auch sie wissen keinen Rat.

Der Sturm der vergangenen Nacht hat hier offenbar diese große Verwüstung hinterlassen. Hilflos stehen sie zusammen.

Das Klappern von Hufen ist zu hören. Ein Fremder nähert sich ihnen. Er bahnt sich den Weg durch die Herde, reitet nach vorne zu den Männern, steigt ab, und Abram geht ihm entgegen. Sie begrüssen sich höflich. Der Mann erkennt sofort die Notlage. Freundlich erzählt er, dass er dieses Bergland gut kenne, und bietet ihnen an, sie zu führen.

Ein fragender, prüfender Blick in die ehrlichen, offenen Augen des Fremden überzeugt Abram, dessen Hilfe annehmen zu können.

Wo Abram keinen Weg mehr sah, findet sich dieser Unbekannte zwischen Felsbrocken und verschüttetem Gelände zurecht und bahnt einen Pfad, auf dem sie alle dem Vorangehenden folgen können. Aber es wird ein mühsamer Aufstieg. Er dehnt sich noch über viele Stunden. Dann ein letztes steiles Stück, und jetzt zeigt sich ein lang gestreckter Hügel.

Von der großen Sehnsucht nach dem neuen Land getrieben, fassen sich Männer, Frauen und Kinder an den Händen, reihen sich aneinander wie die Glieder einer Kette und eilen gemeinsam nach oben.

Ihre Kleider flattern im Wind, und die Tücher fliegen über den Köpfen der Frauen. So überwinden sie in gemeinsamer Anstrengung die letzte Kuppe. Dann ist der Blick frei. Frei auf das Land ihrer großen Hoffnung.

Das rasende Pochen ihrer Herzen, das Brausen in ihren Ohren umtönt sie wie Fanfarenklänge aus goldenen Hörnern, und alles vermischt sich zu einer Symphonie des Glaubens an die Verheißung.

Das Land Kanaan

Der unbekannte Führer geht auf einen Felsvorsprung zu. Ein Windhauch lässt sein weites, schwarzes Gewand wie in Wellen an ihm auf- und abfließen. Er streckt seinen Arm aus, und seine helle Hand weist in Richtung Südwesten. Er lächelt Abram zu und nickt, gleich einer Bestätigung. Abram wirft die Arme hoch, steht wie ein Baum, den Kopf in den Nacken gelegt, das Gesicht der Sonne entgegen, dann bricht es aus ihm heraus:

»Kanaan! Da ist Kanaan.« Er schreit es in den Himmel. »K a n a a n!«

Gerade noch lächelt der Fremde Abram zu. Abram nimmt Sarajs Hand, zieht sie mit sich fort. Er möchte sich bei dem Mann bedanken. Aber dieser ist verschwunden. Saraj sieht Abram fragend an. Wo ist er geblieben? Wer war der Fremde? Sinnend betrachtet Abram den Platz, wo dieser soeben noch gestanden hat.

Inzwischen haben alle anderen die Anhöhe erreicht. Gleich werden sie dieses Land betreten. Sie umarmen sich, lachen und weinen und freuen sich. Eine große Anspannung fällt von ihnen ab, und übermütig fangen sie an zu singen. Sie umringen Abram und danken ihm. Er entzieht sich leise dem lauten Jubel. Nachdenklich geht er zu der Stelle, an der vor kurzem einer eine Weisung gegeben hat.

Von diesem Standpunkt aus, hat er einen unbeschreiblichen Blick auf das ganze Land unter ihm. Die hügeligen Berge, das Flusstal des jungen Jordan, die weite Ebene bis hin zum Rande des Horizonts. Samtmilde Luft bewegt sich wie ein zartes Streicheln. Abram kniet nieder, schließt die Augen und redet mit seinem Gott, als stünde dieser neben ihm.

Ehe er ihm mit Worten danken kann, fühlt er ihn, indem er mit Begeisterung in den Augen dieses unbekannte Land liebkost, betet er ihn an, indem sein Herz aufgeht vor Freude, preist er ihn. Dies ist sein Gebet und sein Dank.

Leichtfüßig und locker springen die Kinder bergab. Angesteckt von der frohen Erwartung der Erwachsenen laufen sie übermütig voraus.

Aufatmend geht Abrams Blick noch einmal zurück. Zurück nach Norden, zum schneebedeckten Großen Hermon, dessen Ausläufer er in den vergangenen mühevollen Wochen mit seinen Leuten überwinden musste.

Auf halber Höhe des Berglandes lässt Abram die leichten Zelte aufschlagen. Kahl, steinig und trocken ist es hier oben auf dem Höhenzug des nördlichen Golan. Schwarze Basaltsteine liegen weit verstreut umher, die Überreste lang vergangener vulkanischer Zeiten. Zwischen dunklem, staubgrauem Gestrüpp gibt es nur trockene Gräser. Wie helle Strohbündel leuchten sie in der Sonne. Von morgens bis abends rupfen die genügsamen Ziegen und Schafe an ihnen herum.

Die Westseite des Gebirges gleitet in weichen Hügeln hinab und endet in grünen Polstern unten im Jordantal. Jeden Tag geht Abrams Blick dorthin, in die Fülle der Vegetation. Dort liegen, etwas weiter im flachen Land, die Seen, und es breitet sich das Sumpfgebiet des Huletales aus. Abram erinnert sich, dass er vor den unpassierbaren Sümpfen und dem Morast um den Hulesee gewarnt wurde. Bären und Wölfe, auch Leoparden und andere gefährliche Tiere soll es dort geben. Diese Region müssten wir in einem großen Bogen umgehen, meinen die Hirten. Sie sind in Sorge um die Tiere. Abram stimmt ihnen zu. Aber dennoch muss das Gebiet einmal durchquert werden, weil Abram in die Gegend westlich des Jordans ziehen möchte.

Auf dieser Wegstrecke erleben sie dann, trotz aller Angst vor den Gefahren, die satte, grüne Schönheit einer wuchernden Pflanzenwelt.

In hohen Kaskaden stürzen die rauschenden Wasser der Quellflüsse des Jordans von den Felsen, um dann, wie flüssiges Silber, im Flussbett ihren Weg über glatt gescheuerte Kieselsteine und bemooste Felsbrocken fortzusetzen. Als sie in die Nähe der Seen kommen, schwirrt es über ihren Köpfen in den Lüften. Nie zuvor gesehene Wasservögel bevölkern das meterhohe Schilf an den Uferrändern. Pelikane, Kormorane, Störche und Ibisse.Viele Entenarten brüten in den Tümpeln, und Reiher und Möwen halten sich zu bestimmten Jahreszeiten hier auf. Jeden Abend aber versammeln sich in den Baumkronen unzählige Krähen zum Schlafen. Wie kleine schwarze Wolken umkreisen sie erst die Wipfel, bis sie den richtigen Ast gefunden haben. Dann wird ihr Krächzen und Schreien immer weniger und endet in leisem Geraune, wenn die Nacht anbricht.

Dieses Naturschauspiel ist für alle ein ganz neues Erlebnis. Aber die dumpfe Feuchtigkeit wie auch die gefährlichen Mücken und Fliegen veranlassen sie, dieses Paradies schnell wieder zu verlassen.

In den Tagen darauf kommen sie dann erstmals in die Nähe einer größeren Ansiedlung in Kanaan. Von weitem kann man schon die obere Stadt von Hazor auf einem Hügel liegen sehen. Sie ist von einem großen Schutzwall umgeben. An einer neuen unteren Stadt wird gerade gebaut.

Dort erkundigt sich Abram über die weitere Route nach Süden.

Argwöhnisch beäugt man sie als Fremde. Mit Nomaden haben die Einheimischen schon schlechte Erfahrungen gemacht, denn oft sind die Städter das Ziel von Überfällen. In Horden kommen diese Wüstenbewohner, töten die Menschen, schleppen Besitz, Vieh und Ernte weg. Nicht umsonst sind die im Vergleich zu Mesopotamien kleinen Städte fast alle wie Trutzburgen gebaut.

Aber man gibt Abram Auskunft, anscheinend beruhigt, dass er gleich weiterziehen will. Dieses Misstrauen begegnet ihnen als wandernder Gruppe in Kanaan noch öfter.

Von einem Hügel aus haben sie den ersten Blick auf den See Kinnereth (See Genezareth). Lieblich hineingebettet in ein breites Tal, zieht er sich in seiner Ausdehnung in den Süden. Bald werden sie dort unten sein. Doch der Tag, an dem sie ankommen, ist dunstig und trüb, und man kann die Ufer am anderen Ende des Sees kaum erkennen. Trotzdem sind viele Boote auf Fang draußen, und in den Straßen riecht es nach Salz und Rauch und Fisch.

In den Ortschaften, die am See liegen, herrscht reges Leben. Auch hier ist eine reiche Vegetation, und trotzdem erscheint ihnen alles so ganz anders. Die Häuser sind aus schwarzem Basalt errichtet, unbehauene, grobe Steine sind einfach aufeinander geschichtet, die Dächer mit Zweigen, Stroh und Erde bedeckt. Sie fühlen sich fremd und geben sich scheu und zurückhaltend. Die erste Begeisterung ist einer bangen Erwartung gewichen.

Der nächste Morgen bringt dann eine glasklare Helligkeit. Lang gestreckt begleiten in der Ferne die weißgelben Höhen des südlichen Golan die Länge des Sees. Blaugrün schimmert das Wasser, es kräuselt sich leicht durch feuchtwarmen Windhauch. Doch eine schwere Schwüle liegt über dem tief gelegenen Jordanbecken, die sich nicht nur drückend auf ihren Atem legt, sondern gleichermaßen ihre Hoffnung beschwert.

Unschlüssig, wie es weitergehen soll, ziehen sie mal in kleine Seitentäler, von dort aus auf die Anhöhen. Abram weiß nicht recht, wohin eigentlich. Zwischendurch treffen sie in den Ebenen auf Ansiedlungen von Bauern. Lauernd werden sie von denen beobachtet, ob sie als Fremde auch alle Vorschriften einhalten. Das Land ist groß und weit, aber das gute Land für ihre Sippe, von dem sie träumen, haben sie noch nicht gefunden. Abram will weiter. Am Rande des Jordantals bewegen sie sich nach Süden, wechseln hinüber in die Jesreelebene und danach in die Berge von Samaria.

Heimatsuche

Über die ersten Plateaus des Hochlands von Samaria erreichen sie Sichem.

Abram weiß von einer heiligen Stätte in der Nähe der Stadt. Dort gibt es einen berühmten Wahrsagebaum, die Orakelterebinthe.

Seit uralten Zeiten wird dieses Baumheiligtum in Kanaan verehrt, und diesen Ort will Abram am nächsten Tag als Erstes aufsuchen.

Durch die noch blauschwarze Stille der bald endenden Nacht sucht Abram den Weg zu dem heiligen Baum. Im warmen Schein der Fackel, die er mit sich trägt, geht er bedachtsam Schritt für Schritt seinem Ziel entgegen.

Als seine Augen sich all den Schichten der Dunkelheit angepasst haben, erspähen sie in der Ferne – oder ist es schon die Nähe? – die Umrisse einer sich schemenhaft ausbreitenden Gestalt. Von der Erde zum Himmel aufragend, noch dunkler als die Farben der Nacht, steht die mächtige Terebinthe wie ihr eigener gewaltiger Schatten im heiligen Hain.

Die Menschen betrachten diese Stelle als einen Ort der Sicherheit und des Friedens, der Besinnung und der Begegnung, auch der Weissagung.

Abram betritt den Bannkreis dieses Baumes. Ein magisches Spiel der Empfindungen beginnt, lässt ihn erschauern, und sein Blick und die abertausend gründunklen Blätteraugen treffen aufeinander. Es ist, als begegne er dem Widerhall einer vergangenen Zeit, als sähe er in ihnen das Erbe von vielen Generationen.

Abram schließt die Augen und lehnt sich wie zu Hause angekommen an das zerfurchte Holz. Er glaubt, sein tiefes Atmen im Atem des Stammes zu spüren. Er kann nicht mehr unterscheiden, ist es seine Brust, die wogt, oder ist es der Herzschlag des Baumes.

Die ersten Strahlen der aufgehenden Sonne huschen über den noch fahlen Himmel, und jetzt dringt da und dort ein Leuchten durch die dunklen Arme des dichten Zweigwerks. Es springt an den rauhen, rissigen Adern der trockenen Rinde entlang, blinkt in Abrams Gesicht, und im Wandel von Licht und Schatten entsteht eine ganz innige Verbindung zwischen Mensch und Baum.

Während Abram früher einen Baum meist nur in seiner äußeren Form wahrnahm, ihn als Fruchtbringer und Schattenspender sah, ergibt sich jetzt ein Zwiegespräch, auf wunderbare Weise wechselnd im Geben und im Empfangen. Abrams Betrachtungen formen einen Lobpreis für den Baum.

»Du schönes, starkes, kraftvolles Geschenk der Natur. Tage und Nächte, Hitze und Kälte, Trockenheit und Nässe, satte Fruchtbarkeit und magere Dürre haben dein Antlitz geprägt und deinen Charakter geformt.
Gleich dem schützenden Schoß einer großen Mutter fühle ich dich, wenn ich in deine Nähe gelange, und gleichzeitig spüre ich die Stärke einer männlichen Kraft, die du verströmst. Und alles zusammen gibt mir eine ungeheuere Energie.
Du zeigst uns die Ganzheit in Vollkommenheit. Du erfüllst dein in dir wohnendes Gesetz, von dem wir nichts wissen.
Deine Wurzeln ruhen im Urgrund der Erde, und in deinen Tiefen liegen sie wie eine verschlungene Krone des uns Verborgenen.
In deiner Nähe ist immer eine Quelle, und wenn wir mit reinem Herzen deinen Raum betreten, können auch wir sie finden.
Deine Arme erheben sich, um Gottes Hände zu fassen.
Du bist ganz bei dir. Du bist in deiner Heimat.
Ich habe meine alte Heimat verlassen und bis heute keine neue gefunden.
Entwurzelt bin ich, und die Sehnsucht meines Herzens sucht eine Wohnstatt.«

Abram legt seine Hände an den Stamm des Baumes, und es ist, als höre er im Rauschen der Blätter Töne, Worte, die sich formen zu einer Antwort.

Ist es die Weisheit des Baumes, ist es die Kraft eines großen Vertrauens, das vom ewigen Leben, Werden, Vergehen und neuem Leben erzählt? Und Abram vernimmt:

> *»Alles ist in dir wie in mir. Vom Anbeginn aller Zeiten bist du und dein Plan, du und deine Gedanken, deine Taten, dein Weg, so wie du es gewünscht. Alles ist gesegnet.*
> *Deine Aufgabe ist heilig, vorgezeichnet von dir, im Einklang mit Gott.*
> *Nach den höchsten Gesetzen bewegst du selbst das Rad deines Lebens.*
> *Immer kommt es irgendwo an und bleibt doch nirgends.*
> *Du bist gerufen. Du bist Führer und Geführter.*
> *Du bist Empfänger und Aussender. Du bist der Angeschaute und der Schauende.*
> *Du bist Sein Geschöpf und Seine Erfüllung.*
> *Mein Same fliegt mit dem Wind in alle Weiten. Deiner wird getragen in dieses Land und wird Wurzeln schlagen in dieser Erde. – Erfülle!«*

Wach und mit offenen Augen glaubt Abram, Gottes Angesicht zu schauen.

Tage darauf folgen sie einem Tal, das sie in das Bergland von Beth-El führt. Zwischen Beth-El und Ai lässt Abram die Zelte aufschlagen. Diese Hochregionen mit den weiten Höhenzügen sind nahezu unbewohnt. Für den Ackerbau sind sie ungeeignet, aber die genügsamen Schafe und Ziegen können ungehindert dort weiden.

In der Zeit von Herbst bis Frühling, wo es ausreichend Niederschläge gibt, wächst genügend Futter in den Tälern und bis ganz nach oben.

Hier sind sie ungestört und fühlen sich nicht ständig beobachtet. Ist alles abgeweidet, ziehen sie wieder ein Stück weiter. Abrams Tage sind ausgefüllt mit Sorge um das tägliche Wohlbefinden seiner großen Familie und der Erhaltung seiner Herden.

»Was für ein Unterschied zu meinem früheren Leben in Ur am Euphrat«, denkt Abram manches Mal, wenn er an heißen Tagen lange unterwegs ist. Die Kultur der Großstadt, das bequeme Haus, das angenehme Auskommen. Alles ein Luxus im Vergleich zu seinem heutigen, einfachen, oft beschwerlichen Dasein.

Jeden Abend hält Saraj Ausschau nach Abram. Und immer öfter verflechten sich dabei auch ihre aufsteigenden Gedanken mit den äußeren Begebenheiten und den unausgesprochenen Wünschen in ihrem Innern. Saraj spürt, dass in Abram eine große Unruhe am Wachsen ist. Abram hat seinen Platz noch nicht gefunden. Und Saraj ahnt, dass er abermals weiterziehen möchte. Mit dieser Erkenntnis umschlingt sie ein feiner Schmerz, eine leise Traurigkeit, als ob sie wüsste, dass sie ein Leben lang Wandernde bleiben würden.

Die blökenden Schafe zotteln jetzt ganz nahe an Saraj vorbei. Abram kommt auf sie zu und nimmt sie bei der Hand. Zusammen steigen sie eine Anhöhe hinauf zu einem weiten, terrassenartigen Platz. Von hier aus bietet sich ein wunderbarer Ausblick über Tal und Berge.

Der Regen hat neues Gras und leuchtende Blumen hervorgezaubert. Saraj hat aus Freude über Abrams Rückkehr einen bunten Schal auf ihre Schultern gelegt, den der warme Wind aus der judäischen Wüste sanft um ihre Gestalt wehen lässt.

Lange sitzen sie ohne zu reden nebeneinander. Doch dann erzählt Abram von seinen Erlebnissen und Erkenntnissen der vergangenen Tage. »Saraj, als ich da draußen im Land war und auch in den Städten, musste ich feststellen, dass die guten, fruchtbaren Gebiete alle bewohnt und bebaut sind und dass wir hier stets nur die mageren Regionen zu unserer Erhaltung haben werden. Dort unten wächst alles, was das Herz begehrt. Die Weinstöcke hängen voller Trauben, und die Olivenbäume bringen den Menschen reiche Ernten. Getreide, Feigen, Datteln, alles gibt es bei ihnen in Überfülle. Wir dagegen werden oft Mangel leiden. Aber ebenso wenig wäre in den Städten der richtige Platz für uns. Zu fremd sind mir die Kanaaniter. Äußerst locker und leichtlebig, ja ungezügelt habe ich sie bei einem ihrer religiösen Feste erlebt. Sie verehren viele Götter. Manche haben sogar eine gewisse Ähnlichkeit mit denen von Sumer. Aber trotzdem sind sie wieder anders als die alten Gottheiten unserer Heimat. Mir scheinen sie fast derb und roh, und dass sie den Menschen wirklich Freude und Glück bringen, kann ich mir nicht vorstellen. Ich möchte uns alle davon fernhalten, damit das kleine Licht des neuen Glaubens in unserer Familie nicht wieder zum Erlöschen kommt.«

Abram beginnt damit, Steine zusammenzutragen, langsam, bedächtig. Saraj hilft ihm dabei, und sie schichten sie aufeinander, bis daraus ein Altar geworden ist. Abram ruft seinen Gott und bittet um weitere Führung.

Nach Beduinenart sitzen sie mit überkreuzten Beinen zusammen und betrachten schweigend den sich neigenden Tag. Wie ein großer, dunkler Schattenwedel wirkt im Gegenlicht die hoch aufragende Dattelpalme mit ihrem leicht geneigten, schuppigen Stamm. Leise wiegt sie ihre gefächerten Zweige in der warmen Abendluft, als grüße sie ihre kleine Palmenschwester, die ganz in der Nähe ihren kurzen, buschigen Zottelkopf in die Höhe streckt.

Die Sonne hat für heute den großen, blauen Himmelsraum durchschritten und ist gerade noch in fahlem Gelb mit feinem dunklen Rand am Ende des Horizonts zu sehen. Mit den letzten schwachen Strahlen bringt sie die dornigen Zweige eines Gestrüpps noch einmal zum Aufleuchten. Mit diesem Bild nehmen Abram und Saraj Abschied von den Beth-El-Höhen, um wieder einmal aufzubrechen auf der Suche nach einer Heimat, die die ihre werden könnte.

Über das Hochland von Judäa erreichen die Wandernden Hebron. Immergrüne Eichen und Pinien wachsen hier in den tief eingeschnittenen Flusstälern, den feuchten Wadis, und an den Berghängen sind Terrassen für den Weinbau angelegt. Abram würde es hier gut gefallen. Am Ostrand der Höhen von Hebron sähe er in dem leicht abfallenden Gelände gute Weidemöglichkeiten. Aber Abram erfährt bald, dass mehrere Viehzüchter, die sich auf einige Dörfer verteilen, Tausende von Tieren halten. Je nach Witterung weiden diese in den unteren Regionen, aber auch in die hoch gelegenen Gebiete werden sie hinaufgetrieben. Abram entscheidet sich weiterzuziehen.

Nach einem trockenen, dürren Sommer will Abram vom Winter bis zum Frühjahr noch tiefer in den Süden. Hier und da fällt schon der erste Regen. Am Westrand der Wüste Judäa angelangt, staunen alle über die hier wiederum ganz anders geartete Umgebung. Wie in einer gigantischen Mondlandschaft formieren sich in unübersehbaren Weiten die kahlen, sandgrauen Wüstenberge. Im Osten, zum Salzmeer hin, fallen sie in bizarren Steilklippen abrupt zum Meer hin ab und finden dort ihren Abschluss.

Einsam und menschenleer ist das Territorium, durch das sie jetzt wandern, und beschwerlich sind die Wege, die sie weiter in Richtung Südland führen.

Hier wird die wandernde Gruppe einmal von einem gewaltigen Platzregen überrascht. In kurzer Zeit überdeckt eine dunkle, graubraune, dichte Wolkenschicht fast den ganzen Himmel. Nur an den Rändern schimmert noch etwas Sonnenlicht, und ein schmaler, blasser, helltürkisblauer Streifen am Firmament liegt wie ein Trennungsstrich zwischen oben und unten. Gespenstisch treibt der einsetzende Wind den ersten Regen wie eine wandernde Dunstsäule über das Land. Schnell ziehen die Frauen ihre großen Tücher über sich, dann ergießen sich schon die Wasser wie aus Krügen und wollen kein Ende nehmen. Zu Bächen geboren, schießen sie durch eingekerbte Rinnen hinab in die Täler. Sand, Steine und das bisschen Erde, alles schwemmen sie mit sich fort.

Dann, schnell wie ein Spuk, ist das brausende Naturereignis vorbei. Die feuchten Kleider werden zum Trocknen ausgebreitet, und die Tiere schütteln ihr nasses Fell. Auf den ebenen Plateaus, in Rinnsalen und ausgetrockneten Bachbetten, hält sich das Wasser noch einige Tage, aber bald ist das kostbare Nass von dem durstigen Boden gierig aufgesogen.

Von Nordosten nach Südwesten verläuft ein Gebirgszug, dessen Höhen sich bis zu tausend Meter hoch erheben. Dazwischen liegt ein lang gezogenes, breites, tiefes Tal. Dort gibt es Wasser und an den zum Teil bewaldeten Berghängen Weideplätze.

Von hier aus will Abram zum Jordangraben hinunter, danach in die andere Richtung zur Wüste Sin und von dort aus weiter zur Wüste Paran. Diese Wüste mit den riesigen Sanddünen, in denen die winzigen Sandkörner glitzern wie hunderttausend Diamantenstückchen, diese Wüste fürchten sie wegen ihrer Unbarmherzigkeit, betrachten sie aber gleichzeitig ehrfürchtig wie ein Heiligtum.

Der Negeb mit seinen heißen Steppengebieten, mit Hügeln, Sandwüsten und weißen Felsen ist dann für längere Zeit ihr Aufenthaltsort. Ihre Lebensweise ist nun endgültig die der Nomaden geworden.

In Beerscheba und Kadesch verkaufen sie ihre Erzeugnisse, tauschen Wolle und Tiere, gewebte Decken und Tücher, dazu Häute und Felle gegen Lebensmittel und Gebrauchsgegenstände.

Oft stöhnen alle über die glühende Hitze der Sommermonate. Sehnsüchtig warten sie auf Regen im Herbst, sorgen sich um den Nachwuchs der Tiere und werden allmählich immer mehr ein Teil ihrer Umgebung.

In klaren, durchsichtigen Wüstennächten sitzen die Männer vor ihren Zelten und beobachten am unendlichen Nachthimmel die Sterne. Sie fragen Abram nach den Anordnungen der Bilder, verfolgen das Erscheinen und das Wiedereintauchen in die Unsichtbarkeit. Und Abram gibt dabei sein Wissen über die Astronomie und Astrologie weiter. Viele Sternbilder und die Bahn der Planeten weiß er zu erklären, die Himmelsrichtungen nach ihnen zu bestimmen und manches andere daraus abzuleiten. Seit altersher werden diese Erkenntnisse gehütet und von Generation zu Generation weitergegeben.

Die Sippe Abrams ist zu einer großen, gut funktionierenden Gemeinschaft zusammengewachsen. Jeder hat seinen Platz und seine bestimmten Aufgaben. Ihre hellen Gesichter sind dunkler geworden durch Sonne und Wind, aber Stolz und Unabhängigkeit strahlen aus ihren Augen. Die vielen Entbehrungen haben alle abgehärtet und stark werden lassen. Und sie sind erfinderisch geworden. In allen Notlagen wissen sie sich und einander zu helfen. Schnell sind die Männer in Alarmbereitschaft und zur Verteidigung bereit, wenn räuberische Beduinenhorden unterwegs sind. Tapfer werden Familie und Besitz verteidigt.

Durch das Leben Abrams und Sarajs zieht sich wie ein roter Faden immer noch die Hoffnung auf ein Kind. Während die Familien der jüngeren Verwandten und die der Hirten sich durch Kindersegen stets vergrößern, wartet Saraj immer noch auf den ersehnten Sohn. Alle würden es ihr gönnen, Mutter zu werden, aber eine bestimmte Scheu hält sie davon ab, jemals darüber zu sprechen. Bei jeder Geburt leistet Saraj tatkräftige Hilfe und hält danach voll Sehnsucht das Neugeborene im Arm. So vergehen die Jahre, und sie ist nicht mehr die Jüngste.

Auf einen regenarmen Winter folgen ein sehr trockenes Frühjahr und ein außergewöhnlich heißer Sommer. Überall sind die Gräser schon braun geworden und verdorrt. Es gibt keinen Regen, keinen Tau. Sehr bald sind auch viele Bäche ausgetrocknet, der Boden versengt, und die wenigen Zisternen und Brunnen, die noch Wasser haben, werden von Herden umlagert.

Während es früher an den Tränken meist lustig zuging, wo der Brunnen immer ein Ort der Begegnung war, wo man Neuigkeiten und Informationen austauschte, gibt es jetzt plötzlich Streitereien und Feindseligkeiten. Hirten und Herdenführer kämpfen um die Wasserrechte.

Die Ernte der Bauern fällt so mager aus, dass auch bald große Not an Getreide und Ackerfrüchten ist. Alle möchten kaufen und Vorräte anlegen, aber die Märkte sind leer.

Wie Abram vernimmt, erstreckt sich die große Dürre bis hoch in den Norden des Landes. Nach vielen Überlegungen sieht er nur eine Möglichkeit, die Wanderung weit in den Süden, in das Land am Nil, wie es vor ihm in solchen Zeiten bereits manche Stämme gewagt hatten.

Der sagenhafte Reichtum Ägyptens ist sprichwörtlich. Satte Weiden das ganze Jahr und stets volle Kornkammern. Abram weiß darüber aus Erzählungen der Karawanenführer.

Eingehend berät er sich mit Lot und Elieser und muss dabei auch einmal die nagenden Gedanken des Zweifelns aussprechen, die ihn gerade in solchen Situationen martern. Doch zu seiner Überraschung erklären sie ihm einstimmig, dass sie die Ungebundenheit und Unabhängigkeit, die nun zu ihrem Leben gehört, schätzen und einer trägen Sesshaftigkeit nicht nachtrauern. Frei und grenzenlos als Wüstensöhne fühlen sie sich. Abrams Vorschlag heißen sie gut, sie beschließen einen schnellen Aufbruch, und sie trauen seiner Führung.

Ägypten

Also brechen sie auf nach Ägypten. Um auf die große Handelsstraße zu gelangen, die von Damaskus kommend über Hazor, Megiddo nach Gaza und weiter in das Nilland führt, müssen sie erst durch enge Täler und über steile Bergpfade zum »Bach Ägyptens« kommen. Von dort aus folgen sie dem Lauf des kleinen Flusses fast bis zur Mündung und stoßen so auf den berühmten Karawanenweg. Das ist die »Straße am Meer«, der Horusweg.

Eines Abends sehen sie in der Ferne das große, türkisblaue Meer. Sie sind fasziniert von dem Anblick dieser grandiosen Wasserweite. Die Sonne, gerade im Untergehen, spiegelt in unvergleichlichen Farbtönen von tief Rotgolden über Glutorange, Feuergelb bis zu unwirklich zartem Rosa das wechselnde Licht in den glitzernden Wellen.

Nahe der Küste führt die Route in mehreren Tagesreisen nochmals durch Wüstenland. Von Brunnen zu Brunnen mühen sie sich, und nur in deren Nähe regt sich Leben.

Mit endlosen Gesängen vertreiben sich die Wandernden die Zeit, halten sich munter und damit gleichzeitig die Herden in Trab. Elieser muss die Essensvorräte genau einteilen, und jeder weiß, dass sie sparsam mit Wasser umgehen müssen. Aber sie sind es gewohnt, auch mit weniger auszukommen. Und neugierige Erwartung treibt sie unermüdlich weiter.

Je näher sie Ägypten kommen, desto unruhiger wird Abram. Lange hat er die immer wiederkehrenden Gedanken beiseite geschoben, aber nun muss er sie aussprechen. Bei der letzten Rast, kurz vor der Grenze, nimmt er Saraj an der Hand und setzt sich mit ihr, etwas entfernt von den Übrigen, auf den Boden.

Während er nervös Sand durch seine Finger rieseln lässt und es ihm schwer fällt, die richtigen Worte zu finden, sieht ihn Saraj fragend an. »Was ist Abram, du wirkst so bedrückt, wir haben es doch bald geschafft, und die Leute fühlen sich nicht schlecht«, beginnt sie. »Das ist es nicht Saraj, das ist es nicht«, windet sich Abram. »Saraj, wenn wir nun bald vor den fremden Toren stehen«, er macht eine Pause, »dann wird man verschiedene Dinge von uns wissen wollen. Man wird vielleicht fragen, ob du meine Frau seist.« »Was ist daran so schlimm«, fragt Saraj zurück. Abram muss es ihr jetzt erklären. »Saraj, du bist schön, sie werden dich bewundern, und ich habe Angst, dass sie mich töten um deinetwegen, dich aber leben lassen und womöglich entführen.« Saraj erschrickt zutiefst bei dieser Vorstellung, und angstvoll fragt sie: »Was sollen wir denn tun?« »Sag' einfach, dass du meine Schwester bist, dann werden sie mich am Leben lassen, und ich kann dich beschützen.«

Ehe Saraj antworten kann, kommt ein Soldat auf sie zugeritten und fragt Abram nach Woher und Wohin. Er erklärt ihnen, dass sie sich schon in der Nähe der Herrschermauer befänden, und er weist sie an, sich bei den Grenzbeamten zu melden.

Abram ist bekannt, dass die Ägypter diese Festungen errichten ließen, damit die Asiaten nicht ungehindert in kriegerischen Zügen in Ägypten einfallen können. Die in friedlicher Absicht und in Hoffnung auf Weideplätze zuwandernden Nomaden aus den angrenzenden Ländern lässt man jedoch in das Land. Man wird sie registrieren und ihnen bestimmte Gebiete zuweisen.

Die Grenzbeamten wissen bereits von Trockenheit und Hungersnot und haben die Befugnis, den Fremden aus Kanaan die Einreise zu gewähren. Man soll sie und ihre Herden am Leben erhalten. So steht es geschrieben.

Die Hebräer werden auch als die »Sandbewohner« bezeichnet. Das sind die, »die den Sand überqueren«. Die Ägypter lieben sie nicht besonders, vor allem, wenn diese in großen Scharen kommen.

Jede Person wird einer eingehenden Prüfung durch die Wachposten unterzogen. Danach sind verschiedene Abgaben und Zahlungen zu leisten. Neugierig mustern die Grenzleute die Herden, die Esel und das mitgeführte Gepäck. Alles wird genau aufgeschrieben.

Als der oberste Beamte Saraj erblickt, stellt er bewundernd fest, dass er noch nie eine so schöne Frau gesehen habe. Er fragt sie: »Wer bist du?« Sarajs Herz klopft bis zum Hals. »Ich bin seine Schwester«, erwidert sie zögernd und zeigt auf Abram. »Sie ist seine Schwester«, murmelt der Mann und nickt bedeutungsvoll mit dem Kopf.

Abram spürt dabei die fragenden Blicke seiner Leute auf sich gerichtet. Sie schweigen. Aber dieses Schweigen enthält eine große Spannung.

Endlich ist die langwierige Prozedur vorbei, und sie können mit einer genauen Anweisung und mit der Erlaubnis für ein bestimmtes Gebiet ägyptischen Boden betreten.

Abram weiß, er muss ihnen alles erklären. Sobald sie außer Sicht- und Hörweite der Grenzstation sind, legt er ihnen seine Gründe dar. Betroffen schauen sie sich an, und der Gedanke, dass Abram wirklich getötet werden könnte, jagt ihnen Angst ein. Plötzlich haben alle Verständnis für die List, die er gebrauchen musste. Abram spürt trotzdem einen dunklen Schmerz. Schuldgefühl befällt ihn. Er möchte sich vor sich selbst rechtfertigen, dass er doch als Fremder in diesem mächtigen Land keinen Schutz zu erwarten habe und ohne alle Rechte ist. Dem Hungertod will er entgehen, um zu überleben, nicht um sich zugleich der Gefahr des Todes auszusetzen. Lautes Rufen und Locken der Treiber holt die Tiere zusammen und bricht gleichzeitig die unangenehme, peinliche Stille.

Müde und ausgehungert sind die Tiere, erschöpft die Menschen. Nachdem sie Sile, die stolze Festung passieren konnten, erleben sie nach einer weiteren Tagesreise ein grünes Wunder. Fast unvermittelt hat sich das Land verändert. Saftige Wiesen liegen vor ihren Augen, durchzogen von kleinen Rinnsalen und Bächen. Lange Kanäle teilen das Land zwischen den großen, breiten Flussarmen. Überall gibt es Wasser, Felder und Wiesen, Grünland, Äcker, bebautes und unbebautes Land. Dichtes Schilf wächst an den Wasserrändern, Palmengruppen, Baumreihen an den Wegen entlang.

Hier sind sie im nordöstlichen Nildelta angelangt, und sie glauben sich im Paradies. Die Tiere fressen unaufhörlich, und ihre Bäuche wachsen sichtbar von Tag zu Tag. Auf den Märkten der kleinen Siedlungen gibt es in Fülle alles zu tauschen und zu kaufen, was sie brauchen. Getreide, Gemüse, Früchte. Am liebsten wären sie gleich hier geblieben, aber sie müssen noch weiter.

Endlich erreichen sie das für sie ausgewiesene Gebiet im Lande Goschen.

In der Nähe der Stadt Awaris, an der gerade, anscheinend in großer Eile, gebaut wird, liegen die Weideplätze für ihre Herden. Hier können sie, etwas erhöht hinter den Dämmen, ihre Zelte aufstellen. Jetzt haben alle nur einen Wunsch, erst einmal zur Ruhe zu kommen.

Gemächlich gestaltet sich ihr Dasein. Die Tagesabläufe in der neuen Umgebung haben sich eingespielt, und nach getaner Arbeit treffen sie sich, satt und zufrieden, vor ihren Zelten.

Bald kommt die Zeit der großen Schafschur. Jetzt gibt es für die Männer viel Arbeit. Berge von Wolle stapeln sich, und danach sitzen die Frauen Tage und Wochen beim Spinnen und Weben. Bunte Tücher und Überkleider in den traditionellen, farbenfrohen Mustern fertigen sie an, und während der gemeinsamen Beschäftigung singen sie ihre heimatlichen Lieder. Später, nach der Flachsernte, lernen sie von den Ägypterinnen, wie man den Flachs nach landesüblicher Art bearbeitet. Saraj ist begeistert von dem schönen weißen Linnen, das daraus entsteht. In ihrer Heimat galt es als großer Luxus, und nur ganz reiche Leute besaßen es.

Bis zum großen Nilarm erlaubt man den Hirten, ihre Herden zu treiben. Doch ständig sind sie begleitet von patroullierenden Beobachtern. Oft begegnen ihnen unterwegs auch Scharen von Soldaten, die in Richtung Osten, zur Grenze unterwegs sind. Politisch ist es eine unruhige Zeit. Da und dort soll es auch Kämpfe geben, hört man.

Neugierig betrachten Abrams Hirten, wenn sie ihre Herden an ihnen vorbeitreiben, die vielen Arbeiter, die in der Ziegelherstellung beschäftigt sind.

Rings um die Stadt Awaris liegen riesige, ausgedehnte Arbeitsstätten. Überwiegend Sklaven aus verschiedenen Ländern sind damit beschäftigt, Lehmziegel herzustellen. Ziegel in unvorstellbaren Mengen. Es ist eine schwere, mühsame Arbeit, wenngleich der Arbeitsvorgang recht einfach aussieht.

Ab und zu bleiben die Hirten eine Weile stehen und schauen zu, wie das vor sich geht. Gerade rührt ein Arbeiter Lehm und Wasser zu einem dicken Brei. Ein Helfer wirft klein geschnittenes Stroh dazu. Jetzt holt einer eine Hacke, um alles besser vermengen und kneten zu können. Er wischt sich den Schweiß von der Stirne und steigt auch noch mit seinen Füßen in den Schlamm. Danach pressen zwei andere Männer dieses Lehmgemisch in die vielen länglichen Holzrahmen. Darin bleibt es eine Zeit lang, bis es sich verfestigt. Nach ein paar Tagen holt man die fertigen Ziegel heraus, und reihenweise liegen sie auf dem Boden. Dort müssen sie noch einige Tage in der Sonne trocknen und sind dann gebrauchsfertig.

Das alles geschieht unter den gestrengen Augen der vielen Aufseher, die kaum eine Pause dulden und die Arbeiter mehr als nötig die Peitsche spüren lassen, wenn diese ihre schmerzenden braunen Rücken einmal dehnen und strecken wollen, ehe das Tagessoll erreicht ist. Nur zur kargen Mahlzeit ist es ihnen vergönnt, sich ein wenig auszuruhen.

Wie ein großes, sandfarbenes, geometrisches Muster bedecken die zu Tausenden ausgebreiteten Ziegel die Felder rund um die Stadt, die eine einzige Baustelle zu sein scheint. Arbeitertrupps und Kolonnen von Sklaven mühen sich in der feuchten, drückenden Hitze ab, bis sie nach neun Arbeitstagen endlich einen freien Tag bekommen. Den verbringen die meisten müde in ihren einfachen Hütten aus geflochtenem Schilf. Manche von ihnen wandern in die Trinkstuben oder holen sich käufliche Frauen.

Besser haben es die Beamten und Schreiber. Mit großer, fast übertriebener Genauigkeit halten sie jeden Vorgang fest. Sorgfältig schreiben sie die Menge der geformten und abzutransportierenden Stückzahlen auf, Abrechnungen werden gemacht und Arbeitstagebücher erstellt. Auch in Ägypten benutzt man dazu Tonscherben oder Kalksteinstücke, die Ostraka. Die ausführlichen Berichte an die Verwaltung schreiben sie auf Papyrus.

Durch eine weit verzweigte Behörde wird das ganze Land registriert, kontrolliert und überwacht. Auch Abram und seine Leute werden regelmäßig von Beamten und Steuereintreibern aufgesucht. Pünktlich bezahlt er seine Abgaben und ist deshalb, obwohl fremd, doch wohl gelitten. Abram ist sehr diplomatisch und vermeidet Auseinandersetzungen und Streit.

Seine und Lots Herden vermehren sich zusehends. Immer mehr Wolle, Felle und Fleisch können sie verkaufen, nachdem sie von der Obrigkeit die Erlaubnis dazu erhalten haben. Die Frauen haben die Zelte wohnlich ausgestattet, und alle sind heimisch geworden in diesem Unteren Land. Sie haben gelernt, mit den drei Jahreszeiten Ägyptens, Überschwemmung, Winter und Sommer, zu leben, wobei der Höhepunkt des zeitlichen Ablaufes jedes Jahr die Nilflut ist.

Auch die heimatlichen Flüsse Euphrat und Tigris überschwemmen ja regelmäßig die sumerischen Lande, aber die Überflutung des Nils ist ein noch gewaltigeres Geschehen. Sobald der Sirius vor der Sonne am Morgenhimmel zu sehen ist, ist die große Überschwemmung nicht mehr weit. Für die Ägypter ist ihr Land ein Geschenk des Nils, und der Strom ist die Lebensader. Von altersher glauben sie, dass ihre Götter dieses großartige Schauspiel inszenieren.

In der Mitte des Monats Juni, so um den 15. Tag zum ägyptischen Jahresanfang, beginnt der Fluss langsam zu steigen. Schon treiben die ersten mitgerissenen Pflanzen auf seinen Wellen, dann ist das Wasser rötlich gefärbt vom trüben Schlamm. Der Fluss schwillt an, wälzt sich breit und üppig wie ein dicker Wanst durch sein Bett.

Überall in den Tempeln betet man jetzt zu den Nilgöttern um ausreichenden Wasserstand. Tiere und Früchte werden geopfert, und die Priester sind eifrig dabei die Nilstandsmesser genau zu beobachten. Werden doch danach die Abgaben und Steuern der Bauern errechnet. Ist der Stand niedriger als erwartet, wird dabei, nicht selten nach einem bestimmten Schema mehr oder weniger geschwindelt, um auch dann noch möglichst hohe Einnahmen verlangen zu können.

August, die heiße Jahreszeit, die Flut verstärkt sich, die flussnahen Felder verschwinden unter den wogenden Wassermassen. Dann füllen sich die zahlreichen Kanäle, bis auch diese überlaufen, und das Wasser sich immer weiter und weiter ausdehnt.

Erst wird es vom Boden durstig, gurgelnd und schlürfend getrunken, dann von der nachfolgenden Strömung träge weitergeschoben, bis im September der höchste Stand erreicht ist. Alle Äcker, Felder und Wiesen haben sich vollgesaugt, und da und dort schauen nur noch die erhöhten Landstriche, größere Hügel und die Ortschaften wie kleine Inseln aus dem Wasser.

Mit Booten und Kähnen aus zusammengebundenen Papyrusstengeln kann jeder jetzt quer über die Felder fahren. Die Fischernetze sind reich gefüllt, und die Menschen fühlen sich glücklich in der Gewissheit auf ein gutes, ertragreiches Jahr.

Im Laufe des Herbstes verschwinden die Wasser dann viel schneller, als sie gekommen sind. Der abgelagerte Schlamm vermischt sich mit der Erde, die wie ein dunkler Faltenwurf drapiert ist, Fruchtbarkeit atmend.

Die Bauern treiben jetzt ihre Rinder auf die Felder. Die mageren, aber kräftigen Tiere müssen nun tagelang die Saat in den lockeren Boden treten. Nachdem die Samen sich in das weiche, schwarze Bett gegraben haben, dauert es nicht lange, dann fängt es an zu sprießen, und es legt sich erst feines helles und dann sattes, üppiges Grün über die Fluren.

Die großen Herden, die man während dieser Zeit in höher gelegene Gebiete gebracht hat, dürfen nun zurück und an dem Überfluss teilhaben.

So konnte Abrams Familie seit ihrer Zuwanderung schon viele Jahreszeiten kommen und gehen sehen. Abram ist immer wieder von neuem angetan von der Vielfalt der Lebensäußerungen in diesem Lande. Er möchte noch mehr kennen lernen und plant mit Lot eine längere Reise.

Ihr erstes Ziel ist die Hauptstadt Memphis (Hitani), das ist die Verwaltungsstadt und der Regierungssitz des Königs. Da sie weit im Osten des Landes, im großen Deltagebiet wohnen, ist die Anreise lang und umständlich. Viele Wasserarme müssen überquert werden, ehe sie über den Nil setzen können. Dort drüben, in der überaus fruchtbaren Ebene, liegt ihr Ziel. Memphis, die »Stadt der weißen Mauern«. Die prächtigen Paläste des Pharaos befinden sich hier und eine große Anzahl von Götterkapellen und Tempeln.

Unübersehbar ist auch der weitläufige Hafen von Memphis. Er ist der größte im ganzen Lande. Dort hat sich in langer Zeit die Waffenschmiede Ägyptens entwickelt, und in den Werften werden alle Kriegsschiffe wie auch viele Privatschiffe gebaut.

Eine große Menschenmenge bevölkert heute die Straßen, denn bald beginnen die Festlichkeiten zu Ehren des Stadtgottes Ptah. Ptah gilt als der besondere Schutzgott des Königtums und der Könige. Ihm schreibt man aber auch die Erfindung der Künste zu, und so stehen auch alle Künstler unter seinem Schutz. Abram ist mit einem der vielen Priester ins Gespräch gekommen.

Viel Interessantes hat er von dem alten Mann gehört, der ihm so ausführlich über Kult und Religion in Ägypten erzählt hat.

Über die Götterlehre von Memphis muss Abram lange nachdenken. Dort findet er die Ansicht, dass dieser Ptah als Schöpfer der Welt angesehen wird, der durch seine Gedanken und durch seinen Ausspruch alles erschaffen haben soll! »Glaube nicht auch ich, dass nur mein Gott die Schöpfung der Welt vollbracht hat? Könnte dieser Gott der Ägypter der gleiche wie meiner sein?«

Nicht weit von Memphis entfernt erhebt sich, aus der weiten Ebene herausragend, die Mastaba, der Grabbau des frühen altägyptischen Herrschers Djoser. Sie erregt ihre Neugier, und als sie vor ihr stehen, auch ihre Bewunderung. »An die tausend Jahre soll sie schon alt sein«, sagt Abram. In mehreren Sockelstufen aufgebaut, hat sie äußerlich eine gewisse Ähnlichkeit mit den Zikkurats Mesopotamiens. Da aber das riesige Gelände von einer zehn Meter hohen Mauer umgeben ist und sie als Fremde keinen Zutritt haben, können sie alles nur aus größerer Entfernung betrachten.

Einen ganzen Tag lang reiten Abram und Lot dann in Richtung Norden. Sie sind auf dem Weg zu den berühmten Grabmälern der Pharaonen Khufu (Cheops), Kaefre (Chephren) und Menkaure (Mykerinos).

Weithin sichtbar am Horizont, beflügeln diese monumentalen Bauwerke Abrams Fantasie. »Die alten Götter Mesopotamiens – sein einziger großer Gott, der keine gigantischen weltlichen Attribute nötig hat – die Götter und die Gottkönige Ägyptens?« Was hatte sein Vater Terach beim Abschied in Haran zu ihm gesagt? »Toleriere die Menschen, denen du begegnest, und das, was ihnen heilig ist.«

Als sie immer näher an die ausgedehnten Grabanlagen herankommen, haben sie den Eindruck, dass diese gigantischen Bauwerke nicht für diese Welt, sondern für die Ewigkeit geschaffen wurden.

Und jetzt stehen sie in einiger Entfernung vor der Kolossalstatue der Sphinx. Dieser majestätische Löwe mit dem Pharaonenkopf liegt Ehrfurcht gebietend mit seinen ausgestreckten Pranken als ewiger Wächter vor den Pyramiden.

Abram und Lot sind auf dem Weg zurück. Von weitem sehen sie viele Kamele vor ihren Zelten lagern. Abram überlegt: »Was kann das bedeuten?« Da rennt auch schon Elieser aufgeregt auf Abram zu: »Mein Herr, kommt schnell, eine Abordnung des Königs ist hier, es sind hohe ägyptische Beamte und sogar Offiziere. Sie warten auf den ›Bruder‹ von Saraj, wie sie sagen, und möchten mit ihm sprechen.«

Abram wird bleich, der Rhythmus seines Herzens fängt an zu stolpern. Längst hatte er seine damalige Listlüge am Grenzfort vergessen, und während er den letzten Abschnitt des Weges zu seinen Zelten zurücklegt, durchfahren ihn tausend schreckliche Gedanken. Die schlimmsten Befürchtungen kriechen wie giftige Schlangen an ihm hoch.

Mit zitternden Knien steigt er von seinem Maultier. Der oberste Offizier geht mit ausgebreiteten Armen lachend auf ihn zu, begrüßt ihn ehrerbietig.

Abram tut sehr erstaunt und hat doch größte Mühe, die Fassung zu bewahren. Schnell geht sein Blick in die Runde. Er sucht Saraj, doch sie ist nicht zu sehen. Auf Eliesers Wink haben sich alle Frauen und Männer in ihre Zelte zurückgezogen.

Nun muss Abram seinem Gegenüber in die Augen schauen und hören, was dieser ihm zu sagen hat. »Teuerster Abram«, beginnt der Gesandte umständlich seine Erklärungen: »Ein Steuerbeamter, der regelmäßig zu dir kommt, hat über Vermittler unseren Pharao wissen lassen, dass deine Schwester Saraj, die hier mit dir lebt, von außergewöhnlicher Schönheit ist. In so überschwänglichen Worten hat er dies vorgebracht, dass mein höchster Gebieter mich beauftragt hat, dich um die Überlassung deiner Schwester zu bitten.« Darauf entfaltet er eine Papyrusrolle mit dem Siegel des Pharaos, um die Glaubwürdigkeit seiner Aussage zu bestätigen. »Sieh her, was mein Herr dir und den Deinen an Geschenken bringen lässt.« Eine stolze Handbewegung, und schon breiten Diener auf Tüchern große Schätze vor Abram aus.

Gold- und Silberschmuck, wohlriechende Salben, Öle und Parfüms. Säcke voller Getreide, Körbe mit allen Früchten des Landes, gefüllte Tonkrüge mit Bier und Wein.

Abram steht wortlos und benommen vor dem Gesandten und starrt auf das Gebrachte. Fragend sieht der Offizier ihn an, er zieht die Augenbrauen hoch. Abrams Sprachlosigkeit wird fast peinlich. Abram möchte Zeit gewinnen, aber er weiß, die Zeit ist abgelaufen. Nun muss er reagieren.

Mit seltsam gekünstelten Worten drückt Abram seinen Dank für diese wertvollen Gaben aus, und wie von weit her gesprochen kommen die Worte über die große Ehre, die der König ihm und seiner Schwester zuteil werden lässt, aus seinem Mund.

Abram bittet darum, mit seiner »Schwester« sich noch besprechen zu dürfen, was ihm gewährt wird.

Elieser lässt inzwischen reichlich Essen und Trinken für das Gefolge vorbereiten. Abram taumelt ins Zelt. Dort liegt Saraj auf dem Boden, ein Tuch vor dem Mund, damit ihre Klageschreie nicht nach draußen dringen. Durch einen offenen Spalt des Vorhangs hat sie alles mitangehört. Abram findet keine Worte, sie zu trösten, so groß ist seine Verzweiflung.

Nachdem sie so lange unbehelligt leben konnten, hat er nicht mehr an eine solche Möglichkeit gedacht. Nun verfolgt ihn eine Last der Vergangenheit, die er längst abgeworfen zu haben glaubte.

Ein Ohnmachtsgefühl überfällt ihn, dem er ausgeliefert zu sein scheint. Ausgeliefert der Macht eines großen Herrschers. Eine Schuld hat ihn eingeholt, die er nun einlösen muss. Hilflos steht er einer Entscheidung gegenüber.

Wie lange hat er nicht mehr mit seinem Gott geredet! Jetzt wird es ihm bewusst. In Fülle und Wohlbehagen, sorglos und unbeschwert verbrachte er die Zeit im Schlaraffenland Ägypten. Nun ist er in höchster Not. Er sucht Zuflucht bei seinem Gott. Auf den Knien, den Kopf am Boden, bittet er um Vergebung und zugleich um Hilfe.

Dann kommt ihm durch sein Beten und Flehen mit einem Mal die überzeugende Erkenntnis. Er springt auf, geht auf seine Frau zu, die zusammengekauert in einer Ecke sitzt, zieht sie zu sich empor und bedeckt ihr Gesicht mit Küssen. Mit fester Stimme teilt er seine Absicht mit: »Saraj, ich liebe dich mehr als mein Leben, und ich will diesem unwürdigen Spiel ein Ende machen. Ich werde die Wahrheit sagen und alle Geschenke zurückgeben. Vielleicht gelingt es uns zu fliehen, und wir können uns retten.«

Saraj ist von der Ernsthaftigkeit seiner Worte überzeugt, sie drückt ihren Kopf an Abrams Brust und hält ihn lange fest. Die schrecklichsten Vorstellungen jagen jetzt durch ihren Kopf. Abrams Bekenntnis würde mit großer Wahrscheinlichkeit seinen Tod bedeuten. »Könntest du damit leben?«, bedrängen sie ihre fliegenden Gedanken.

Nun ist sie es, die eine Entscheidung trifft.

Ist es der Mut der Verzweiflung, ist es das Gefühl, dass von ihr ein Opfer verlangt wird, von dessen Sinn sie keine Ahnung hat? Ist ihr Sich-Fügen Mut und Weisheit zugleich? Sie kann sich keine Antwort geben, und die Zeit eilt.

»Abram«, entgegnet sie mit schneller Bestimmtheit, »Abram, ich muss dem Ruf des Pharaos Folge leisten. Etwas Zwingendes in mir treibt mich, diesen Schritt zu tun.« Abram macht noch einen Versuch, dies zu verhindern, möchte sie zurückhalten, aber Saraj ist nicht mehr umzustimmen.

»Irgendwann wird sich der Nebel um uns lichten, Abram, und wir werden begreifen, was wir getan haben. Was auch immer geschieht, einmal werden wir wissen, ob es Unrecht ist oder Notwendigkeit.«

Entschlossen öffnet sie den Vorhang des Zeltes, tritt hinaus und veranlasst damit Abram, ohne dass er noch etwas hätte einwenden können, sie dem Gesandten zuzuführen. Abram spricht mit heiserer Stimme: »Hier übergebe ich dir Saraj, bringe sie zu deinem Herrn.«

Schwer fällt ihm die gebotene Höflichkeit, das nochmalige Versichern der Dankbarkeit für die große Ehre und die reichen Geschenke.

Sogleich eilen ägyptische Dienerinnen herbei und legen Saraj kostbare Kleider an, salben sie mit duftendem Öl und behängen sie mit goldenen Ketten und Armreifen. Zögernd und noch völlig eingeschüchtert kommen einige Familienmitglieder aus ihren Zelten. Stumm sehen sie dem Tun der Ägypterinnen zu.

Saraj steht wie das Bild einer unnahbaren Göttin vor den staunenden Menschen ringsum. Das schönste Kamel, es ist reich geschmückt, wird herbeigeführt, und eilige Hände helfen ihr in den Sitz. Fast wird ihr schwindlig, als sich das Tier mit einem Ruck zuerst mit den Hinterbeinen erhebt, nach vorne schaukelt, um dann auf allen vier Beinen wieder in die Waagerechte zu kommen.

Ein langer Blick. Ernst und traurig gleitet er über alle Umstehenden. Saraj nimmt Abschied. In ihm liegt die ganze Ungewissheit, ob sie jemals wieder zurückkehren wird.

Langsam und majestätisch setzt sich der Zug in Bewegung. Auf dem großen Platz herrscht totale Stille, als könnte es noch niemand glauben, was soeben geschieht.

Doch bald ist der Ruf der Treiber verklungen und das letzte sichtbare Zeichen der Dahinziehenden den Augen entschwunden. Entsetzen steht noch in Abrams Gesicht, er kann es nicht fassen, was gerade abgelaufen ist. Wortlos holt er sein Maultier und reitet, als wäre er ein Verfolgter, in Richtung Wüste, als sei ein dorniges, heißes, vernichtendes Land der einzige Ort, der seinem augenblicklichen Zustand entspräche. Er ist in großer Erregung, sein Kopf dröhnt, seine Augen sind nass, er flüchtet vor sich selbst, vor seinen eigenen Vorwürfen, vor seinem Versagen. Er möchte sich alle Haare ausreißen, die ihn schmerzen wie stechende Nadeln.

»Schneller, schneller«, peitscht er sein Tier. Der Esel schreit auf. So kennt er seinen Herrn nicht. Aber das brave Tier trägt ihn, als wüsste es wohin. An den Rändern von Feldern und Äckern trabt es, an Teichen und Tümpeln entlang, und durch morastiges Uferdickicht mit hohen Papyrusstauden sucht es sich einen Weg. Erst als ein Bauer wütend auf Abram einschimpft, merkt er, dass sie das junge Getreide zertrampeln.

Jetzt ist Abram dort angelangt, wo die Böden kein Wasser mehr erreicht. Sofort hört die Fruchtbarkeit auf, die harte Trockenheit beginnt. Über steiniges Gelände, ohne Weg und Ziel reitet Abram über Sand, Steppe und Geröll. Stundenlang, bis zum Einbruch der Nacht. Abrupt bleibt der Esel stehen, er geht keinen einzigen Schritt mehr. Zwischen zwei Felsbrocken findet Abram eine kleine Vertiefung, die ihm heute als Lager dienen muss. Müde, die Haare zerzaust und verklebt, sitzt er frierend, ganz in sich zusammengesunken in der Finsternis, die alle Konturen um ihn geschluckt hat. Schlaf findet er keinen nach diesem grausamsten Tag aller Tage.

Sein Gewissen verzeiht ihm nicht, dass er zuerst an sein eigenes Leben gedacht hat. Er will die Ordnung wieder herstellen, und doch ist er seiner Unfähigkeit ausgeliefert. Trennungsschmerz und Verlassenheitsangst, Scham und Schuld lassen ihn nicht zur Ruhe kommen. Es ist, als tobe ein Kampf von dunklen, ungezähmten Mächten unaufhörlich in ihm. Die Harmonie zwischen Himmel und Erde ist gestört, das Band, das ihn mit seiner Frau verbunden hat, ist zerrissen.

Die Vorstellung, dass Saraj bald dem Pharao gegenüberstehen wird, erschafft ein zorniges Aufbäumen in seinen Gefühlen. Wie wird man sie behandeln, und was empfindet Saraj in ihrer Gefangenschaft?

Laut schreit er ein durchdringendes »Nein« in die stille Teilnahmslosigkeit der schwarzen Wüstennacht.

Irgendwann in den frühen Morgenstunden erbarmt sich seine geschundene menschliche Natur und lässt ihn in einen kurzen, traumlosen Schlaf fallen, nachdem er alle Alptäume schon in wachem Zustand durchleben musste.

Den ganzen nächsten Tag verbringt er draußen mit sich allein in tiefer Niedergeschlagenheit und in großer Sorge um seine Frau. Es berührt ihn weder die Helle des Tages noch die Glut des Mittags. Durch seine Ängste und durch sein Nichthandeln hat er sich und Saraj in diese Situation gebracht. »Ich selbst habe diesen Zustand herbeigeführt«, nagen seine Selbstvorwürfe, nun muss ich ihn bewohnen. In dieser Verfassung zwischen Untergang und Verzweiflung hofft er, Gottes Stimme zu hören. Laut fleht Abram ihn an. Doch vergebens. Sein Gott gibt keine schnellen Antworten, greift nicht ein in das Geschehen. Aber er verankert in Abram eine Kraft zu erkennen, zu handeln, zu wachsen und zu heilen. Abram muss lernen, Gottes Schweigen zu verstehen.

Nach einer weiteren Nacht ohne Trost macht er sich am Morgen auf den Weg nach Hause.

In banger Erwartung hält man schon Ausschau nach ihm. Ein kleiner Junge sieht ihn von weitem und meldet laut schreiend und gestikulierend seine Ankunft. Etwas scheu und verlegen begrüßen sie ihn, aber sie wollen ihm zeigen, dass sie mit ihm diese Zeit durchstehen werden, und er fühlt trotz allem, was geschehen ist, eine Geborgenheit bei seiner Familie.

So aufrecht, wie Saraj in den Sattel gestiegen ist, so mutig zieht sie nun ihrem weiteren Schicksal entgegen. Auch wenn die dunklen Wolken des Zweifelns noch nicht verschwunden sind, empfindet sie, dass sie richtig gehandelt hat. Sie erkennt, wie schon blitzschnell vorher im Zelt, dass ihre Entscheidung der einzig mögliche Ausweg aus diesem Dilemma war. Mit dieser Feststellung überwindet sie ihre Angstschwelle, verdrängt Schmerz und Bedrückung und blickt mit einer ungeheuren Anspannung dem Kommenden entgegen.

Eingehüllt in das gleichmäßige Wippen und Schaukeln des Kamelgangs, beruhigen sich allmählich ihre Sinne, und sie vermag den beiden ägyptischen Mägden, die sich ständig um sie bemühen, ein erstes Lächeln zu schenken. Diese lachen freudig zurück, konnten sie doch nicht verstehen, dass eine Frau einer solchen Ehre so unbeteiligt und mit versteinertem Gesicht entgegengehen kann.

Vorsichtig trotten die Kamele hintereinander auf den schmalen Dämmen zwischen Gräben und Kanälen, bis sie zum Fluss kommen.

Dort liegt eine Barke bereit, um die Ankömmlinge aufzunehmen, denn der nächste Teil der Reise bringt sie auf dem Wasserweg zur Hauptstadt.

In den Farben Weiß und Gelb bemalt, mit schwarzem Mast und dunklen Schnüren liegt das edle Schiff aus Zedernholz, umspielt von den grünen Wellen des Nils, auf dem Wasser. Am vorderen und am hinteren Ende elegant hochgezogen, gleicht es der Gestalt einer Mondsichel. Saraj wird zu einem Pavillon geführt, der in der Mitte des Schiffes aufgebaut und über und über mit Lotosblüten und bunten Bändern geschmückt ist.

Die Stangenmänner stoßen das Boot vom Ufer ab, das trapezförmige, weiße Segel wird gesetzt. Kühn aufgerichtet, steht es gegen den Wind, und die braunen Arme der Sklaven, die an beiden Seiten der Bordwände sitzen, bewegen in gleichmäßigem Rhythmus die Ruder.

Wie aus weiter Ferne nimmt Saraj die Stimme des Steuermanns wahr, und schon bewegen sie sich auf die Mitte des Flusses zu. An den wehenden Wimpeln als königliche Barke für jedermann zu erkennen, halten alle anderen Schiffe, die den Nil auf- und abwärts befahren, respektvollen Abstand. Unter anderen Umständen wäre Saraj beeindruckt gewesen von dem bunten Leben zu beiden Seiten des Flusses. Störche und Ibisse steigen schwerfällig aus dem dicken Röhricht der Papyrusstauden auf, die mehrere Meter hoch aus den schlammigen Uferrändern aufragen. Bunt gefiederte Vögel, Enten und Wildgänse flattern und schnattern zwischen den Deichen, und in Ufernähe gleitet eine Schlange von Stängel zu Stängel.

Ständig wechseln die Bilder und gleichen sich doch immer wieder.

Frauen schwatzen am Fluss beim Wäschewaschen, nackte Kinder plantschen fröhlich kreischend im Wasser, Ziegen und Schafe weiden in Binsen und fußhohem Zyperngras. Eine Kolonne von Lastenträgern zieht langsam dahin, die Männer in weißen Lendenschurzen schleppen schwere Gegenstände, und Bauern haben ihren Eseln so viel aufgeladen, dass sie fast zusammenbrechen. Es scheint, als würde sich das ganze ägyptische Leben auf dem Strom und an dessen Ufern abspielen.

Der Nil selbst, mit seiner ruhigen Strömung und seinem gleichmäßigen Lauf hat seine ganz besondere Bewegungsmelodie. Aus ihm schöpfen alle Lebewesen, und es ist, als schöpfe er auf ein geheimnisvolles Geheiß aus Urzeit und Urwissen.

All die Bilder ziehen an Sarajs Augen vorbei, ohne dass sie sie wirklich wahrgenommen hätte. Von den dargebotenen Speisen isst sie nur wenig, und die Dienerinnen drücken sich wie scheue Rehe an ihr vorbei.

Die Sonne neigt sich nach Westen, und langsam wachsen die Schatten. Die Farben der Landschaft werden milder, die Umrisse der Bäume heben sich wie feine Scherenschnitte vom Hintergrund ab. Als der Himmel sich in sanftes Lavendelrosa färbt, gleitet das Gefährt hoheitsvoll auf die Anlegestelle zu. Sie haben die Stadt erreicht.

Sofort springen Hafenarbeiter herbei und bemühen sich eifrig um das Schiff, machen es fest, und dann wartet man, bis der königliche Beamte an Bord kommt. Er empfängt Saraj mit allen Ehren und bittet sie, ihm zu folgen. Auf dem Festland steht schon eine holzgeschnitzte, bemalte Sänfte bereit. Sachte wird sie hineingehoben, und fröstelnd fühlt sie die Glätte der seidenen Kissen auf ihrer Haut.

Neugierig verfolgen Umstehende die Ankunft Sarajs, und die Hofbeamten haben Mühe, die Gaffer auseinander zu jagen. In federnden Schritten huschen die nackten Füße der Sänftenträger über die gepflasterte Straße, und das Hin- und Herschaukeln des Tragestuhls lässt Saraj fast in einen kleinen Schlummer fallen. Der Lauf der Dinge hat begonnen, und Saraj ist ein Teil des kommenden Geschehens.

Mit staunenden Augen hält Saraj Einzug in die große Palastregion. Wuchtige, imposante Gebäude. Das Palais des Königs, die Häuser der Prinzen und der Prinzessinnen, das Frauenhaus und die vielen Verwaltungszentren.

Saraj wird zu einer kleinen Gartenvilla gebracht, die für die nächste Zeit ihre persönliche Wohnung sein wird.

Beim Eintritt in den von kleinen Säulen gestützten Empfangsraum glaubt sie sich in eine Zauberwelt versetzt. Offene Türen lenken den Blick nach draußen in einen märchenhaften Garten. Umgeben von duftenden Sträuchern gibt es dort einen kleinen, künstlich angelegten Teich, der mit Lotos- und anderen Wasserpflanzen ein Tummelplatz für Vögel und Fische ist. Palmen und Sykomoren säumen als Schattenspender die verschlungenen Wege, und auf der nach Norden liegenden Terrasse weht schon sanft ein kühler Abendwind. Saraj ist verwirrt über die Vorstellung, dass alles hier einzig nur zu ihrer Verfügung sein soll.

Eine Treppe führt hinauf in das Obergeschoss zu den Schlafräumen. Ein niederes, breites, elegantes Bettgestell ist dekoriert mit herrlichen Stoffen, und weiche Matten und feine Teppiche bedecken den Boden. In Truhen liegen ausgesuchte Kleider für sie bereit, und vor einem geöffneten Kästchen aus Elfenbein ist kostbarer Schmuck ausgebreitet. Überall im Raum stehen kunstvoll bemalte Schalen, sie sind gefüllt mit duftenden Blumen. Zwei Dienerinnen bringen Tonkrüge mit frischem Wasser und setzen sie auf ein hölzernes Gestell. Freundlich lächeln sie Saraj an, dann verschwinden sie lautlos. Noch einmal wird sie gestört. Ein Diener bringt ein Tablett mit würzig wohlriechenden Speisen, dazu Wein und Früchte und stellt alles auf ein Tischchen. Dann ist sie endlich allein.

Nachdem Saraj ein bisschen von allem genossen hat, spürt sie das Bedürfnis, den Abend draußen zu fühlen. Die Kühle der glatten, polierten Steinfliesen der Terrasse steigt langsam an ihren Füßen empor, fließt durch ihren ganzen Körper bis hinauf zu ihrem Herzen.

Unaufhörlich wandern Sarajs Gedanken vor und zurück, suchen nach einem Sinn für dieses Abgeschnittensein, dem sie nun ausgesetzt ist. »Welche Mächte und Kräfte sind es, die mich fast gezwungen haben, Dinge zu tun, deren Bedeutung ich nicht weiß«, fährt es ihr immer wieder durch den Kopf.

Der Blick zum Firmament ist wie ein Abschied. Sarajs Augen suchen die Venus am Abendhimmel, als gäbe sie ihr den Auftrag, ihren Mann noch einmal zu grüßen. Dann ein letzter Gedanke an Abram, ehe sie ihn und ihr ganzes bisheriges Leben abschließt und einschließt in den verborgensten Winkel ihrer Seele, gleichsam als Selbstschutz, ohne den sie nicht überleben könnte.

Mond und Sterne schweigen. Doch irgendwo in diesem Kosmos ist die Weisheit verborgen, und hinter diesem flimmernden Glanz dort oben liegt ein großes Geheimnis. –

Saraj ist müde, und das letzte spürbare Gefühl ist die Angst vor dem morgigen Tag. Vorsichtig legt sie sich auf das ungewohnte Bett, sie stellt die hölzerne Kopfstütze beiseite, und dann lässt sie die Übermacht des Schlafes willig in das Reich der Entspannung und der Erholung sinken.

Die kleine Menschenseele ruht, das Bewusstsein hat aufgehört, mit Fragen zu quälen. Langsam verwandelt sich das gewöhnliche Leben des Tages, um auf ungewöhnliche Weise zu einem Empfang auf anderer Ebene fähig zu sein.

Sarajs zweiter Traum: Die unsichtbare Schutzmauer

Trüb sind die Wasser in Sarajs Traum, die die winzig kleine Insel umspülen, auf die Saraj geflüchtet ist. Eine Insel, abgetrennt von allem Sichtbaren. Ausgegrenzt und wiederum eingekreist von wogenden Wellen mit aufgesetzten Schaumkronen, die ihre eingerollten Kämme, dicken Bäuchen gleich, bedrohlich, wie zum Angriff bereit, vor sich hertreiben. Saraj fühlt sich zerrissen, zerteilt in vereinzelte Wesen, als hätte ihre Geistseele sich getrennt von ihren Körpern, die verstreut irgendwo hängen geblieben, zurückgehalten, nach der einenden Kraft suchen. Ringsum rauscht das schäumende Meer in trostloser Weite. Kein rettendes Schiff, um sie aufzunehmen, keine Brücke, die in die Sicherheit führte, kein Land, dessen festen Boden sie betreten könnte, abgeschnitten alle Verbindungen.

In unwirklichen Lichtreflexen sieht sie sich wie in einem kosmischen Spiegel. Sie muss sich selbst betrachten, immer nur betrachten, als hätte sie allen Willen zum Handeln abgegeben, zurückgenommen, um mitzuerleben, was mit ihr geschieht.

Ungläubig verfolgt sie, wie von unbekannten Schicksalshänden, gemeißelt aus einem Teil ihres Selbst, eine Sockelfigur entsteht. Jemand hebt sie auf ein Podest. Steif und gefroren, von saturnischer Kälte überströmt, setzt sich ihr versteinertes Ich bleischwer zwischen ihr Ja und ihr Nein. Lange verharrend.

Wie ein Blitz fährt in diese Frostigkeit eine lodernde Fackel, getragen von einer Gestalt, die dicht über den Wassern in der Ferne aufgetaucht ist und sich, auf einer grauen Dunstwolke schwebend, langsam nähert. Halb verborgen unter wehenden schwarzen Tüchern hält sie eine Maske vor ihrem Gesicht, kalkweiß, mit dunklen Augenflecken, in dem jedes Hoffnungslicht erloschen scheint. Dünne, knochige Arme recken sich aus den Umhüllungen und halten die Fackel mit schwindendem Widerstand gegen den eisigen Wind. Saraj möchte zu Hilfe eilen, das kleine Feuer erhalten, bekommt mit beiden Händen das brennende Holz zu fassen, doch steif und unbeweglich sind ihre Glieder. Verzweifelt kämpft sie gegen eine Kraft, die mit Gewalt ihre Hände nach unten biegen will, um das Licht zu löschen.

Gerade noch leuchtet ein letzter Schein in die beginnende Nacht, lässt die Maske der Fremden zerfließen in die sterbenden Farben des Untergangs und legt den gleitenden Schatten wie einen schweren Mantel um die Schultern von Saraj.

Zurückgeblieben, eingehüllt in undurchdringliche Sichtlosigkeit, bleibt Saraj nur noch Hören und Fühlen. Sie sieht nicht die bedrohlich sich auftürmenden Wellenberge, spürt aber den feinen Gischtnebel, der ihr schneidend ins Gesicht peitscht und mit tausend Nadelstichen all ihre Poren öffnet.

Unendlich lange scheint ihr das Verharren-Müssen in den nassen Tiefen dieser Nacht. Dann plötzlich blenden grelle Funken in die Finsternis. Begleitet von Dröhnen und Donnergrollen schießen sie wie Alarmsignale in alle Richtungen. »Sind dies Dämonen oder Engel, Zerstörer oder Erleuchter?«, schießt es ihr durch den Sinn.

Ringelnde Schlangenkörper huschen an ihr vorbei, und ein unheimliches Knistern erinnert sie an das Entfachen eines Feuers.

Saraj erstarrt, sie blickt voller Entsetzen um sich. Hier wächst eine Flamme empor, und auch dort frisst sich Gezüngel mit Eile ins trockene Gras. Feuergarben steigen hoch, regnen wie glühende Tropfen zur Erde. Und während sie fallen und fallen in rauschenden Kaskaden, verwandeln sich die brechenden Gluten in tausend Augen. In fragende, fordernde Augen, die tanzen und schweben, die sich ihr nähern, sie neugierig umkreisen und sie beobachten. Dann verwandelt sich ihr Ausdruck, sie lächeln Saraj zu, bewundern sie und scheinen todtraurig, ehe sie sterbend erlöschen. Eine geisterhafte Szenerie.

Jetzt wird es unter ihren Füßen warm, wo sie gerade noch gefroren.

Fast möchte sich ein Teil ihrer Angst verflüchtigen, dennoch sucht sie nach einem Weg hinaus aus dieser Hölle, will fliehen, irgendwie, irgendwohin.

Doch voller Entsetzen erkennt Saraj, dass sie angebunden ist, sich nicht bewegen kann. Sie selbst hat sich die feinen, edlen Gehänge angelegt, die nun an ihren Armen und Füßen zu dicken Fesseln geworden sind und wie schwere, goldene Ketten an ihren Gliedern hängen.

Von neuem lodern die Flammen, feurige Zungen schlängeln am Boden entlang auf sie zu. Ohnmächtige Angst befällt sie, sie glaubt, in diesem Inferno unterzugehen. Plötzlich spannt sich, wie von unsichtbaren Händen gehämmert, ein leuchtend metallenes Gewand um Sarajs Körper, in dem sich golden der Feuerschein spiegelt. Gleichzeitig ziehen andere Kräfte kreisförmig einen tiefen Graben um sie. Rasch füllt sich dieser mit Wasser aus einer verborgenen Quelle. Wasser so blau wie der Himmel und klar wie Kristall.

Alle Furcht und Bedrückung fallen von ihr ab, sie fühlt sich beschützt, getragen, behütet, als wäre sie zurückgekehrt in einen wohlig-warmen Mutterschoß. Ein Windstoß entfacht ein letztes schwaches Aufflackern, Flammenfüße versuchen noch einmal sie zu erreichen, doch bricht deren Kraft. Sie gelangen gerade noch bis zum Wassergraben, in dem sie aufheulend versinken und mit einem schwachen Zischen verlöschen.

Saraj und Pharao

Saraj erwacht, geweckt von lauter Musik, die aus den königlichen Gärten zu ihr herauftönt. Erstaunt schaut sie um sich, dann wird ihr bewusst, wo sie sich seit gestern befindet. Gerade noch wundert sie sich, dass sie nicht von diesem Bettgestell gefallen ist, da springen schon Dienerinnen herbei, als hätten sie nur darauf gewartet, dass sie die Augen öffnet. Alles um Saraj wird von fremden Händen ausgeführt. Waschen, Kämmen, Ankleiden. Die weichen Frauenhände massieren feine Salben in ihre Haut, und der Duft eines schweren Parfüms legt sich um ihre Gestalt. Schon wollen die Mädchen beginnen, sie nach ägyptischer Art zu schminken, doch jetzt wehrt sich Saraj, die bisher alles geduldig über sich ergehen ließ, ganz entschlossen. Und die Mädchen verstehen. Kein Strich ist nötig, um Sarajs klare Gesichtszüge zu verbessern. Lächelnd legen sie die Schminkutensilien auf die Palette zurück.

Als Saraj ein Schmuckkragen um den Hals gelegt wird und Ringe an Arm und Finger übergestreift werden, durchzuckt sie eine feiner Schmerz. Erstaunt dreht sie den Kopf zur Seite, horcht in sich hinein. Was war das? Ich liebe doch Schmuck und trage ihn gerne! Woran erinnert er mich?

Fast möchte sie alles wieder abstreifen, aber ein hoher Hofbeamter erscheint und überbringt die Empfehlung des Pharao, der sie zu sehen wünscht. Er bittet Saraj, ihm zu folgen. Die beiden Dienerinnen begleiten sie.

Durch lange Gänge, über mehrere ausgedehnte Höfe, an einer Säulenhalle vorbei führt der Weg zu den Gemächern des Königs. Soldaten mit Waffen stehen zum Schutz der hohen Familie vor allen Türen und in jedem Winkel. Stumm, fast stur blicken sie vor sich hin, scheinbar bewegungslos und doch irgendwie bereit, auf dem Sprung, wie lauernde Panther.

Seltsame Gefühle und Gedanken drängen sich Saraj auf, während sie den Weg durch Hallen und Höfe durchmisst. Welche Feuer brennen wohl hinter diesen Türen? Welche Quellen sprudeln lebensspendend? Was für ein Geist eint oder zerteilt eine so vielfältige Gemeinschaft von Menschen, die alle zusammen, eingeschlossen in diese freiwillig um sie errichteten Mauern, meist ihr ganzes Leben verbringen?

Nun soll auch sie dazugehören, anderem Willen gemäß, nicht nach eigenem Verlangen. So atmet sie unwillig den Geruch dieses fremden Reiches.

Während Angst und Beklemmung in Abwehr und Verteidigung wechseln und sie Schritt um Schritt die letzten Treppen hinaufgeht, begreift Saraj, dass sie zum jetzigen Zeitpunkt keine Stufe ihres Lebens überspringen kann, erkennt, dass jede Stufe weiterführt, wenn man sie überwindet.

Nun, da sie Raum um Raum durchschritten haben, öffnet sich, wie von unsichtbarer Hand geführt, ein riesiges Tor mit zwei Flügeln. Sie betreten den Empfangssaal des Königs.

Auf ein Kommando werfen sich die Begleiter zu Boden und murmeln auswendig hergesagte Lobpreisungen zu Ehren des Pharao. Saraj beugt ihren Oberkörper und wartet auf ein Zeichen, sich aufrichten zu dürfen. Als die anderen sich wieder erheben, erhebt auch sie ihren Blick, und direkt vor ihr steht der König, der ihr, ohne dass sie es bemerken konnte, entgegengegangen war. Ihre Knie zittern, das bange Gefühl, das sie den ganzen Weg hierher begleitet hat, verstärkt sich.

Wie einen unnahbaren Gott hat Saraj sich ihn in ihrer Fantasie vorgestellt. Kühl, streng, gebieterisch.

Mit ausgestreckten Händen begrüßt sie der König taktvoll und herzlich, weit über das gebotene Zeremoniell hinaus. Er spürt ihre Befangenheit und möchte ihr helfen, sich davon zu lösen.

Beim ersten Blick in des Königs Gesicht nimmt Saraj vor allem andern seine schwarzdunklen Augen wahr, die sie freundlich und gütig anschauen. Fast spürt sie so etwas wie Wärme.

Was hatte ich nur für eine Vorstellung, schießt es ihr durch den Kopf.

Auch der König ist einen Augenblick sprachlos beim Anblick von Saraj. Vor ihm steht eine Frau, deren Ausstrahlung von einer vollkommenen Harmonie zu sein scheint. Oft hatten ihm seine Höflinge Frauen gebracht, deren Schönheit sie in großen Worten priesen. Doch meist entschwand durch deren äußeres Gehabe gar schnell der Charme, den sie manchmal gespielt, so dass durch unbewusste kleine Gesten oder Worte die Schönheit sich nicht rundete, sondern verblasste. Aber dieses fremde Geschöpf strahlt einen so eigenartigen Zauber aus, hüllt ihn in eine Faszination, wie er sie noch nie verspürte. Schon bei den kurzen Worten der Begrüßung hielt ihn allein der Ton ihrer Stimme gefangen. Denn ganz nach dem Sinn der Worte, dem Inhalt der geäußerten Gedanken färbt sich Sarajs Sprache mal hell, mal dunkel-warm nachschwingend. Der König bittet Saraj, sich zu setzen. Ein Diener ist noch dabei, süße Kuchen und Wein auf ein kleines Tischchen zu stellen, verschwindet aber bald auf den Wink eines Beamten. Und auch dieser zieht sich daraufhin zurück.

Nun sind sie allein in dem großen Saal, und Beklemmung will sich erneut auf Sarajs Herz legen. Doch sogleich ergreift der König das Wort, und während er sie wohlwollend betrachtet, beginnt er ein Gespräch.

Diese schlanke, hohe, würdige Gestalt verbreitet trotz aller Prunkentfaltung Vertrauen. Saraj bedankt sich beim König für all die kostbaren Geschenke, die er ihr hat schicken lassen. In einen schweren, langen Atemzug packt Saraj dann auch ihren Dank für die große Ehre, sie an den Hof zu holen. Doch fallen ihr gerade diese Worte besonders schwer. Mit einem ängstlichen Seitenblick beobachtet sie den König, fürchtet, er könne ahnen, dass dies nicht ihre ehrliche Überzeugung war. Doch solche Gedanken sind nicht die des Königs.

Er erkundigt sich nach ihrer Familie, nach ihrer Heimat und nach dem Land, aus dem sie vor einiger Zeit gekommen ist.

Langsam weicht die Befangenheit von Saraj, und sie beginnt zu erzählen. In farbigen Worten, unterhaltsam und kurzweilig spricht sie von ihrer Heimat Sumer und der großen Stadt Ur. Von Aufbruch und Beginn der langen Wanderungen, von den großen Flüssen Euphrat und Tigris, von Haran und den Ländern, durch die sie in den letzten Jahren gezogen sind. Ab und zu macht sie eine kleine Pause, fragt den König, ob sie ihn nicht langweile. Doch dieser bittet sie fortzufahren. Lachend erzählt sie auch von der einfachen Ausgestaltung ihrer Zelte. Von den dicken, warmen Wollkleidern, von der schweren Arbeit der Mägde. Wasser holen, Holz sammeln, Brot backen, Kinder versorgen. Damit sind die Tage der Frauen ausgefüllt. Aber auch die Entbehrungen, die ständige Sorge um genügend Wasser verschweigt sie nicht. Dann gerät Saraj fast ins Schwärmen, wenn sie die enge Verbundenheit mit der Natur, mit Tieren und Pflanzen schildert, mit denen sie so eng in Berührung kommen. Mit denen zusammen man eingebunden ist in den Kreislauf der Natur.

Der König betrachtet sie lächelnd. »Schade, dass mir durch meine Geburt nie solche Freiheit des Lebens beschieden war«, bedauert der König.

Manchmal stockt Saraj, wenn sie Abram erwähnt, in der Befürchtung, der König könnte mehr aus ihren Erzählungen herausfühlen.

Aber dieser wirkt froh und heiter wie lange nicht mehr, er freut sich über Sarajs natürliche Art, mit der sie ihm nun gegenübersitzt, und wie sie dem, was sie erzählt, eine ganz besondere Note gibt. Er bewundert die Klarheit ihrer Rede und die gewandte Art, sich auszudrücken. Ihr großes Wissen um die alten Sagen ihres Volkes überraschen ihn ebenso wie die Tatsache, dass sie lesen und schreiben kann.

Mit keiner seiner vielen Frauen, außer mit der großen königlichen Gemahlin, konnte er je so anregende Gespräche führen.

Saraj wundert sich über sich selbst. Woher kommt der Mut, ihr neues Dasein auf solche Weise zu beginnen? Dieses Leben, das noch keine Form hat, dem sie erst das richtige Gefäß werden muss. Forschend lauscht sie den Fragen an sich selbst.

Ist nun das Leben der Töpfer oder ist es die Form, oder bin ich Töpfer und Form zugleich, indem ich mein Leben selbst forme mit dem Material, das mir vom großen Schöpfer in die Hand gegeben ist? Was ist das für eine durchdringende Kraft, die meine Gedanken leitet, begleitet?

Ihre geheimen, tief in ihr verankerten Wünsche und die feste Überzeugung, dass diese zum richtigen Zeitpunkt Wirklichkeit werden, lässt sie in der ihr eigenen Würde ihren jetzigen Zustand, ihre augenblicklichen Lebensumstände ertragen. Alles wird sich wandeln, was jetzt noch starr und unlösbar erscheint. Denn eine ungeheure Kraft strömt unablässig aus dem Verlangen nach dem Vollkommenen.

Saraj erwacht aus ihrem Tagtraum und bemerkt errötend, dass der König sie die ganze Zeit still beobachtet hat. Und in der Tat, seine Blicke waren unverwandt auf sie gerichtet, als wolle er die Gedanken ergründen, die Saraj in diesem Augenblick so gefangen zu nehmen schienen. Er, der es gewohnt ist, vielen Menschen zu begegnen, mit der Fähigkeit begabt, Absichten, Hintergedanken, Unausgesprochenes schnell und intuitiv zu erfassen, spürt ein Geheimnis hinter dieser wunderbaren weiblichen Erscheinung.

Er wird es ergründen. Aber in seinem Wohlwollen will er Saraj genügend Zeit geben, sich am Hofe einzugewöhnen, bis das Leben hier für sie zur Selbstverständlichkeit geworden sein wird. Ehe sich der König von Saraj verabschiedet, legt er ihr zum Dank für diese erheiternden Stunden einen kostbaren goldenen Armreif an.

Darauf wird Saraj von den Dienerinnen in Empfang genommen, die sie in ihre Gartenvilla zurückbegleiten.

Überwältigt von diesem ersten Eindruck, legt sich Saraj auf ihr Ruhebett. Während die Begegnung mit dem Pharao noch einmal an ihr vorüberzieht, kommt ihr in einem kurzen Halbschlaf die Erinnerung an den Traum der vergangenen Nacht. Verschwommen erst die einzelnen Teile, doch dann baut ihr Unterbewusstsein die Brücke zur Erkenntnis.

Die Augen des Königs! Ja, die Augen des Königs sind es. Sie haben dieselbe Form, den gleichen Blick, und jetzt weiß sie es, dieselbe leichte Traurigkeit, die sie in den vielen glühenden Funken ihres Traumes las.

Saraj spürt noch einmal die besondere Art der Berührung mit den Augen, als sie dem König gegenüberstand. Es war wie das Öffnen einer Türe, das vielen anderen verwehrt sein mag. Sie haben ihr etwas von der Seele des Menschen gezeigt, die hinter dieser prächtigen, gebieterischen äußeren Gestalt des mächtigen Pharao eingeschlossen lebt und nur in seltenen, kurzen Augenblicken sich erlauben kann, sichtbar zu werden.

In ihrem Pavillon und in ihrem kleinen Garten fühlt sich Saraj nach ein paar Tagen bereits ganz wohl. Am Rande des kleinen Teiches blüht der Lotos, und die Fische huschen in munteren Zick-Zack-Bewegungen im Wasser hin und her. Akazienbäume verströmen ihren Duft, und bald werden die Früchte an den Feigenbäumen reif sein. An heißen Tagen sitzt sie unter Palmen, die mit ihren Fächerzweigen Kühlung und Schatten spenden, und beobachtet die munteren Vögel, die sich in ihrem Garten tummeln.

Ganz beiläufig lernt Saraj immer mehr vom Leben ihrer neuen Umgebung kennen. Jeden Tag entdeckt sie Neues, Interessantes im Palast. Heute wird sie durch das große Verwaltungszentrum geführt. Hier sitzen in verschiedenen Räumen Schreiber an Schreiber, eifrig beschäftigt, alle Vorgänge, wie Kauf und Verkauf von Waren, Lieferung und Abholung, Verbrauch und Geschenke, als Schriftstücke auf kleinen Ostraka oder auf Papyrusblättern festzuhalten. Ihrer Fertigkeit bewusst, sitzen sie stolz, fast überheblich auf ihren Podesten.

Ein andermal zeigt man ihr die riesigen Lagerhallen für Getreide, Zwiebeln, Flachs und viele andere Güter, die aus fremden Ländern kommen und hier aufbewahrt werden. In die großen Backstuben darf sie hineinschauen, wo täglich das Brot für die vielen Bewohner des Palastes gebacken wird. Gleich nebenan ist der Lagerraum für die Gerste, die man für die Herstellung des Bieres braucht. Fast nur Frauen sieht sie hier arbeiten. Täglich brauen sie große Mengen, denn jeder in Ägypten trinkt Bier, auch alle Arbeiter draußen auf dem Lande werden damit versorgt.

Die ganze Residenz ist wie eine Stadt in der Stadt. Gut abgeschirmt durch dicke, hohe Mauern, überall bewacht von Aufsehern und Soldaten. Auch Saraj darf das Areal nicht verlassen. Dennoch erkennt sie bald, in welcher Freiheit hier in Ägypten die Frauen neben den Männern leben. Trotz schwerer Arbeit werden auch die geringsten von ihnen irgendwie geachtet und respektiert. Besonders der Freiraum der höher stehenden Ägypterinnen, in dem diese sich auch außerhalb der Familie bewegen können, ist groß.

Saraj merkt, wie eng und streng die Bande sind, mit denen sie und ihre Schwestern gebunden sind in der überwiegend von Männern gestalteten Welt, in der sie leben.

Eines Tages fällt ihr eine große Unruhe und gesteigerte Geschäftigkeit auf. Von ihren Dienerinnen erfährt sie, dass die Vorbereitungen für ein wichtiges Fest im Gange sind. Es soll eine große Jubelfeier für die Götter inszeniert werden. Ein Beamter bringt eine Einladung für Saraj, dabei erfährt sie, dass sie an diesem Tag hohe Würdenträger, die Frauen des Pharao und andere Familienmitglieder kennen lernen wird.

Allein der Gedanke, so vielen fremden Menschen zu begegnen, bereitet ihr Unbehagen. Noch dazu weiß sie von ihren Mägden, dass vor allem die Damen aus dem Frauenhaus besonders neugierig sind, »die neue Frau« zu sehen.

»Wie werden sie sich mir gegenüber verhalten, wie werden sie mich aufnehmen?«, sinnt Saraj.

Die Stadt ist voll von Pilgern und Neugierigen, und an den Anlegestellen strömen aus den ankommenden Booten immer mehr Menschen. Die Prachtstraße ist mit Fahnen, bunten Bändern und Wimpeln geschmückt, und eine Schar von Straßenreinigern fegt die letzten Unsauberkeiten hinweg, damit dem Auge des Pharao nur strahlende Schönheit begegne.

Der große Tag beginnt mit einer farbenprächtigen Prozession zum Tempel. Begleitet von lauter Musik und kultischen Gesängen, bewegt sich diese langsam zum Götterheiligtum.

Großartig ist die Erscheinung des Pharao. Überaus prächtig ist er gekleidet, und auf seinem Haupt sitzt die weißrote Doppelkrone von Ober- und Unterägypten. Direkt über seiner Stirn bäumt sich die aufgerichtete Uräusschlange, die als die Personifikation der Krone gilt, und in der Hand hält er das Szepter mit dem Kopf des altägyptischen Gottes Seth.

Um den König sind alle Mitglieder der königlichen Familie sowie eine große Anzahl von kahlköpfigen Priestern.

Der oberste Beamte des Landes, der Wesir, schreitet als imposante Gestalt in stolzer Haltung mit seinem dicken Bauch und gespreizten, etwas auswärts gerichteten Beinen gleich nach dem König. Dann folgen hohe Militärs und andere Würdenträger.

Lange dauern die religiösen Riten und Zeremonien. Anschließend ehrt der König in einer öffentlichen Schau verdiente Offiziere, indem er die begehrten Ehren-Goldketten und Ketten mit goldenen Fliegenanhängern an sie verteilt.

Zuletzt werden mittlere und kleine Beamte mit Naturalien belohnt. Aufgebaut wie an den Verkaufsständen im Basar, stehen die Zuwendungen zur Übergabe bereit. Das sind große Mengen an Öl, Wein und Bier, Honig, Getreide, Flachs und Früchten. Aber auch Kleider, Wachs und Weihrauch sind begehrte Geschenke. Endlich sind dann alle Ehrungen vollzogen und die Gaben ausgeteilt.

Jetzt kann des Götterfestes zweiter Teil beginnen.

In den Straßen lachen und lärmen die Menschen und streben in die Bier- und Weinstuben, die überall für die Zecher bereitstehen. Dort sitzen einträchtig nebeneinander Bauern mit sonnenverbrannten Gesichtern und schwielenbedeckten Händen, Arbeiter aus dem Steinbruch, Lastenträger, Wäscher,

Schuster, Ziegelarbeiter und viele andere. Alle haben sie für heute die schwere Fron abgeschüttelt und genießen in kindlicher Freude die Genüsse des Tages.

Grell geschminkte Frauen locken verführerisch mit ihren Reizen, und mancher, der mehr, als er sollte, getrunken hat, lässt sich von ihnen verleiten, ihre Einladung anzunehmen.

Im Palast ist ein großes Gastmahl angerichtet. Musikanten und Musikantinnen spielen abwechselnd auf Flöten, Oboen, Klarinetten, und auf einem erhöhten Platz sitzt ein Harfenspieler. Tänzerinnen, manche nur mit einem Gürtel dekoriert und andere mit durchsichtigem Schleier gewandet, bewegen sich anmutig und akrobatisch zu Tamburins und metallenen Rasseln.

Mit lauten Trommelschlägen wird jetzt die Ankunft des Königs angekündigt, bei dessen Erscheinen alle ehrfürchtig verstummen. Majestätisch schreitet er in Begleitung seiner Gemahlin durch den Saal. Saraj betrachtet voller Bewunderung die über und über mit Gold und Silber geschmückte Königin an seiner Seite. Ihr Dekolleté ziert ein großer Bussek-Halskragen aus Stab- und Tropfenperlen in den Farben hellblau, dunkelblau, rot und gold. Das Großartigste aber, an dem sich alle Blicke festsaugen, ist der Kopfputz. Über der langen, schwarzen, kunstvoll geknüpften Perücke sitzt strahlend in funkelndem Gold die geflügelte Geierhaube. Verziert mit dunkelblauem Lapislazuli und anderen Edelsteinen, thront sie wie eine Götterkrone auf dem stolzen Haupt der Königin.

Noch ganz gefangen von dem Anblick der ungeheuren Pracht, bemerkt Saraj nicht gleich, dass allgemeines Interesse sich nun ihr zuwendet. Doch plötzlich spürt sie viele Blicke auf sich gerichtet.

Bewunderung steht wie ein zarter Duft im Raum.

Nun wird sie der Königin, der Familie, ausländischen Prinzessinnen und anderen Anwesenden vorgestellt. Wie eine rätselhafte Blume aus fernen Gefilden wächst sie aus dem Kreis der großen Gesellschaft.

Zwar wählte sie für diesen Anlass ein ägyptisches Trägergewand aus feinem weißen Batist, dazu einen dünnen, in enge, schmale Falten gelegten Umhang, aber die Art, ihr Haar nach heimatlichem Brauch mit dünnen Elfenbeinkämmen hochgesteckt zu tragen, und die wenigen Schmuckstücke sumerischer Tradition, die sich in feinen goldenen Blättern um ihren Hals reihen, lassen sie in ihrer vergleichsweise schlichten äußeren Aufmachung trotzdem wie eine Fürstin in einem ganz besonderen Licht erscheinen.

So muss es auch der König empfunden haben, als er sie den Umstehenden mit den Worten vorstellt: »Seht, was für ein Licht in Ägypten.«

Ungezwungen schiebt sich ein junges Mädchen mit blitzenden Augen vor Saraj und sagt keck: »Du bist aber eine schöne Frau!« Saraj muss lachen und wird fast ein wenig verlegen. Der König erklärt ihr: »Das ist Hagar, eine von meinen Töchtern.« Saraj streckt ihr beide Hände entgegen, und Hagar bleibt den ganzen Abend an ihrer Seite. Hagar ist voller Neugier und möchte vieles von Saraj erfahren.

Seit diesem Fest verbringt Hagar fast jeden Tag mehrere Stunden in Sarajs Haus. Trotz des großen Altersunterschiedes entwickelt sich eine Freundschaft und wächst Vertrautheit zwischen den beiden. In ihren Gesprächen treffen sie sich auf vielen gemeinsamen Ebenen. So führt Hagar Saraj in die vielschichtige Welt der ägyptischen Götterlehre ein und will ihrerseits alles über Sarajs mesopotamische Heimat wissen, und auch für das fremde Land Kanaan interessiert sie sich.

Saraj ist erstaunt, auch hier in Ägypten einer so großen Anzahl von Göttern zu begegnen. Einige unter ganz fremdartigen Gestalten, andere fast ähnlich den mesopotamischen. Doch immer wieder versucht sie, sich all das, was Abram ihr von seinem einzigen Gott erzählte, ins Gedächtnis zurückrufen.

Gehorsam kleidet Saraj sich in die Landestracht, wie man es von ihr erwartet. Sie beachtet die Sitten und Vorschriften und bleibt dabei doch Saraj, wenn auch in äußerlich gewandelter Form.

In der Palastschule lernt sie die ägyptische Sprache und die Schriftzeichen und hat auch hier in Hagar ein gute Lehrerin. Sie verstehen sich gut, und Hagar bringt Saraj oft zum Lachen.

Einige Zeit nach dem großen Fest lädt der König Saraj zu einem weiteren Beisammensein. Ihre Dienerinnen geben sich diesmal besondere Mühe, Saraj dafür vorzubereiten. Vielsagende Blicke gehen zwischen ihnen hin und her, während sie die durchsichtigen Gewänder herbeibringen und den Schmuck zurechtlegen. Saraj bekommt Lotosblüten ins Haar gesteckt, und exotisches Parfüm hüllt sie in einen zarten Duftnebel. Stillschweigend lässt Saraj alles mit sich geschehen. Tief in Gedanken versunken eilen ihre Vorstellungen voraus, was sich ereignen könnte.

Der Tanz der Schmetterlinge

Der warmen, entgegenkommenden Art des Herrschers gelingt es auch diesmal, Sarajs Befangenheit schnell zu zerstreuen. Wieder ergibt sich eine angeregte Unterhaltung, und der König ist erstaunt über Sarajs Fortschritte in der ägyptischen Sprache.

Gerade als sie den blühenden Garten zu einem kleinen Spaziergang betreten, tanzen vor ihnen zwei leuchtend bunte Schmetterlinge, die sich in zärtlichen Auf- und Abbewegungen liebkosend umkreisen.

Als würden sie von feinstofflicher Äthermusik getragen, schweben sie luftleicht wie Elfen in der Thermik des sonnigen Tages.

Anmutig landen beide auf einer Orchidee zu kurzer Rast. Der Falter verbeugt sich und faltet seine Flügel, sie neigt sich graziös und wippt mit ihrem schlanken Körper auf dem pudrigen Blütenstiel.

Betört vom süssen Nektar erheben sie sich in das flimmernde Blau und beginnen erneut ihr kleines Liebesspiel. Einen Pulsschlag lang halten sie inne, und ihre samtenen Fühler begegnen sich zu einem hauchzarten Schmetterlingskuss.

Mit einem Lächeln auf den Lippen hat Saraj diesem kleinen Intermezzo zugesehen. Zart wie das Spiel ist auch der feine Hauch von Erotik, der spürbar wird. Für den König war es faszinierend, Saraj zu betrachten. Er neigt sich zu einer voll erblühten Blume, bricht sie und reicht sie Saraj als charmante Huldigung. Dabei sieht er ihr lange in die Augen, und Saraj fühlt wieder diese wunderbare Berührung seines Blickes. Behutsam legt er den Arm um sie, während er sie in den Raum zurückführt. Ganz sanft ist der leichte Druck, mit dem er Saraj zu sich dreht. Ihm ganz nahe, umhüllt sie ein feiner herb-würziger Duft, der den Kleidern des Königs bei jeder Bewegung entströmt.

Mit einem Lächeln in den Augen und um den Mund streicht er ihr liebevoll eine Haarlocke aus der Stirne und nimmt ihr Gesicht in seine Hände. Saraj, die mit Bangen diesen Augenblick erwartet hatte, spürt ein wunderbares

Gefühl durch ihren Körper ziehen, das sich durch seine warmen Hände auf sie übertragen hat. »Saraj, du bist von so außergewöhnlicher Schönheit, von großem Verstand, und dein liebreizendes Wesen muss dir alle Herzen öffnen, sage mir, warum gehörst du keinem Mann?«

Saraj erschrickt durch diese unvermutete Frage bis in den Grund ihrer Seele. Ihr Gesicht wird bleich wie das weiße Leinengewand an ihrem Körper, und sie bricht in fassungsloses Weinen aus.

Alles bisher Verdrängte, Unterdrückte, ein lange gebändigter Schmerz durchbricht mit Urgewalt ihre Beherrschung.

Ihre Herzströme jagen wie Flammen in die aufgewühlte Landschaft ihrer Seele. Die Gedanken pochen und klopfen fühlbar bis in ihre Schläfen. Sie hämmern: »Ja, ja, ich habe doch einen Mann, ... ich muss es ihm sagen«, schreit die Unruhe ihres Gewissens, »er wird uns töten lassen, ... nein, er tut es nicht.« – Es ist, als wollte ihr Kopf zerspringen.

Saraj versucht zu sprechen, eine Erklärung zu geben. Sie bringt kein Wort hervor, ihr Körper bebt und zittert.

Betroffen und hilflos steht der König vor Saraj, nimmt sie voller Mitgefühl in den Arm, versucht sie zu trösten, was jedoch einen erneuten Tränenstrom auslöst. Saraj, unfähig ihm eine Lüge ins Gesicht zu sagen, möchte, nachdem sie sich ein wenig gefangen hat, alles erklären.

Verständnisvoll legt ihr der König den Finger auf den Mund und sagt beruhigend: »Saraj, ich sehe deine tiefe Erschütterung, irgendetwas an meiner Frage hat dich an schmerzliche Begebenheiten erinnert, von denen ich keine Ahnung habe. Erzähle mir erst davon, wenn es dir möglich ist, wenn du es für richtig hältst.«

Immer noch schluchzend bittet Saraj um Vergebung und dankt für sein Verständnis. Noch ist sie ganz ermattet von der Wucht dieses vulkanischen Bebens. Dennoch richtet sie sich auf und hat augenblicklich ein unbezwingbares Bedürfnis, sich noch einmal in die Arme des Mannes zu begeben, der sie soeben so beschützend und bewahrend vor einem Absturz gerettet hat.

Doch schon eilen auf des Königs Veranlassung Diener herbei, die sie auf einem bequemen Tragestuhl in ihr Haus zurückbringen.

Nachdenklich bleibt der König zurück, er sinnt über den Grund des Zusammenbruchs nach. Und abermals durchfährt ihn die Ahnung eines Geheimnisses um Saraj.

Ein befreiender Gedanke kommt ihm in den Sinn. Er wird ihren Bruder Abram einladen, vielleicht kann sie das glücklich stimmen, überlegt er.

Doch dazu soll es vorerst nicht kommen.

Unangenehme Zwischenfälle an der Grenze erfordern des Pharaos sofortige Abreise. Mit großem Gefolge und vielen Soldaten verlässt er eilig die Stadt.

Erst jetzt, nachdem sich Schleusen und Wehre in Saraj geöffnet haben, können sich ihre Gedanken durch die trennenden Mauern der Paläste hindurch auf den weiten Weg zurück machen.

Trotz der großen Entfernung, die zwischen Abram und ihr liegt, fühlt sie sich mit ihm in alle Ewigkeit verbunden.

Wandernd auf den Farben eines inneren Regenbogens, der in den Tiefen der unteren, verborgenen Welt in seiner ganzen Rundung den Kreis schließt, ist sie ihm in einem außergewöhnlichen Zustand, in der Kraft der ziehenden Gedanken so nahe, dass sie sein jetziges Leben auf geheimnisvolle Weise mitfühlen kann. Fast greifbar sieht sie ihn vor ihrem geistigen Auge und ahnt die schwere Schwingung, unter welcher er zu kämpfen hat.

Vielleicht erkennt Saraj durchdringender als Abram selbst, was gerade in dieser Spanne seines Lebens notwendig für ihn ist.

Aus diesem Netz der Gedanken formt sich ihr Anruf, und sie legt alle Kraft und Weisheit dieser Stunde in die Worte, die ihr Herz und ihre Wünsche erzeugen, aussprechen und aussenden.

»Abram,
gebunden am Baum deines Schicksals,
verwundet durch das eigene Schwert,
haben Gewalten Macht über dich
und halten dich fest.

Du hast ihnen selbst die Tore geöffnet,
unbedacht.
Nun bist du ausgeliefert
gemessene Zeit.

In deinem Schmerz musst du harren
und warten,
schauen den eigenen Schatten.
Dann erst kann der Wahrheit Licht
ihn loslösen von deiner Gestalt,
löschen das schwere Gewicht.

Erkenne die Weisheit des Stammes,
an den du geschmiedet,
begreife den Sinn!
Nutze die heilige Kraft,
die diesen durchströmt.

Sie wartet auf dich,
sei bereit!
Es ist deine Hand,
die dich befreit.

Dann rollt es weiter,
das tönerne Siegel,
das Rad der Zeit,
in das alles geschrieben,
seit Ewigkeit.«

Sarajs Seele kann sich dem Mitleiden nicht entziehen. Doch nach geheimnisvollem Gesetz darf nicht sie es sein, die seine Fesseln löst. Es ist Abrams Aufgabe, diese aus eigener Kraft und durch eigenes Schauen zu entwirren.

Abrams Innenschau

Und so ist es. Abrams Leben hat eine andere Klangfarbe bekommen. Schrill und abgerissen sind die Töne des Tages, dunkel und hintergründig das Weben der Nacht. Im monotonen Tun und Geschehen rinnt die Zeit wie schales Wasser aus verrostetem Gefäß.

Es scheint, als sei für ihn alles stehen geblieben in der Stunde, in der Saraj ihn verlassen musste. Irgendwann hat Abram zwar aufgehört zu hadern, er füllt seine Tage mit Fürsorge für alle, die bei ihm sind, doch jeden Abend schweifen unablässig seine Gedanken zu Saraj. Immer wieder fragt er sich: »Muss ich dieses Geschehen wirklich annehmen? Warum? Muss ich vielleicht für eine Lüge so sehr büßen?« »Mein Gott, warum sprichst du nicht zu mir?«, ist Abrams tägliche Frage. Warum habe ich selbst nicht den freien Blick, meinen weiteren Weg zu finden?

Auf der Suche nach der verlorenen Erkenntnis drängt es Abram zurück an eine große Bruchstelle seines Lebens, nach Ur, und in die Zeit, in der er glaubte, alles beiseite fegen zu müssen. Abram hat das Gefühl, er muss manches, das er damals zurückgelassen hatte, was in Jahrhunderten gewachsen war und über seine Ahnen weitergegeben wurde, zu sich holen.

So beginnt sich in seiner großen inneren Einsamkeit ein verschlossener Teil seines Ichs zu öffnen, dem er so lange seine Existenz verwehrt hat.

Und während er mit dem befreiten Inneren wie mit einem Gegenüber spricht, quillt der ganze Erfahrungsreichtum seines bisherigen Lebens aus ihm heraus.

Viele Fragen will er nicht mehr aufhalten, er lässt sie zu, und er versucht, sie sich in Ehrlichkeit zu beantworten. »War ich mit der Abkehr von den Göttern zu schnell bereit, auch das abzulegen, was in seinen großen Zusammenhängen Schöpfung meines Gottes ist? Habe ich zu viel vom Wissen meines Volkes beiseite geschoben? War das, was unsere Weisen und Priester mich einst lehrten, wirklich alles falsch? Den Lauf der Gestirne zu berechnen, die Bedeutung ihrer Bewegung auszulegen? Ist das nicht eine universelle Weisheit? Auch die besondere Zeitqualität aus den Zahlen zu erkennen, die manchmal neuen Anfang fordert und jedem Tun Erfolg verleihen kann?«

»Mein Gott, vielleicht bist du es, der alle Gesetze des Universums in das große Weisheitsbuch des Sternenhimmels geschrieben hat? Was für eine Erkenntnis birgt dann unser alter sumerischer Weisheitsspruch, den wir oft so gedankenlos benutzen und der da sagt: ›In den Sternen steht's geschrieben!‹ Siehe, Allerhöchster, das ist meine Entwicklung, das ist meine Geschichte. Muss ich sie totschlagen, oder gibt es einen Weg, alles miteinander zu verbinden, in Einklang zu bringen? In all den Jahren habe ich dich, mein Gott, nur in einer Person gesucht und nicht erkannt, wie tausendmal tausendfältig du uns in dein Gesicht schauen lässt. Wie unübersehbar mag die Zahl der Möglichkeiten sein, dich uns zu zeigen, uns zu rufen, uns etwas mitzuteilen, auf dass jeder, auf welcher Stufe des Fortschreitens er auch stehen mag, dich begreifen kann. Nicht in einer Äußerung für alle gleich, nein, du gibst uns Antwort auf gar unterschiedliche Weise. Für den jungen Geist anders als für die erfahrene Seele, gibst du dich, jedem gemäß, zu erkennen. Wie viele Wege, die ich nicht kenne, mögen zu dir führen, mein Gott, und ich dachte so lange, nur einer, meiner, sei der richtige. Vielleicht ist gar jeder Zustand, jede Entwicklung auch wieder ein Schritt auf DICH zu. Ich beginne zu begreifen: Jeder muss auf seiner Spur zu dir gelangen, weil wir aus so vielen verschiedenen Richtungen kommen. Und wie ich mein Leben von Geburt bis zum Tod, vom Anfang bis zur Vollendung durchwandere, immer ist es so, wie mein Vater Terach gesagt hat: ›Einen langen Weg geht man Schritt für Schritt.‹ Aber wie soll mein kleiner Augenblick auf Erden in diesen kurzen Jahren meines Lebens die Weite deines Seins je ganz erfassen können? Doch wenn ich weiter sinne, kommt mir plötzlich die Zuversicht. Wenn wir mit diesem kleinen Erdenleben noch nicht dort angekommen sind, wo wir gedacht haben, wie es vorausgeplant war, dann wirst du wissen, wie lange unsere Wanderschaften dauern müssen, bis du uns letztendlich heimführst zu dir, in die große, wunderbare Heimat, von der wir noch keine Vorstellung haben.«

Diese Erkenntnisse sind die Botschaften seiner Seele, sind wie Signale eines neuen Aufbruchs für Abram. Was für ein Augenblick, in dem seine Sinne bezeugen, dass Wissen sich in Verständnis wandelt. In dieser Klarheit holt sich Abram aus seiner Gefangenschaft, ordnet sein Leben neu. Er weiß, er muss den Weg jetzt gehen, zu dem er damals nicht den Mut hatte. Ganz euphorisch möchte er sofort seinem Wollen die Tat folgen lassen.

Gleich am nächsten Morgen schickt er Elieser mit einer Botschaft in die Stadt zum König. Elieser soll um eine Audienz für Abram bitten. Dieser kommt jedoch mit der enttäuschenden Nachricht zurück, dass der Pharao in nächster Zeit nicht in der Hauptstadt sein wird.

Ungeduld bäumt sich erst in Abram auf, dann muss er einsehen, dass seine schnellen Pläne warten müssen, bis die Zeit reift. Dies ist eine erste Prüfung für sein wiedergefundenes Vertrauen.

Als Abram sich über seine Absichten ganz sicher ist, spricht er mit Lot. Er bereitet ihn darauf vor, dass sie das Land Ägypten bald werden verlassen müssen.

»Lot, ich bin fest entschlossen, Saraj heimzuholen. Natürlich weiß ich, dass dies ein gefährliches Unternehmen wird. Und ich muss mich fragen: Hat je ein Fremdling dem Pharao eine Frau entführen können? Aber ich muss es versuchen.« Lot ist alles andere als erfreut. Die Aussicht, dieses angenehme Leben, den Wohlstand, der sich ständig vermehrt, wieder aufgeben zu müssen, erschreckt ihn. Auch seine Herden sind groß geworden, die Anzahl seiner Leute ist gestiegen. Lot gibt zu bedenken, dass Abram genau die Gefahren damit heraufbeschwören würde, denen er damals entgangen ist. Aber Abram will davon nichts hören. Die Gefahren von damals sieht er heute anders, und er hat sich darauf eingestellt, ihnen entgegenzutreten. Durch nichts lässt er sich von seinen Plänen abbringen, und er spricht ein Machtwort, dem sich keiner zu widersetzen wagt.

Des Pharaos Abwesenheit dauert lange. Aufstände hier, Überfälle dort, eine schlimme Nachricht jagt die andere. Kleinere Siege können die Wunden der größeren Niederlagen nicht überdecken. Die Zeiten haben sich ungünstig verändert. Von den Bauern werden immer mehr Abgaben gefordert, und die Arbeiter treibt man zu größerer Tagesleistung an. Nachdem die Verpflegung immer weniger und geringwertiger wird, haben schon an manchen Baustellen Handwerker die Arbeit verweigert. Von Hunger getrieben, lassen sie gemeinsam an den Wesir schreiben, dass sie dringend mehr Fett und Fische, Zwiebeln und Gemüse brauchen.

In diese angewachsene Unzufriedenheit kehrt der König in seine Stadt zurück. Dort empfängt ihn im Palast der Vorsteher seines Hofstaates mit weiteren Unglücksbotschaften. Im Harem ist eine unbekannte Krankheit ausgebrochen, Frauen und Kinder liegen darnieder, und den besten Hofärzten gelingt es nicht, sie zu heilen. So ist überall große Bestürzung, und die Priester verkünden dazu noch vieldeutig die Unzufriedenheit der Götter.

Entgegen dieser düsteren Stimmung ist es dem König eine Freude, Saraj nach langer Zeit wieder zu sehen. Er erweist ihr große Ehren an seiner Seite. Sein Vorhaben, Abram in den Palast zu holen, hat er nicht vergessen, und er lässt Vorbereitungen zu dessen Besuch treffen. Saraj verspricht er für die nächsten Tage eine große Überraschung.

Abram hat auch von der Rückkehr des Herrschers gehört und ist überrascht, als bald darauf Boten in seinem Zuhause erscheinen, die zusammen mit einer Einladung in die Residenz wahrhaft königliche Geschenke für ihn bringen. Er erhält Schafe, Rinder, Esel, Eselinnen, dazu Knechte und Mägde und sogar die noch seltenen Kamele.

Abram sieht seine geheimen Pläne durchkreuzt, hat er sich innerlich doch so lange auf die entscheidende Begegnung mit dem Pharao vorbereitet.

Während er unterwegs zur Stadt ist, legt er sich wieder und wieder die Worte zurecht, die er zu seiner Rechtfertigung vorbringen möchte. Doch liegen ihm diese Erklärungen selbst bitter auf den Lippen. »Strafe mich, wie du willst, aber gib mir mein Weib zurück.« Um diesen Satz legt sich seine Hoffnung, auf welche Weise auch immer er seine Frau befreien wird.

Endlos empfindet er diesmal die Entfernung zur Stadt. Nun, da er so fest entschlossen ist, würde er alles noch Anstehende am liebsten sofort erledigen. Seine Begleiter sind sehr freundlich, sie behandeln ihn nicht wie einen Fremden, sondern respektieren ihn als angesehenen Mann und als Günstling des Pharaos.

Endlich haben sie die Palasttore erreicht. Soldaten sind mit Speeren bewaffnet, Aufseher patroullieren mit Geißeln in den Händen auf und ab, sie machen einen grimmigen Eindruck auf Abram. Düster und schwer empfindet er alles um sich herum, trotz der bunten Farben an den Wänden, trotz des Glanzes, trotz Sonne und blauem Himmel.

Bei allem Mut kriecht dennoch Angst in ihm hoch. Die mächtigen Säulenhallen, die Riesentore, der Prunk und der allgegenwärtige Reichtum sind gerade dazu angetan, eines gewöhnlichen Menschen Kleinheit vor Augen zu führen. Bisher hatte er nur des Pharaos Wohlwollen genossen und dessen

Güte erfahren, aber jetzt muss er bereit sein, auch dessen Zorn und Rache auf sich zu nehmen. »Dieser Herrscher über das große Reich kann mich durch seine Macht zerschmettern oder durch Gnade am Leben lassen.«

Ein Paukenschlag reißt Abram aus seinen Befürchtungen. Die Tore öffnen sich, und am Kopfende des Saales sitzt der König, erhöht, von Goldglanz umgeben und von strammstehenden Bewachern flankiert.

Abrams Begleiter haben ihn vorher schon in die Vorschriften und Regeln des Protokolls eingewiesen, so dass er sich, genau wie sie, sogleich zu Boden wirft und auf den Befehl wartet, sich erheben zu dürfen.

Großmut als Strafe

Neugierig und zugleich prüfend ist der Blick des Pharaos, als Abram langsam auf ihn zugeht. Er begrüßt ihn liebenswürdig mit den Worten: »Du bist also Sarajs Bruder. Sei willkommen in meinem Hause.« Dann gibt er einen kurzen Befehl, es wird ein Vorhang beiseite geschoben, und Saraj steht unvermittelt zwischen Abram und dem König. Sarajs Herz steht für einen Augenblick still, hatte sie doch nicht die geringste Ahnung, welcher Art die Überraschung für sie sein sollte. Und Abram ist überwältigt von ihrem Anblick. In dieser Sekunde hat er alles, was er sich vorgenommen hatte, vergessen. Dahin sind alle Vorsätze, er denkt an keine Etikette und nicht an die Reihenfolge seiner eingeübten Worte. Er stürzt auf Saraj zu und Saraj gleichzeitig mit einem unterdrückten Aufschrei auf ihn. »Abram«, flüstert sie. »Saraj«, entweicht es Abram mit einem langen Seufzer. Alles um sich vergessend, liegen sie sich in den Armen. Abram streichelt ihr Haar, als wären sie alleine auf der Welt.

Entsetzt starren die Wächter auf das Paar. Sie sind bereit zum Sprung. Ihre fragenden Blicke jagen zum König, zu den beiden und wieder zurück. Doch sie bekommen keinen Wink, keinen Befehl.

Erregt hat sich der Pharao erhoben und steht auf seinem Podest über den beiden wie eine aus Stein gehauene Götterstele.

Erkenntnis schießt wie ein Blitz durch seinen Kopf. Er hat begriffen, was sich ihm hier unverstellt und offen gezeigt hat.

Die unterschiedlichsten Gefühlsempfindungen wogen gleich heißen und kalten Wellen durch seinen Körper. Er spürt die Fährte eines Betrugs. Verletzter Stolz, Rache- und Vergeltungsgefühle mischen sich mit Trauer und Einsamkeit. Alles flicht sich ineinander, das eine vom anderen kaum zu trennen. Die Bitterkeit der Täuschung gibt dem Schmerz des Abschieds die Hand. Das Bewusstsein seiner Macht, die alles beiseite fegen könnte, steigt hoch. Dennoch, die Zeit war reif für diese Entdeckung.

Nun steht der Pharao an seiner Schwelle. Er muss sie überwinden. Ihm ist in die Hand gegeben, ob das Leben dieser beiden Menschen eine Zukunft hat. Was für eine Prüfung!

Dann entfaltet sich Pharaos Größe wie ein weiter Mantel. Das Geschenk der Freiheit liegt in der Luft.

Aber noch erwarten Abram und Saraj das verdiente Strafgericht. Abram ist im Begriff, sich dem Herrscher zu unterwerfen, seine Schuld einzugestehen.

Da entlädt sich die Elektrizität der ungeheuren Spannung in den Worten des Pharaos. Und es wird alles ganz anders, als sie befürchtet haben.

Da schlug Jahwe den Pharao mit schweren Plagen
(und sein Haus) Saras wegen, der Frau Abrahams.

Der Pharao aber ließ Abraham rufen und sagte:
Was hast du mir da angetan?
Warum hast du mir nicht kundgetan,
dass sie
deine Frau ist?

Warum hast du gesagt: Sie ist meine Schwester,
so dass ich sie mir zur Frau nahm?
Und nun, da hast du deine Frau!
Nimm sie und geh!

Und der Pharao beorderte für ihn eine Eskorte
und entließ ihn und seine Frau
mit all seiner Habe.
(Aus der Genesis)

Fest und klar, zornig und schmerzlich klingen die Worte, die durch den Saal hallen: »Nimm sie und geh! Warum hast du gesagt: ›Sie ist meine Schwester‹? – Nimm sie und geh!«

Eine greifbare Erlösung. Wie ein Echo, das fortwährend von den Wänden zurückgeworfen wird, dröhnt der kurze Satz in Abrams Ohren, damit er verstehen möge, was die Aussage bedeutet. Der Pharao will keine Erklärung, und so kann Abram diese großmütige Entlassung nur schweigend annehmen.

Abram ist tief beschämt, wenn auch ungeheuer erleichtert. Doch drückt diese Erleichterung sehr schwer in seinem Innern. Abram weiß, der Pharao könnte ihm tausend Vorwürfe machen, stattdessen hat er zu ihm nicht als der mächtige Herrscher gesprochen, sondern als Mensch, großmütig bis zum Äußersten.

Tief beeindruckt sinnt Abram über die Entscheidung des Königs nach.

Seine Gedanken rufen Gott. »Wie ist das möglich, Herr? Dieser König weiß nichts von dir, er dient so vielen Göttern, und trotzdem ist er unfassbar edel, großherzig und vergebend. Und er verzichtet darauf, uns zu bestrafen. Ist solches Tun Gesetzen zuzuschreiben, die wir nicht kennen? Oder stehst vielleicht du auch hinter ihm?«

Abram ist sich der Tatsache bewusst, dass mit dieser Befreiung auch eine große menschliche Niederlage verbunden ist, und diese Großmut, die er erfahren hat, ist für ihn die eigentliche Strafe.

Obwohl sich der König keiner Schuld bezichtigen kann, mag er einen Zusammenhang sehen zwischen den Plagen, die über ihn und sein Volk gekommen sind, und dem Aufenthalt der Frau eines anderen in seinem Haus. Er versucht, sich innerlich und äußerlich von dem Vorgefallenen zu lösen, und möchte damit auch die Götter wieder gnädig und wohlwollend stimmen.

Abram muss die Gaben behalten, die ihm übergeben wurden. Ein König nimmt keine Geschenke zurück.

Dann stehen sich der Pharao und Saraj ein letztes Mal gegenüber. Sie nehmen Abschied. Durchdringend sieht er sie an, aber trotz aller Geschehnisse kann er sie nicht hassen. Er spricht keine Vorwürfe aus und zwingt sich nicht, verschlungene Wege zu ergründen. Zu kostbar empfindet er immer noch die Begegnung mir ihr.

»Saraj, wie eine wunderbare, seltene Blume hast du kurze Zeit in meinem Garten geblüht. Du hast mir Rätsel aufgegeben und wolltest sie selbst auflösen. Ich habe sie anders gedeutet. Ich suchte den Grund deiner Verzweiflung, und du warst nahe daran, mich in deine Tiefen schauen zu lassen, aber ich selbst habe dem Einhalt geboten. Saraj, es gab Augenblicke mit dir, die mein Innerstes auf eine Art berührt haben, dass man es nicht in Worte fassen kann. – Ehe ich dich entlasse und dir das letzte Lebewohl sage, möchte ich dir dieses Andenken übergeben. Es ist ein ganz besonderes Amulett, es ist ein Stein des Himmels. Er möge dich begleiten und dich schützen. Er verbindet uns mit dem, was uns heilig ist, es ist der Stein der Freundschaft.«

Mit einer zarten Geste legt er Saraj eine Goldkette mit einem Skarabäus-Anhänger aus Lapislazuli um den Hals.

Saraj kennt diesen heiligen Stein der Ägypter. Auch in ihrer Heimat macht man Schmuckstücke aus Lapislazuli. Mit seinen Goldsprenkeln in der tiefblauen Farbe erinnert er an den Nachthimmel mit den leuchtenden Sternen. Der Venus geweiht, symbolisiert er auch Schönheit und Liebe.

Auf der Unterseite des Anhängers ist der Name des Königs eingraviert und der Spruch: »Besser als der Zorn ist der Friede und ist die Liebe.« Die Bedeutung des Skarabäus ist Saraj bekannt als »ewige Wiederkehr und neues Leben«. Ergriffen betrachtet Saraj das außergewöhnliche Schmuckstück. Während sie ihre Hand darauf legt, transformieren sich ihre Gedanken in weite Fernen. Der Friede, die Liebe, ewige Wiederkehr und neues Leben. Bedeutungsschwer stehen diese Worte in ihre Zukunft und in die Zukunft der Zeiten geschrieben.

Hagars Schicksal

Ein Diener bringt eine Meldung, und kurz darauf wird Hagar hereingeführt. Saraj glaubt, auch sie möchte sich von ihr verabschieden. Doch sogleich bemerkt sie, dass Hagar, entgegen ihrer sonst so fröhlichen Art, tief bedrückt wirkt. Die Erklärung kommt vom König, indem er sagt: »Ich gebe dir meine geliebte Tochter mit auf die Reise, sie möge dich erfreuen, dich unterhalten und dir dienen. Ich weiß, ich lege sie hiermit in gute Hände.«

Saraj ist völlig überrascht. Von der Bedeutung dieser Übergabe kann sie noch nichts ahnen, aber augenblicklich spürt sie eine große Verantwortung, die sie übernehmen muss.

Alle Blicke richten sich auf Hagar. Erst vor wenigen Stunden hatte sie von dem Verlangen ihres Vaters erfahren. Es gelingt ihr nicht, die Fassung zu bewahren. Tränen laufen über ihr Gesicht, und sie schickt einen flehenden Blick zum König. Zu kurz war die Zeit, sich auf diese große Veränderung in ihrem jungen Leben vorzubereiten. Aber sie weiß, hier gibt es kein Ausweichen, kein Zurück. Sie ahnt, dass dieser Entschluss nicht einer spontanen Geberlaune entsprang, sondern dass eine tiefernste Überlegung dahinter stehen muss, auch wenn sie in das Geheimnis dieser Notwendigkeit nicht eingeweiht wurde. »Hab keine Angst, an meiner Seite zu sein«, redet Saraj leise auf sie ein, »wir sind doch Freundinnen.«

Hagar nickt zaghaft, ein letztes Schluchzen, sie muss sich fügen. Ein tiefes Durchatmen, und dann kann sie in gespielter Beherrschung Abschied nehmen. Der König umarmt sie lange, doch keiner konnte ihm ansehen, unter welchem Schmerz er sich zu dieser schnellen Entscheidung durchgerungen hatte.

In einem der Palasthöfe stehen mehrere Kamele bereit. Je ein weibliches Kamel als Reittier für Saraj und für Hagar. Dazu weitere Kamele, schwer beladen mit Hagars persönlicher Mitgift. Kleider, Gold und Silber, wertvolle Stoffe und Schmuck. Auch kleine Einrichtungsgegenstände und viele Toilettenartikel. Alles verpackt in Truhen und weiten Tragetaschen.

Auch Sarajs Ausstattung, die sich während ihres Aufenthalts angesammelt hat, ist kostbar und umfangreich.

Der König hat eine Eskorte bereitstellen lassen, welche für den Schutz der Ausziehenden verantwortlich sein soll und die sie bis zum Grenzfort zu begleiten hatte. Unter dieser Bewachung müssen sie aufbrechen und das Land verlassen.

Langsam und schwerfällig setzen die Kamele ihre breiten Füße vorsichtig auf die schmalen Wege der hohen Wälle, die zwischen den Kanälen aufgeworfen sind. Diese Pfade sind oft die einzigen Querverbindungen zu den größeren Straßen.

Normalerweise brüllen und lärmen die Kameltreiber den ganzen Tag und bringen mit ihren Späßen und derben Witzen alle zum Lachen. Heute sind sie sehr schweigsam. Zwar wissen sie nichts Genaues, aber Vermutungen und Gerüchte haben auch sie da und dort aufgeschnappt.

Abram ist froh, seine Frau und sich unversehrt, wie es scheint, aus Ägypten wegbringen zu können. Aber die Umstände, verbunden mit jener eigenartigen Konstellation des Ablaufs der Vorgänge, lassen seine Gedanken nicht zur Ruhe kommen. Die Beschämung durch die Hochherzigkeit des Pharaos, gesteht er sich ein, sie tut weh.

Während des langen Weges schaut er öfter prüfend und fragend zu seiner Frau, aber in Sarajs Gesicht lässt sich nicht lesen. Still und in sich gekehrt sitzt sie fast wie eine Fremde auf ihrem Reittier. Manchmal scheint es, als würde sie bewusst Abstand zu Abram halten, und seinen Fragen weicht sie aus.

Von außen betrachtet, ist Abram nun ein reicher Mann. Die vielen Zuwendungen des Königs hat ihm dieser nicht weggenommen, hat sie nicht zurückgefordert, ja er hätte nicht einmal etwas zurückgeben dürfen. Nach Abrams eigenem Gerechtigkeitsempfinden hätte es für ihn eigentlich ganz anders kommen müssen. »Welche Fügung steckt dahinter?«, fragt er sich. »Hält Gott trotz allem seine Hand über mich? Ist dieser immer noch da, auch wenn ich mich von ihm entfernt habe?«, denkt Abram. »Habe ich Verzeihung gefunden, weil ich alles in meinem Herzen zutiefst bereut habe?«

Ein ungeheurer Gedanke durchfährt ihn: »Darf ich mir vielleicht auch selbst vergeben? Muss ich damit aufhören, allem Gewesenen nachzuforschen? Ist es mir erlaubt, meine Schuldgefühle trocknen und verdorren zu lassen, damit nicht ständig das Vergangene neu erstehen kann? Wer gibt mir Antwort auf diese Fragen?«

Abram ahnt, dass die kommende Zeit viel Kraft fordern wird.

Viele Jahre lebten sie in Ägypten, die längste Zeit davon in Sorglosigkeit und Freude, doch in einigen Tagen schon werden sie dieses Land verlassen haben. Aber selbst nach dem Weggehen wird über Hagar, eine Tochter Ägyptens, eine enge Verbindung bestehen bleiben.

Dieses junge Mädchen weiß noch nichts von seinem besonderen Schicksal, das in ihre Zukunft und in die Zukunft kommender Generationen eingeschrieben ist.

In einem imaginären Raum, der sich in großem Bogen über Länder und Jahrtausende spannt, soll sie die große Stamm-Mutter arabischer Völker werden, auch wenn die gerade sich entwickelnde patriarchalische Gesellschaft die Erkenntnis dieser Wichtigkeit verhindert, sie noch lange überlagert, unterdrückt, nicht wahrnimmt.

Es ist eines von vielen Geheimnissen, das lange unter heißem Wüstensand begraben liegt, bis es als neue schöpferische Lebenskraft zum Durchbruch kommt.

Verbunden mit den beiden Menschen, mit denen die junge Ägypterin sich anschickt, ihre Heimat zu verlassen, vereinigt sich Hagars Weg auf rätselhafte Weise mit Saraj und Abram. Geliebt und ungeliebt. Bis nach der Zeitenwende in einem neuen Abschnitt der großen Weltenjahre ein anderer Geist sein Gesicht zeigen wird.

Endlich haben sie das Zeltdorf Abrams im Lande Goschen erreicht.

Alle umringen Saraj, jubeln und schreien durcheinander, glauben, alles sei geregelt und in bester Ordnung. Lots Vorwarnungen scheinen ihnen hinweggefegt. Doch ein Blick in Abrams Gesicht lässt sie zweifeln.

Der Zug hält an, Abram steigt mit ernster Miene von seinem Kamel und Elieser kümmert sich um einen Platz für die vielen Begleiter.

Die Soldaten bekommen ihr eigenes Lager und werden gut versorgt.

Saraj ist heimgeholt und wird von allen umarmt und willkommen geheißen. Dann erfahren sie die Tatsache von der bevorstehenden Abreise, und schnell mischt sich großes Bedauern über das nahende Ende der guten Zeit in die Wiedersehensfreude.

In der ersten Aufregung und dem großen Durcheinander hat niemand auf die andere Frau geachtet, die ihrerseits alles um sich mit großen Augen betrachtet.

Hier bei diesen fremden Menschen soll sie in Zukunft leben? Plötzlich wird Hagar mit aller Klarheit bewusst, was das alles zu bedeuten hat. Stiche durchzucken Herz und Lungen. Im Palast aufgewachsen, stets umgeben von unterwürfigen Bediensteten, sitzt sie hier wie vergessen, und keiner beachtet sie. Einer schnellen Regung folgend, möchte sie am liebsten ihr Kamel wenden und dem Ganzen entfliehen, alles abschütteln wie einen kurzen Traum. Aber es ist kein Traum, es ist die neue Wirklichkeit.

Ein Kamelführer beordert ihr Tier zum Niederknien, hilft ihr aus dem Sattel. Jetzt kommen aber auch schon Saraj und Abram, nehmen sie an der Hand und führen sie vor die Neugierigen, die stumm in einem Halbkreis zusammenstehen und sie erstaunt und fragend mustern.

Hagar, nach gewohnter Art prunkvoll gekleidet, angetan mit Schmuck und schwarzer Perücke sowie nach ägyptischer Sitte geschminkt, ist ein eigenartiger Kontrast zu der neuen Umgebung.

Mütterlich legt Saraj ihren Arm um sie, stellt sie den sie umringenden Leuten vor, führt sie zu jedem Einzelnen, nennt dessen Namen und gibt bekannt, dass Hagar von heute an zur Familie gehört, in engerem Sinne zu Saraj, womit sie unter deren besonderem Schutz steht. Mit keinem Wort erwähnt sie des Pharaos Andeutung, dass sie ihr auch dienen soll.

Saraj spürt Hagars Angst und kann die Gefühle nachempfinden, die Hagar jetzt durchlebt. Saraj möchte ihr den Einstieg in die neue Lebenssituation so leicht wie möglich machen. Doch ist dies kein einfaches Unterfangen.

Als Hagar die ganze Tragweite dieser Umstellung, die man ihr aufgezwungen hat, erfasst, hat sie noch keine Ahnung von der Verantwortung ihrer großen Aufgabe.

Die ägyptischen Begleiter haben das eigens für Hagar mitgegebene Zelt aufgebaut, in das sie sich sofort, ohne sich an dem abendlichen Wiedersehensmahl zu beteiligen, zurückzieht.

Tränen des Zorns und des Aufbegehrens, Tränen der Ohnmacht und der Anklage gegen ihren Vater, dessen Entscheidung sie nicht ergründen kann. Hagar vergräbt sich in Kissen und Decken, und selbst das ägyptische Mädchen, das ihr dienstbar zur Verfügung steht, bekommt keinen Einlass.

Als am nächsten Morgen die Sonne über dem Land aufgeht, ist es für Hagar immer noch Nacht. Finsternis umgibt ihre Seele, und sie will diese nicht verscheuchen.

Von draußen vernimmt sie geschäftiges Tun und Lärmen. Es klingt nach Befehlen und Kommandieren. Sie versteht die fremde Sprache nicht, aber sie merkt, es wird zum Aufbruch gerüstet. Von innen bindet sie die Schnüre des Zelteingangs zu, damit niemand sie störe. Noch will sie allein sein, ganz allein, und ihrer Trauer den Schmerz lassen. In ihrem Flehen bestürmt sie die Götter, rüttelt an ihren Thronen, hofft, Gehör zu finden. Sie glaubt, es sei der Tod, der sie vom heimatlichen Herd weggerissen hat, um sie in der Quelle der Tränen und des Kummers zu ersticken.

Zwischen Schlafen und Weinen beginnt Hagar ein Gespräch mit ihrem *Ka*, mit dem unsterblichen Teil ihrer Seele, aus dem Leben und Lebenskraft kommen.

Hagar: »Ka, du Kraft meines Lebens,
die mich gezeugt,
die mich erhöht,
die mich gebeugt.

Hast du mich verlassen
in meiner Not?
Bin ich auf dem Wege zu dir,
zum Tod?

Steh' ich als Ka schon im eigenen Grab,
oder bin ich als Opfergabe der Maat
ein Arm für das Walten der Götter?
Bin ich des großen Gedanken Saat?«

Ka: »Aus den Wassern der Urzeit
geboren,
aufgestiegen der Sonne gleich,
in der Glut deines Mittags verbrannt
in feurigem Meer,
wirst du erneut gerufen,
beim Namen genannt,
von Altem befreit, im neuen Kleid
gleich dem Phönix,
zur ewigen Wiederkehr.

Lange bevor du den Sinn wirst erkennen,
führt dich des Schicksals weises Gesetz
tief in den Raum,
noch nicht zu benennen im Jetzt.

Es ist dein Du, das dich fordert,
frag' nicht, warum,
frag', wozu.«

Hagar: »So kehre zurück aus den Tiefen der Erde,
mein Ka,
und gewähre mir Kraft,
zu folgen der Zahl und der Zeit.

Dann, am Ende des Weges,
wiege die Maat mein Herz
in Gerechtigkeit.

Hilf mir zu finden die Spur,
gib mir die Hand,
schaudernd erblick' ich
unbekanntes Land.«

Der starke Gedanke an Maat, der Göttin der Wahrheit und der Gerechtigkeit, gibt Hagar plötzlich eine große Zuversicht, dass in dem Plan für ihr zukünftiges Leben in der großen Weltordnung sie einen ganz bestimmten Platz haben wird. So beruhigen sich langsam Hagars Nerven, schwindet ein wenig die Hoffnungslosigkeit. Sie spürt die bewahrende Lebenskraft, und neuer Lebenswille beginnt zu wachsen.

Während draußen fast alles abgebaut ist, steht ihr Zelt wie eine verlassene Insel im Fluss des Geschehens.

Alle Herden sind zusammengetrieben, das ganze Gepäck verstaut und aufgeladen. Erst jetzt ist übersehbar, welche Größe Abrams und Lots Besitz und Vermögen angenommen haben.

Wie schon einmal brauchen sie wieder eine große Anzahl schwarzer Esel als Last- und Tragetiere. Die Kamele werden mit dem wertvollen Eigentum beladen und dienen Familienmitgliedern als Reit- und Reisetiere. Die neue Ausstattung der Zelte, dazu erworbener Hausrat, alles muss untergebracht werden. Vor allem große Mengen an Nahrungsvorräten sind nötig, um die gewachsene Schar der Menschen, die in Abrams und Lots Diensten stehen, versorgen zu können.

So bringt der Reichtum, mit dem Abram Ägypten verlässt, eine neue große Verantwortung, und mit banger Ahnung stellt dieser sich die Frage, was er in dem Land vorfinden wird, das er vor Jahren verlassen hat und in das er jetzt zurückkehren muss.

Die Hirten sind mit den Herden bereits vorausgezogen, die Lasttiere folgen ihnen in einigem Abstand.

Hagar kommt aus ihrer Behausung, nachdem sie eine Nacht, einen Tag und nochmals eine Nacht alleine mit sich verbracht hat. Sie scheint nun beherrscht und fürs Erste in ihr Schicksal ergeben. Die Unabwendbarkeit hat sie begriffen, und sie versucht den Tatsachen ins Auge zu sehen. Ihre glanzvollen Kleidungsstücke und ihre Perücke hat sie in eine Truhe gepackt mit der traurig-skeptischen Frage, wann sie sie wohl wieder hervorholen wird?

Im Augenblick steht sie unsicher abwartend und etwas verloren in einigem Abstand zu den geschäftigen Menschen. Noch weiß Hagar nicht, wie ihre Rolle in diesem großen Kreis aussehen wird. Alle Arbeiten, die hier verrichtet werden, sind ihr fremd, ist sie doch aus den Palastwänden außer zu festlichen Anlässen und Ausflügen nie herausgekommen. Schon bei ihrer Ankunft war ihr dunkel bewusst geworden, dass nun alles anders sein würde als das, was sie bisher gelebt hat.

Aus diesem Grund hat sie für heute ein einfacheres Kleid ausgesucht. Trotzdem wirkt sie edel und vornehm. Die großen, ausdrucksvollen Augen sind traurig und schimmern matt von den vielen Tränen der vergangenen Nächte. Um ihre kurzen schwarzen Haare hat sie ein hellblaues, besticktes Stirnband gelegt, und ihre feingliedrigen Füße sind mit dünnen Sandalen beschuht.

Während sie etwas ungeduldig wartet, was weiter geschehen wird, spielen ihre Finger nervös mit einem kleinen Gegenstand. Es ist ein dickes Bes-Figürchen aus grüner Fayence an einer goldenen Halskette. Eigentlich ist dieser Bes fast missgestaltig und struppig dargestellt und hat ein fratzenhaftes Gesicht, aber man sieht in ihm einen Schutzgeist gegen böse Einflüsse und gefährliche Geister. Hagar mag diesen vertrauten Beschützer, der trotz seines bizarren Aussehens eine große Heiterkeit ausstrahlt. Mit einer zärtlichen Geste hängt sie sich ihn um den Hals und streicht liebkosend darüber.

Einige Männer aus dem Arbeitstrupp nähern sich Hagar. Zögernd bleiben sie in einiger Entfernung etwas verlegen stehen. Sie wissen nicht recht, wie sie mit dieser vornehmen Frau sprechen sollen. Sie halten Ausschau nach Hagars Dienerin, und als sie diese endlich finden, versuchen sie in bruchstückhafter ägyptischer Sprache herauszufinden, ob sie mit dem Abbau beginnen können.

So wird nun Hagars Zelt als Letztes zusammengelegt und aufgeladen. Die ganze Unordnung von herumstehenden Gepäckstücken hat sich gelichtet, und als die letzten Tiere sich auf den Weg machen, bleibt der große, freie Platz öde und verlassen zurück.

Bald werden die braunen, ausgetrockneten Flecken, auf denen die Zelte standen, überwuchert sein, und nach kurzer Zeit wird hier niemand mehr wissen, wo Abrams Kopf geruht und seine Sippe gelebt hat. Die nächste größere Nilflut wird vielleicht alles Äußere einebnen, und doch sind die Eindrücke so tief und die Ereignisse so bedeutungsvoll, dass sie weit in andere Zeitenkreise hinübergreifen.

Dann beginnt die große Wanderung zurück in das Land Kanaan.

Nach vielen Tagen ist die Grenze mit den Befestigungsanlagen an der Herrschermauer erreicht. Dort trennt sich die begleitende Eskorte der Ägypter von ihnen, sie hat ihre Pflicht erfüllt.

Von jetzt an sind sie wieder ganz auf sich selbst gestellt und müssen eigenverantwortlich ihre Aufgaben erfüllen. Der Abschied von Ägypten, dem Land, das in seiner Üppigkeit so angenehm wie eine Heimat war, fällt jedem von ihnen schwer.

Müde von den ungewohnten Strapazen des heißen Wandertages, sind am Abend alle schnell unter ihren Decken verschwunden. Sie verkriechen sich in nachdenkliche Wehmut, und da und dort liegt noch einer wach, denkt zurück und voraus, macht sich Sorgen, was werden wird.

Wie ein großer, dunkelblauer Zaubermantel spannt sich der kühle Nachthimmel über die warme Erde. Im silbrig gelben Schein des vollen Mondes blinken und flimmern die sichtbaren Sterndiamanten im unendlichen Kosmos.

Hagar hat sich in die Nähe Sarajs geflüchtet, es ist ihre erste Nacht, die sie in der Natur, unter freiem Himmel verbringt.

In einem unruhigen, leichten Schlaf, in welchem Dämonen mit guten Geistern kämpfen, holt sie ihre Seele nach, die noch nicht Abschied nehmen will.

Lange liegt auch Saraj wach. Ein Strahl des Mondlichts streift ihr Gesicht. Gedankenverloren spielt sie mit dem blauen Skarabäus, der auf ihrer Brust liegt. Dort oben der große Kosmos, in ihrer Hand ein kleines Spiegelbild.

Wohin geht meine Reise? Viele Fragen nimmt sie mit in den Schlaf. Bald lösen sie sich und übergeben sich einer höheren Führung. Wieder einmal, wie oft an wichtigen Wegebiegungen, sieht Saraj im Traum ein Stück von sich, zeigt ihr eine noch nicht gewordene Wirklichkeit Dinge, die ihr Unterbewusstsein in bizzarren Bildern entstehen lässt.

Sarajs dritter Traum: Das Geheimnis des Rollsiegels

Dieser Traum entsteigt einem großen, unbekannten Land. Alle Landschaften, durch die Saraj in ihrem Leben gewandert ist, liegen hinter ihr wie ein bunt gewebter Teppich.

Eine weite, weiße Wüstenebene breitet sich jungfräulich vor ihr aus, und ein Gedanke stellt sie mitten hinein.

Dort findet sie sich einsam und allein, voller Angst vor dem Namenlosen, das ihr entgegenkommt, und auf das sie zugehen muss. Zögernd befiehlt sie ihren Füßen einen Anfang, aber der Sand ist tief und schwer. Mit Mühe schafft sie ein paar Schritte. Wehmütig dreht sie sich um, möchte am liebsten zurück in die Geborgenheit des Vergangenen. Doch ihr Blick dorthin trifft nur die abweisenden Mauern der großen Stadt, die sie soeben verlassen hat. Alle Tore sind verschlossen, und das kleine Loch, durch das sie entschlüpfte, ist nicht mehr zu sehen. Es gibt keine Umkehr, und Saraj beginnt zu begreifen, dass sie lernen muss, die Richtung für ihren neuen Weg zu finden.

Noch ist sie müde und der Antrieb schwach. Saraj lässt sich unschlüssig auf die Erde sinken und zieht ihr großes schwarzes Tuch über den Kopf, als wolle sie alles Zukünftige darin vergraben.

Sarajs Blick ist ganz nach innen gerichtet, forscht nach Sinn und Ziel ihres Weges. In dieser Versunkenheit spürt sie, wie sich leise eine Hand auf ihre Schulter legt. Saraj erschrickt, sie springt aus ihrer kauernden Stellung hoch und schaut suchend um sich. Niemand ist zu sehen, nur ihr eigener Schatten teilt ihre Einsamkeit und begleitet alle ihre Bewegungen. Aus diesem Dunkel heraus spricht eine weiche Stimme: »Nimm mich mit!« Saraj schüttelt schaudernd die imaginäre Hand von sich und läuft eilig davon. Doch der Schatten läuft mit. Gleich einem Angstwesen sitzt er jetzt in ihrem Nacken, und noch einmal ertönt die Stimme, nun sehr eindringlich: »Nimm mich mit!«

Saraj schließt die Augen, sie möchte das Bild schnell verwischen. Doch aus den Tiefen steigen, für Augenblicke sichtbar, zwei Gesichter,

Schwestern gleich, hell und dunkel, offen und verschlossen, dämonisch und engelhaft. In ständigem Wandel ändern sich beide, wechseln ihre Plätze, umkreisen sich in magischen Ringen. Dann am Ende verschmelzen ihre Farben ineinander, verwandeln sich in reines, weißes Licht.

Kurze Gedanken lang leuchtet alles hell und klar, doch dann erschaffen die Traumbilder ständig andere Dimensionen.

Schwarz sind die Käfer, die zu Tausenden vor Sarajs Füßen kriechen. Als folgten sie alle einem gleichen inneren Befehl, sind sie fortwährend damit beschäftigt, mit den Hinterbeinen eine rote Kugel von Ost nach West zu schieben. Sie rennen vor und zurück, vor und zurück, steigen aufeinander, stoßen aneinander.

In diese geschäftige Betriebsamkeit fegt plötzlich ein starker Wind über die Weite. Sand und Staub treibt er in wirbelnden Spiralen vor sich her, und in seiner Gefolgschaft kreisen riesige Vögel am Himmel, gefallenen Engeln gleich, und stürzen sich auf die Käfer.

Saraj möchte die gierigen Angreifer vertreiben, ihnen wehren, aber sie sind zu mächtig in dieser geballten Masse. Viele von den Käfern werden von den Vögeln gefressen, andere vergraben sich eilig in den Boden, und nicht wenige werden mit den aufgepeitschten Sandwolken in die Ferne getragen. Hilflos und zornig steht Saraj inmitten des Chaos.

Dann beruhigen sich allmählich die aufgebrachten Naturgewalten, und traurig sucht Saraj nach verschütteten Käfern.

Sie gräbt im Sand, und plötzlich stößt sie auf einen fingergroßen, festen Gegenstand. Saraj bläst den Staub von der Oberfläche, und in der Schale ihrer Hand liegt ein kleines Rollsiegel. Erstaunt betrachtet sie den unerwarteten Fund. Ein Rollsiegel aus alter Zeit. Aus königsblauem Lapislazuli ist dieser kleine Siegelzylinder geformt. Rundherum in den Stein geschnitten sind die alten Zeichen für »Sein und Werden«, für »ewige Wiederkehr und neues Leben«, und der mantragleiche Weisheitsspruch: »Besser als der Zorn ist der Friede und ist die Liebe.«

Ist das die Botschaft für die kommende Zeit?

Es sind die Weisheiten, die auch in ihrem Herzen ruhen und die sie in ihrem Lebenstraum über einen langen, beschwerlichen Weg in die Zukunft transportieren muss.

Nachdenklich versucht Saraj das Geheimnis dieses Rollsiegels zu ergründen. Saraj kennt alte und neue, noch im Gebrauch befindliche Rollsiegel aus ihrer mesopotamischen Heimat, und sie weiß um die verschiedenen Bedeutungen jener kleinen, kostbaren Prägestempel. Überwiegend dienten sie zum Stempeln der Tonsiegel für Gefäße, auch für Verschlüsse von Sendschreiben. Ein Rollsiegel war aber auch Bild eines himmlischen und irdischen Zeitenkreises und Abbild eines Menschenlebens, das erst lesbar wird, wenn es einmal abgerollt ist.

Saraj durchströmen zwiespältige Gefühle. Über die weisenden Worte hört sie den Ruf, einen Weg zu bereiten, aber gleichzeitig greift eine undefinierbare Traurigkeit und Müdigkeit an ihr Herz und lässt ihre Tränen fließen wie warmen Sommerregen, der sich mischt mit den Tränen ihrer Schwestern vieler Generationen.

Dieses ständige Strömen aus verschütteten Quellen hat die Landschaft allmählich verändert, es hat den Untergrund durchfeuchtet und weich gemacht. Dazu hat sich das Rollsiegel wie von Zauberhand vergrößert, ist angewachsen um das Vielfache seines ursprünglichen Umfangs. Inhaltsschwer liegt es vor Sarajs Füßen, als sollte es von schaffenden Händen bewegt werden. Saraj weiß, es ist der Augenblick gekommen, sie muss das Siegel bewegen.

Und jetzt folgt dem Wollen das Tun. Erst zaghaft und vorsichtig, dann immer schneller schieben ihre beiden Hände den schweren Stein vorwärts. In den feinen, geschmeidigen Ton der Erde prägt er seine Inschrift klar und deutlich. Immer wieder und wieder, wie Gebete und Gebote auf einer langen Rolle, eindringlich, sich ständig wiederholend, ja beschwörend: *Besser als der Zorn ist der Friede und ist die Liebe.*

Überall sprießt jetzt frisches Grün inmitten der Wüste, als seien die Buchstaben zu Samen geworden durch starker Worte Kraft, um neues Leben zu erschaffen. Und Saraj rollt und rollt das Siegel.

Dann wird sie plötzlich aufgeschreckt durch großen Lärm. Lautes Gebrüll, Hufgetrampel, wilde Männer auf Pferden und Kamelen nähern sich im Kriegsgeschrei und jagen, bewaffnet mit Speeren, Dolchen und Feuermaschinen, an ihr vorbei. Sie achten auf nichts, überrennen alles, schlagen tiefe Löcher in den weichen Boden, zertrampeln die Spur der

Worte von Liebe und Frieden, die Saraj in Mühen gelegt. Sie hinterlassen zerfurchte, tote Erde, Staub und Asche.

Mit einem verzweifelten Aufschrei wirft Saraj sich über das Siegel, es rollt ein Stück zurück und bleibt unbeweglich in einer Mulde liegen, für lange Zeit. Und der Wind lädt Schicht um Schicht den Sand der Jahre darauf.

Wieder ist das Land weit, öde und leer und wartet auf Hände, die bereit sind weiterzudrehen, die Welt von neuem zu bewegen, das Geheimnis zu entdecken. Die Frau ist müde geworden, und nur in ihrem Herzen sieht sie einen Punkt, wo Wege zusammenmünden, wo ein goldener Streifen am östlichen Horizont das Ziel ahnen lässt.

Frühe Sonnenstrahlen tanzen auf Sarajs Nase und reizen sie zum Niesen. Wach geworden, sieht sie noch den Schein am Himmel, der sie soeben von ihrem Traum löste. Schnell möchte sie alle Einzelheiten des nächtlichen Geschehens in ihre Erinnerung zurückholen, alles noch einmal zusammenfügen, doch es gelingt ihr nicht. Stück für Stück sind sie entglitten, wie abgelegt in einem verborgenen Safe, zu dem der Schlüssel wiedergefunden werden muss, an einem neuen Morgen. Und der Mittag, wo die Sonne so hoch steht, dass keine Schatten mehr fallen, ist noch weit.

Sanft streichelt sie Hagar und weckt sie aus ihrem kindlichen Schlaf. »Steh' auf, kleine Schwester, wir haben Großes vor uns.«

Doch für Hagar hat die Wirklichkeit von gestern heute das gleiche Gesicht, an das sie sich in einem schmerzhaften Anpassungsprozess wird gewöhnen müssen.

Unruhig ist Abrams Herz und findet keine Heimat

Im Wechsel zwischen Unruhe und Gelassenheit führt Abram sein Gefolge von Lagerplatz zu Lagerplatz. Für manche Gebiete, die sie durchwandern, brauchen sie das Einverständnis des jeweiligen Stammesfürsten. Die Gesetze und die uralten Ordnungen der Wüste und des Nomadenlebens müssen beachtet und eingehalten werden. Elieser reitet fast immer mit einigen Männern voraus, um Abgaben und Tribut schon auszuhandeln und damit die Erlaubnis zu bekommen, die fremden Weidegebiete durchwandern zu dürfen.

Nun liegt seit Tagen eine angespannte Erwartung über den Zelten Abrams. Elieser und die Kundschafter müssten längst zurück sein. Sorge breitet sich aus, und Abram glaubt, dass es Schwierigkeiten mit dem Weiterweg geben wird. Sind die Forderungen für die Wasserstellen unannehmbar? Sind seine Männer unter Räuber gefallen? Mit jedem weiteren Tag, der vergeht, steigern sich Abrams Befürchtungen. Sollte der Beduinenscheich den Durchzug verweigern und sie könnten dieses Wadi, das vor ihnen liegt, nicht betreten, würde ein langer, mühsamer Umweg nötig sein, da es unmöglich wäre, Menschen und Tiere über die steil aufragenden Berge zu bringen.

Dann endlich kehren die Männer zurück. Erschöpft, verstaubt, verkrustet. Die Verhandlungen waren schwierig, und für die Einigung, die dann doch noch zustande kam, muss Abram einen hohen Wegezoll bezahlen.

Mit großer Beharrlichkeit behält Abram die Richtung nach Norden im Auge. Sein Ziel ist der Ort, wo früher einmal sein Zelt gestanden hatte. Wo er seinem Gott einen Altar baute. Das ist in der Nähe zwischen Beth-El und Ai.

Das tagelange Wandern in sonnendurchglühten Wadis, im Staub von feinst zerriebenen Steinen, die im Laufe von Jahrtausenden zu Sand geworden sind, fordert viele Entbehrungen. Mit jedem Tropfen Wasser müssen sie sorgsam umgehen. Die wenigen Wasserlöcher unterwegs sind schnell leer getrunken, und gerade hier gibt es lautstarke Auseinandersetzungen zwischen den Herdenführern. Oft kommt es in letzter Zeit auch zum Streit zwischen den Hirten Lots und den Hirten Abrams. Die Herden haben große Ausmaße angenommen, und jede Seite versucht eifersüchtig, auf die eigenen Vorteile zu achten. Lot ist längst erwachsen und selbstständig geworden, auch selbstsicher, und es wird für ihn immer schwieriger, sich Abrams Entscheidungen unterzuordnen, obwohl er Abram als Oberhaupt noch respektiert.

Abram hat große Mühe, diese Streitereien immer wieder zu schlichten. Und es verstärkt sich in ihm das Gefühl, dass es nicht mehr lange möglich sein wird, zusammenzubleiben. Dennoch ist in der Unwirtlichkeit der Gegend, in der sie sich behaupten müssen, vorerst der Zusammenhalt noch nötig.

Tageweise reicht ihr Denken nur von Wasserstelle zu Wasserstelle. An den Wegrändern krümmt sich da und dort mal eine magere Tamariske, und nur kleine Flechten breiten sich über die Kalksteine. Gierig werden diese, wie alle sprossenden Stauden, die nach den seltenen Regenfällen zwischen dem Gestein hochschießen, abgeweidet.

Das letzte Stück des langen Rückweges ist besonders hart und beschwerlich. Als Trost erklärt Abram, dass es nur noch ein paar Tagesreisen dauern wird. Doch immer wieder gibt es Hindernisse, die überwunden werden müssen.

Links und rechts des Weges steigen in natürlichen Steinterrassen Kegelberge in die Höhe. Plötzlich ein Donnern und Krachen und Bersten. Steine und Geröll schießen von den Höhen herab und tun sich wie aufgetürmte Schuttbänke vor ihnen auf. An solchen Wegsperren haben sie große Mühe, alle Tiere heil hinüberzubringen.

Da bleibt kein Blick für die Schönheit am Wege. Und niemand bewundert die eigenartigen Steingebilde, deren durch Sand und Wind der Jahrtausende abgescheuerte glatte Oberflächen wie polierter Marmor in der Sonne glänzen.

Mehr erhitzt die Gemüter das Verschwinden von einigen Schafen und versetzt alle in große Aufregung. Nach allen Richtungen schweifen die Treiber aus, um sie aufzuspüren. Endlich finden sie sie. In einem wilden Durcheinander von trockenen Zweigen und dürren Ästen, umgefallenen Stämmen und dichten Verästelungen hatten sie sich verfangen. Durch lautes Schreien und klägliches Blöken konnten die Tiere wenigstens die Richtung anzeigen, in welche die Treiber gehen mussten.

Eine kühle Nacht noch und einen heißen Wüstentag, dann nähern sie sich, von Süden kommend, dem Bergland von Beth-El.

Noch immer ist diese Hochregion wenig besiedelt. Abram erkennt es mit Befriedigung. Nun, da er in dieses Land zurückgekehrt ist, erfasst ihn eine freudige Erregung, und es steigt in ihm ein Gefühl der Zugehörigkeit zu diesem Stück Erde auf. Die meisten Wasserstellen führen das kostbare Nass, und durch das Nahen des Herbstes mit seinen Niederschlägen fängt bereits das Wachstum an.

Als Erstes begibt sich Abram zu seinem Opferplatz. Er dankt Gott für die gute Heimkehr. Aber nur kurz kann er verweilen, da inzwischen die Hirten mit den Herden wie auch die Treiber mit den Tragetieren angekommen sind.

Viel Platz benötigen sie schon alleine für das Aufstellen der zahlreichen Zelte. Nachdem alles eingeteilt ist, hallen bald die Zurufe und Anweisungen in das Durcheinander von Menschen und Tieren. Jeder muss jetzt mit Hand anlegen. Abram gibt genaue Anleitung, wie ein Gehege für die wertvollen Kamele und Rinder aufgebaut werden muss. Es dauert mehrere Tage, bis Knechte und Mägde genügend Gestrüpp und dürre Äste zusammengesucht haben. Kunstvoll ordnen sie dann das ganze Material in einem Halbkreis an und verflechten es mit festen Zweigen. Jetzt ist eine Art lebende Mauer daraus entstanden. Es ist ein guter Windschutz, aber auch ein sicherer Platz für die großen Tiere.

Die verschiedenen kleineren Nomadenstämme, die regelmäßig von Nord nach Süd und, wenn die Jahreszeiten wechseln, in umgekehrter Richtung ziehen, kennen Abram und Lot von früheren Zeiten. Nun, nach deren Rückkehr, schauen sie eifersüchtig und vielleicht auch ein bisschen neidisch auf den Reichtum der beiden Familien. Wenn auch insgeheim murrend, respektieren sie die Selbstverständlichkeit, mit der sich deren Herden eines großen Teils des Weidelands bemächtigen. Auch die vielen gut bewaffneten Männer um Abram lassen jeden Gedanken an eine Auseinandersetzung ersterben.

In den nahen Städten Beth-El und Ai beobachtet man ebenfalls Abrams Anwesenheit und seinen neuen Wohlstand. Vor allem die zu ihm gehörenden Kamele hat man mit Staunen und Respekt wahrgenommen, denn erst allmählich wird es hier Usus, Karawanen mit Kamelen zusammenzustellen.

Trennung von Lot

Abram und Lot brauchen immer größeren Lebensraum. Eines Tages gibt es wieder einmal eine ausufernde Auseinandersetzung an der Wasserstelle. Kreischend und Hilfe suchend kommen Mägde ins Lager gerannt, ihre Wasserkrüge haben sie unterwegs stehen gelassen, holen Abram und einige Männer, um am großen Brunnen dem Streit und den Raufereien Einhalt zu gebieten, in die sich Abrams und Lots Leute gestürzt hatten.

Mit Zornesröte im Gesicht und lautstarker wie auch handfester Zurechtweisung hat Abram Mühe, die Kontrahenten zu trennen. Es wird ihm klar, der Bruch ist nicht mehr aufzuhalten. Wenn Lot zur Stelle gewesen wäre, hätte er sicherlich, wütend und verärgert, wie er war, ohne große Rücksichtnahme die sofortige Trennung vollzogen.

Während Abram zurückreitet, legt sich seine Aufregung. Aber das entscheidende Gespräch findet dennoch am Abend nach Lots Rückkehr, wenn auch in weniger dramatischer Form statt. Abram sucht eine friedliche Lösung. Er überlässt seinem Neffen die Wahl des Territoriums, da er ihn nicht übervorteilen möchte. Als Sohn seines verstorbenen Bruders liegt ihm dessen Wohl sehr am Herzen, wenngleich auch Abram danach trachten muss, seinen eigenen Leuten ein lebenswertes Auskommen zu sichern.

Nach dem Beschluss des Auseinandergehens fühlen sich beide wie von einer Last befreit. Lange haben sie sie mit sich herumgetragen, von einer Schulter zur anderen geworfen, bis sie keiner mehr tragen wollte.

So ist dann Lot bald zur Weiterreise ins Jordanland, für das er sich entschieden hatte, aufgebrochen.

Abram zieht es oft zu seinem Altar auf der Anhöhe. Von neuem erwacht seine Begeisterung, an diesen einzigen Gott zu glauben. An dessen Allmacht, an dessen Führung und Weisung. Und seit der wunderbaren Rettung Sarajs aus dem Königspalast ist sich Abram sicherer denn je, dass sein Gott ihn trotz all seiner Schwächen liebt und sein Tun segnet. Auch seine Männer holt er wieder und wieder dazu, erzählt ihnen von Gottes Wohlwollen, von seiner Macht und Größe, aber auch von Zorn und Strafe. Vor allem, wenn er glaubt, dass sie mit anderen Göttern, mit den Göttern Kanaans liebäugeln. Er versucht, sie immer fester in seinen Glauben einzubinden und zusammenzuhalten.

Lange hat Abram es vermieden, mit seiner Frau über Ägypten zu sprechen, über den Aufenthalt Sarajs am Hof des Pharaos. Aber es quälen ihn verschiedene Fragen, und viel Unausgesprochenes liegt zwischen ihnen. In den letzten Tagen hat er dann mehrmals den Versuch unternommen, mit Saraj darüber zu reden. Doch Saraj ist sehr zurückhaltend und nicht gewillt, außer allgemeiner Beschreibung der äußeren Umstände im Palast etwas über die Beziehung zwischen ihr und dem König zu berichten.

Sie ahnt, was Abram wissen möchte. Aber heute erklärt sie ihm auf seine direkte Frage: »Abram, ich selbst habe mich an jenem schrecklichen Tag zu diesem Weg entschlossen und bin ihn gegangen. Ich weiß, dass auch du damals sehr gelitten hast, doch was ich dort erlebt und erfahren habe, ist in mein Innerstes geschrieben und abgelegt, und ich werde es nicht mehr hervorholen.«

Abram ist sprachlos über die Entschiedenheit seiner Frau und erstaunt über die Festigkeit, mit der sie ihre Entscheidung vorbrachte. Jetzt muss er lernen, mit Sarajs Geheimnis zu leben.

Hagars neue Heimat

Hagars Eingliederung dauert lange. Die entbehrungsreiche Reise in das ihr fremde Land Kanaan war besonders für sie eine große Strapaze.

Man hat Hagar zwar ihr eigenes, luxuriös ausgestattetes Zelt aufgebaut, aber schon allein der Tagesablauf ist für sie so ganz anders als zu Hause. Oft steigen ihr am Morgen schon die Tränen in die Augen, und fast hilflos steht sie noch den kleinsten Anforderungen gegenüber. An die andere Zubereitung der Mahlzeiten hat sie sich gewöhnen müssen, und auch das sparsame Umgehen mit Wasser zu manchen Zeiten ist neu für sie. Ein Bad zu nehmen war eine Selbstverständlichkeit, und jetzt wird ihr bewusst, welch ein Segen in den Fluten des Nils über ihrem Heimatland liegt. Während ihr im Palast stets Dienerinnen zur Verfügung standen, muss sie nun lernen, nahezu alleine mit sich zurechtzukommen. Zwar huscht manchmal eine der ägyptischen

Mägde, die mit ihr zusammen Saraj übergeben wurden, schnell zu ihr ins Zelt, schüttelt die Teppiche und wäscht die Kleider, aber irgendwie hat Hagar das Gefühl, dass Saraj dies vielleicht missfällt, obwohl sie noch nie einen Tadel ausgesprochen hat.

Gerade heute legt sich wieder das große Heimweh nach Ägypten auf ihr Herz. Sie sehnt sich nach ihren Angehörigen, nach den Damen vom Frauenhaus, die doch alle zusammengehörten, trotz manchem Streit, trotz heftiger Intrigen. Wie eine Woge rollt das schmerzliche Erinnern über sie hinweg.

»Hagar, du bist heute wieder so traurig«, flüstert die Ägypterin. »Ach, ich vermisse sie alle sehr, meine Schwestern und Brüder. Sie werden sich gerade die Zeit mit Spielen und Singen vertreiben. Weißt du noch, wie wir immer so viel gelacht haben? Im Unterschied dazu sind hier alle mit ernsthaften Dingen beschäftigt. Und wenn sie singen und tanzen, verstehe ich nicht viel.« Zustimmend nickt die kleine Magd vor sich hin.

Versunken in ihre Gedanken an daheim sitzt Hagar vor ihrem Zelt, und ihre Hände greifen unaufhörlich in den feinen, warmen Sand, in den sich ihre Füße gegraben haben.

So findet sie Saraj, die schon nach ihr gesucht hatte. »Du träumst den ganzen Tag von Ägypten, nicht wahr, Hagar?« Hagar nickt. »Glaub' mir, irgendwann wird es auch für dich selbstverständlich werden, hier zu Hause zu sein. Ich weiß, manche Arbeiten fallen dir schwer, aber du wirst selbst bemerkt haben, dass alles, was wir hier tun, zu unser aller Wohl dient und notwendig ist. Anders könnten wir nicht überleben. Aber jetzt komm zum Webstuhl. Mach' dort weiter, wo du gestern aufgehört hast. Ich weiß, dass dir das Weben Freude macht. Du hast es wirklich schnell gelernt und beherrschst es bereits sehr gut. Die Frauen, die es dir beigebracht haben, bewundern die Muster, die du selbst erfindest, das wollte ich dir noch sagen.«

Hagar freut sich über das Lob und streicht zärtlich über die Fäden, die schon für ein neues Tuch gespannt sind.

In dieses Gebilde, das Schub um Schub unter ihren Händen entsteht, webt sie bezaubernde Muster in den Farben ihrer Sehnsucht. In das helle, lebensprühende Grün, die Farbe des Gottes Osiris, mischt sie in Wellen die dunklen Grüntöne des Nils. Das reinste Blau der Hautfarbe des Gottes Amun spielt im Wechsel mit dem Azur des Himmels und dem Nachtdunkel edler Steine. Dazwischen leuchtet Weiß, das Pracht und Frohsinn bedeutet, und ganz sparsam setzt sie das Rot der unterägyptischen Krone. Es entstehen immer mehr und immer eigenwilligere Stoffbilder, und irgendwann trifft in ihrem Tun auf die Verklärung der Vergangenheit die Kraft der Gegenwart. Dann leuchten beim Gestalten die Farben der Wüste auf, schwingen Gelb und Safrangold mit rot- und graubraunen Erdtönen ineinander, glüht die Farbenpracht eines Sonnenuntergangs.

Erst stattet Hagar mit den Tüchern ihr Zelt aus, dann können eine ganze Anzahl davon auf dem Markt in der Stadt verkauft werden. Sie sind begehrt, werden bestaunt und gut bezahlt. Hagar ist sehr stolz, nun auch einen Beitrag für das Ganze leisten zu können.

Weniger schnell gelingt das Hineinwachsen in den Kreis der Jüngeren. Traurig beobachtet Hagar, wie sie tagsüber alle zusammen beschäftigt sind, gemeinsam ihrer Arbeit nachgehen und abends lustig in einer Einheit am Feuer zusammensitzen. Sie reden über den vergangenen Tag, machen Späße und erzählen Witze. Aber keiner wagt es so recht, Hagar in ihren Kreis miteinzubeziehen. Obwohl fast gleichen Alters, ist eine gewisse Zurückhaltung vorhanden wie auch bei Hagar. Immer noch wird sie als die Tochter des Königs betrachtet, und so sind ihre Herkunft und ihre Vornehmheit lange eine Kluft, die nicht überschritten wird.

So ist denn Saraj überwiegend ihre Bezugsperson, und die Einzigen, mit denen sie sich noch in ihrer Muttersprache unterhalten kann, sind die ägyptischen Mädchen. Zwar verstehen auch die anderen durch ihren langjährigen Aufenthalt ihre Sprache, aber diese entschwindet mehr und mehr ihrem Gedächtnis, auch wenn sie noch oft von den schönen Zeiten in Ägypten schwärmen.

Dann irgendwann merkt Hagar eine Veränderung bei sich selbst. Die verschiedenen Entbehrungen und die Einfachheit des Tagesablaufes bedeuten für sie keine Einschränkung mehr. Die andere Art des Kleidens, Essens, Wohnens, hat sie als unabänderliche Tatsache akzeptiert, und wenn sie es genau betrachtet, ist hier wirklich alles sinnvoll und richtig und den Umständen gemäß eingerichtet.

Vieles aus ihrem früheren Leben hat an Bedeutung und Wichtigkeit verloren. Doch was sie am meisten erstaunt wahrzunehmen, ist, sie hat aufgehört, innerlich zu rebellieren. Nicht aus Schwäche oder Resignation, es erscheint ihr eher als eine bisher nicht gekannte Stärke, die ihr sagt, dass sie vielleicht eine große Herausforderung bestanden hat und dass alle Erfahrungen, die sie durchleben musste, Teile eines wichtigen Wandlungsprozesses waren. Als ihr dies zur Gewissheit wird, hat sie das befreiende Gefühl, so etwas wie eine wertvolle Lektion ihres Lebens gelernt zu haben.

Das kurze Haar, das für das Tragen der Perücke früher unerlässlich war, hat Hagar wachsen lassen, aber in Erinnerung an ihre Heimat trägt sie oft ein feines Stirnband um dem Kopf. Bei den Kleidern achtet sie darauf, dass sie nicht hübscher angezogen ist als Saraj, von der sie zwar wie eine Freundin behandelt wird, die aber trotz allem nach dem Willen ihres Vaters ihre Herrin geworden ist.

Das ganz Land dir und deinen Nachkommen

Seit Lot in das Jordantal zog, sind viele Monde vergangen. Aber immer noch ist die Schar groß, die zu Abram gehört und die versorgt werden muss.

Abrams Verantwortung ist es, den gesamten Besitz zu bewahren, die Herden zu pflegen und dafür zu sorgen, dass es allen, die unter seinem Schutz stehen, an nichts fehlen möge.

Als Abram eines Tages weit über den Ort seines alten Altares hinaus auf einen höher gelegenen Punkt hinaufsteigt, umfängt ihn dort oben sein Gott. Ganz stark spürt Abram – ER IST wieder da. ER IST da. Und dann spricht Jahwe diese Worte zu ihm:

»Das ganze Land, das du siehst, dir will ich es geben
und DEINEN NACHKOMMEN, für ewige Zeiten!

Und deinen Samen will ich machen wie den Staub der Erde;
nur wenn einer den Staub der Erde zählen kann,
kann er auch deinen Samen zählen.

Auf, durchschreite das Land seiner Länge und seiner Breite nach,
denn dir will ich es geben!«

Und Abraham brach mit seinen Zelten auf, er zog los
und ließ sich nieder bei der Terebinthe Mamres,
und er baute dort einen Altar für Jahwe.
(Aus der Genesis)

Abram kann kaum begreifen, dass er als Gefallener, als Gestrauchelter, wie er sich selbst noch manchmal sieht, sich wieder ganz in Gottes Plänen findet. Unruhig wird sein Herz bei dem Gedanken an das, was er alles nicht erfüllen konnte, und nun erlebt er dieses persönliche Angesprochenwerden, kommt zu ihm abermals eine Verheißung.

»Was für ein Gott bist du?«, stammelt er. »Wie soll ich je deine Weisheit, deine Großmut und die ganze göttliche Ordnung erfassen und sie in meinem Leben verwirklichen? Was muss ich tun, um immer dein Wohlwollen spüren zu dürfen? Meine Nachkommen, sagtest du? Ja, auch in ihre Herzen will ich diese Sehnsucht legen, damit sie Schritt für Schritt erkennen mögen, was mir heute noch fehlt, was mir verborgen ist. In welches deiner Gesichter werden sie schauen, wenn sich ihre Seelen dir angeschlossen haben? Ich selbst kann nicht anders, ich muss in tiefer Ehrfurcht auch die zu fürchtende Majestät Gottes annehmen. Und ich bin dazu ausersehen zu wandern und zu suchen, vielleicht mein ganzes Leben lang. Du weißt, ich habe mich, immer wenn ich dich gehört habe, nach deiner Weisung auf den Weg gemacht. Ich sehe aber auch die Umwege, die ich gegangen bin, und die Abwege, auf die ich geriet. Mein Gott, wie soll ich das alles begreifen! Mich und meine Nachkommen willst du wirklich in alle Himmelsrichtungen stellen, für ewige Zeiten? Das ganze Land soll mein sein, sagst du! Wie fasse ich das? Ich als Fremder hier in Kanaan! Aber ich tue, was du mir gebietest. Und morgen werde ich erneut meinen Fuß auf die Straße setzen, um dir zu folgen.«

In einem langen, Aufsehen erregenden Zug nähert sich Abram mit allem, was er besitzt und was zu ihm gehört, Hebron. Die Menschen kommen aus ihren Häusern, staunen, und viele Kinder laufen zu beiden Seiten des Weges eine Weile mit.

Abram weiß von einem heiligen Ort in Mamre, ganz in der Nähe von Hebron. Dort macht er Rast unter den gewaltigen Eichen, und bei der großen Terebinthe baut er einen Altar für Jahwe, seinen Gott. Damit zeigt Abram Mut und Furchtlosigkeit an einem Ort, an dem die Kanaaniter viele Götter verehren wie im ganzen Land Kanaan.

Abram weiß sehr gut um die Fruchtbarkeit des Bodens in dieser Gegend. Er kennt das milde Klima, in dem Trauben, Granatäpfel, Feigen und vieles mehr an Baum- und Ackerfrüchten gedeihen. Dieser Teil des Landes, von dem man sagt, dass in ihm Milch und Honig fließen, kommt seinen Vorstellungen und Wünschen sehr entgegen.

Angestrengt arbeiten seine Gedanken an der Zukunft, und in seiner Vorstellung ist es schon sicher. Hier wird er sich mit den Stadtkönigen arrangieren, hier wird er in der Nähe der Stadt Weideplätze für seine Rinder haben, und seine Herdenführer werden die Schafe und Ziegen das Land hinauf und hinab weiden lassen können.

Abram selbst ist eine imposante Erscheinung und reich an Erfahrung durch seine Aufenthalte in den verschiedenen Ländern. Sein Verhandlungsgeschick verschafft ihm manchen Vorteil, und er beeindruckt durch sein großes Wissen wie auch durch seinen Reichtum und den Umfang seiner Sippe. Von den Stadtbewohnern und gleichermaßen von den Nomaden der weiteren Umgebung wird er geachtet, respektiert, ja sogar gefürchtet.

Abram, trotz seines Ansehens aber immer noch der Fremdling, macht keinen Hehl aus seiner eigenen Gottesanschauung. Und das gemischte Volk der Kanaaniter ist tolerant genug, an den für sie heiligen Orten auch Abram seinen Gott nach seiner Weise anbeten zu lassen. Sie wissen, von seiner Seite haben sie nichts für ihre Götter zu befürchten, so lassen sie ihn gewähren.

Abram geht abwechselnd zu der hohen Terebinthe, zu seinem Steinaltar, oder er opfert unterwegs auf einem schon vorhandenen heiligen Stein. Mit Geduld und Strenge gleichermaßen ist er bemüht, seine Leute auch im Religiösen die feste Hand seiner Führung spüren zu lassen, und er ist sehr darauf bedacht, dass keiner von ihnen dem Glauben der Ansässigen zu nahe kommt oder diesen gar annimmt.

Die Gottesdienste Abrams, die er zusammen mit ihnen in kleiner Runde begeht, sollen ihre Fantasie wie ihre Vorstellungskraft erweitern. Abram wünscht es so sehr, dass sie mehr von dem Geist spüren möchten, der in der unsichtbaren Person seines Gottes existiert und wirkt. Aber nur langsam lernen sie, und am verständlichsten ist ihnen Gott, indem sie sich ihn als eine große, übermächtige, auch strenge Vaterfigur vorstellen, der vielleicht wirklich zu besonderen Zeiten mit Abram spricht und diesen Stück für Stück anweist, einen neuen Weg mit ihm zu gehen.

Sein ganzes Leben lang versucht Abram die Erkenntnisse über seinen Gott und das, was ihm nach seinen Visionen wichtig und sinnvoll erscheint, ihnen als lebendigen Glauben beizubringen. Immer wieder muss er auch an Vorhandenes anknüpfen, da er erkennt, dass sie auf diese Weise besser begreifen lernen. So führt Abram sie mit viel Nachsicht weiter auf dem Weg zu einem neuen Glauben, zu einer neuen Art von Religion.

Ganz anders hält er es mit den Stammesregeln. Mit unnachgiebiger Strenge besteht er darauf, dass diese eingehalten werden, und er erlaubt es den jungen Männern nicht, Frauen von den Kanaanitern zu nehmen.

Mit diesen Vorschriften lebt Abram nach seinen eigenen Gesetzen in respektvollem Abstand zu seinen Nachbarn in den Städten und den Nomaden des offenen Landes lange in gutem Einvernehmen.

Neben der Pflege und Vermehrung seiner Herden und der Fürsorge für seine Familie hat Abram auch noch andere Interessen. Obwohl Hebron nicht an der großen Karawanenstraße liegt, ist doch die Querverbindung zu den Städten Jericho, Salem und Sichem ein wichtiger Handelsweg. Seine guten Kenntnisse von Ägypten und Mesopotamien sowie die Beherrschung verschiedener Sprachen erlauben ihm dann und wann, auch durch Einsatz seiner Kamele einträgliche Handelsgeschäfte zu machen.

Der Krieg der Könige – Abram befreit Lot

In diese gute Zeit fallen plötzlich unerwartete Ereignisse. Rebellion – Krieg – Könige kämpfen gegen Könige. Lot wird gefangen genommen, seine Habe geraubt, die Frauen verschleppt. Einer kann fliehen, holt Abram zu Hilfe.

Abram, sonst eher zögerlich und bedacht, rüstet in Eile alle seine kampffähigen Leute und verfolgt mit dreihundertachtzehn Mann die Feinde.

Kriegsrufe, Säbelgerassel – bis nach Damaskus und noch weiter.

Des Landes kundig, gelingt Abram in einem nächtlichen Überfall der Sieg über die Könige. Müde und abgekämpft, aber erfolgreich kommt er nach vielen Wochen mit seinen Mitstreitern nach Hause. Lot, die Frauen und das Volk, alles Geraubte bringt er zurück. Der König von Salem ehrt ihn. Als Priester überreicht er ihm Brot und Wein und damit den Segen seines Gottes. Doch insgeheim ist es für Abram keine Frage, dass es nur sein eigener Gott war, der ihn diesen Kampf hat gewinnen lassen.

Noch einmal eine Verheißung

Einige Zeit nach diesem Geschehen, an einem wolkenverhangenen Tag, als Abram alleine einen weiten Ritt hinaus ins Land macht, hört er erneut Jahwe, den Allerhöchsten, zu sich sprechen. Abram erwacht aus einer tiefen Ohnmacht und erinnert sich der großen Angst, die ihn befallen hatte, ehe dieses Erlebnis begann.

»Ich habe doch nicht geträumt«, denkt er, »es war so wirklich, und das Erste, was ich sah, als ich die Augen öffnete, waren Feuer und Rauch. Und noch jetzt kann ich es riechen, als ob die Feuerfackel, die ich gesehen habe, gerade über meinem Haupt verschwunden wäre.«

Das Land liegt schon im Halbdunkel, nur am schwach türkisblauen Himmel breitet sich fahlgelbes Licht wie ein gestreifter Fächer hinter zusammengeballten, schattengrauen Wolkengebilden. Einige losgerissene Wölkchen, die sich wie Watteflöckchen verselbstständigt haben, leuchten hell auf, ehe sie sich langsam auseinander ziehen und sich verströmen.

Unbeweglich bleibt Abram noch lange mit der Erde verbunden. Er kann sich noch nicht von dem Ort lösen, an dem sein Herr gerade noch einmal in ungeheurer Eindringlichkeit die Verheißung auf dieses Land erneuert hat.

Alles muss er sich ins Gedächtnis zurückrufen, damit er es hier und in seinem Herzen bewahren kann, bis sich alles erfülle.

Einen eigenen Sohn soll er haben, sagte Gottes Stimme, und unzählige Nachkommen! Ohne es zu wollen, steigen Zweifel in Abram auf. Zu lange wartet er schon auf einen Erben. Aber muss er nicht Jahwe vertrauen, der soeben einen Vertrag mit ihm geschlossen hat. Einen Vertrag, ausgeführt nach uraltem Brauch in allen Einzelheiten, wonach Gott sich selbst verpflichtet, alles einzuhalten, was er ihm gerade gesagt hat. Ich muss darauf vertrauen, befiehlt Abram sich selbst.

In der mondhellen Nacht reitet er zurück. Saraj ist noch wach. Sie hat sich Sorgen gemacht über sein langes Fortbleiben. Atemlos berichtet Abram seiner Frau das Erlebnis in allen Einzelheiten. Wort für Wort erklärt er Saraj, und Saraj hört still zu. Sie weiß, dass ihre Zeit, Kinder zu bekommen, vorüber ist, aber Abram ist so voller Begeisterung, sie kann es ihm noch nicht sagen.

»Komm Saraj«, er zieht sie hinaus vors Zelt. »Zähle die Sterne, hat er gesagt, unzählbar sind sie, und desgleichen unsere Kinder und Kindeskinder. Du musst es einfach glauben, Saraj. Er hat es so nachdrücklich, so schön gesagt. Du musst mit mir glauben, damit alles so geschehen kann.«

In seiner Vorstellung baut Abram unablässig an seiner Welt. In der Gewissheit, dass es Gottes Beschluss ist, ihm einen Sohn zu schenken, fließen alle seine Energien in diese Richtung. Er sieht sich in einem heilen, gesegneten Leben, wo noch seine eigenen Kinder in die große Gemeinschaft hineingeboren werden.

So öffnet die Sehnsucht seiner Hoffnung Tor und Tür und wurzelt in den Tiefen seines Glaubens. Welch ein Horizont, oben und unten. Immer schon haben die Sterne zu seinem Leben gehört, heute haben sie eine neue Dimension bekommen.

In Saraj wirbeln andere, ganz unterschiedliche Wahrnehmungen in wildem Wechsel. Ein Kind – die große Hoffnung – Schmerz – Unfruchtbarkeit – Ahnung – Eifersucht – Angst – Gerechtigkeit – Leid – Befreiung – tiefe Traurigkeit – Abram – Familie – Magd – Gesetz – Liebe – Treue – Entscheidung – Zögern – Einsicht – Absicht – Rückzug – Vorstoß – nein und ja und ja und nein. – All diese Begriffe geraten ineinander, durcheinander, schießen wie unkontrollierte Impulse, schmerzenden Nadelstichen gleich in ihr Empfinden. Pausenlos rasen ihre Gedanken vor und zurück, stürzen sie in große Unruhe und landen wieder in einem Chaos von Unentschlossenheit, von Wollen und Nichtwollen.

Aber ihre Liebe zu Abram zwingt sie zum Handeln. Und lange schon weiß Saraj, wie dieses Handeln aussehen soll. In schlaflosen Stunden der Nacht drängt sie sich selbst zur Tat. Zu einem Tun, dem sie sich bis jetzt verweigert hat. Was sie nach Überlegungen der Vernunft und der Notwendigkeit längst hätte vollziehen müssen, steht unaufhaltsam als drohende Unumgänglichkeit vor ihr und fordert Erfüllung.

Um der Zeit der Kinderlosigkeit ein Ende zu setzen, muss sie sich zu einer Entscheidung durchringen. Sie weiß, dass sie die Möglichkeit und das Recht hat, Abram eine ihrer Mägde als Nebenfrau zuzuführen, damit diese an ihrer Stelle Sohn und Nachkomme gebären möge. Wie oft hat sie sich schon mit diesem Gedanken auseinander gesetzt.

Eine solche Notlösung war an sich nichts Ungewöhnliches, aber immer bringt es zuerst Leid, Verweigerung, Unentschlossenheit mit sich, und Saraj bleibt nicht davon verschont.

Erst nachdem sie sich alle damit verbundenen Schmerzen und Wehen auferlegt und durchlitten hat, fühlt sie sich im Stande, diesen endgültigen Schritt zu tun.

Längst ist in ihrem Innern die Wahl getroffen. Nur kurz zog sie verschiedene Mägde in Erwägung, obwohl sie bereits vor der Betrachtung wusste, dass keine von ihnen die Mutter von Abrams Sohn sein sollte.

Hagar, die junge Ägypterin, in Freiheit geboren, herangewachsen in großer Schönheit, voller Anmut und Unberührtheit, die, so lange sie sie kennt, stets ein untadeliges Leben geführt hat, sie soll den Sohn zur Welt bringen, der auch ihr Sohn sein wird. Hagar bietet alle Voraussetzungen für ein schönes, gesundes, kräftiges Kind. »Dieses Kind wird meine eigene Freude, mein Stolz sein und zu meiner Erhöhung beitragen«, spricht Saraj zu sich selbst.

Doch warum rebelliert mein Herz in so schmerzlicher Weise bei der Vorstellung, dass es Hagar sein wird? Schon wieder ertappt sich Saraj bei diesem Gedanken. Leichteren Herzens könnte ich mich für eine andere entscheiden, überlegt sie noch einmal. Aber etwas unerklärlich Festgelegtes lässt ihr keine andere Wahl.

Abram ist für einige Tage mit den Kamelen unterwegs, um Geschäfte abzuschließen. Diese Zeit hat Saraj sich selbst als letzte Frist gesetzt, dem Unaufschiebbaren Gestalt zu geben.

All das Leid, das sie damit verbunden sieht, erlebt sie in diesen Tagen schon im Voraus. Saraj wohnt förmlich in ihrem Leid. Die Vorstellung, dass sie Abram in das Zelt Hagars eintreten sieht, quält sie ebenso, wie sie fürchtet, dass er auch zu Hagar so zärtlich sein könnte wie zu ihr. Dazu redet sie es sich als Gewissheit ein, dass er Lust und Freude mit dieser jungen, schönen Frau erleben wird.

In der Talsohle ihrer Leidensfähigkeit angekommen, festgehalten in der Tiefe ihres Erschreckens, vermag sie sich nicht zu erheben. Die Nächte auf ihrem Lager erlebt sie in immer wiederkehrenden Bildern, in denen sie in großer Angst alleine durch einen dunklen Wald gehen muss. Einen Wald, der ihr bei Tage vertraut erscheint und keine Furcht einflößt, der aber, sobald die blauen Schatten schwarz geworden sind, sich in einen bösen Zauber kleidet.

Morgen wird sie Hagar die Auserwählung mitteilen, und mit diesem Entschluss fällt letztendlich die ganze Last von ihr. Es ist das erste Mal seit langem, dass sie, ehe sie einschläft, nicht mehr nachdenkt und grübelt, nicht mehr rechtet, nicht mehr kämpft. Einem Schlusspunkt gleich formieren sich noch einmal alle Empfindungen und Ängste zu einem gewaltigen Totentanz in ihrem Traum.

Sarajs vierter Traum: Tief schmerzen die eigenen Pfeile

Vermischt mit den Mythen ihrer Heimat Ur vollführen Schreckensbilder in Sarajs Seele einen dämonischen Reigen auf der Reise in die Tiefe.

Ganz oben am Tempelberg in Ur, auf der Spitze der Zikkurat, sieht sich Saraj über den Wolken thronen. Es ist in ihr das Gefühl, hier lange gelebt zu haben, unerreichbar. Doch jetzt rütteln schicksalhafte Gewalten an ihrem Fundament.

Ein mächtiger Sturm wirbelt in aufsteigenden Spiralen seine ungeheuren Kräfte hoch in den grauen Himmel. Er zieht seine Kreise um Saraj, und gallige Bitterkeit legt sich wie ein gelbschwarzer Mantel um sie. Unüberhörbare Signale dringen wie stechende Befehle in ihre Ohren. Es gibt kein Verweilen mehr am vertrauten Ort, und die Zeit nimmt Saraj an die feste Hand. Schmerzvoll spürt sie den Druck. Sie muss sich befreien und selbst ihr Schicksal bestimmen. Nun ist sie dazu bereit. Einer Kampfgöttin gleich stürzt sie sich auf die Erde. Ihr Ziel ist eine große, schillernde Glaskugel. In dieser Kugel rotieren Aufruhr und Chaos, kämpft Materie gegen Gefühl. Mit einem Schwert teilt Saraj die Kugel in viele Stücke, als könnten damit alle Sorgen zerteilt, vertrieben und zerstört werden. Doch die abgehackten Stücke formen sich wie Quecksilber in ständigen Geburten zu immer neuen Kugeln, kleine, große, ganz große, die drohend von allen Seiten auf sie zurückrollen

Inanna-Ischtar, die große Göttin ihrer alten Heimat, erscheint. In leuchtenden Gewändern schwebt sie über der Erde, und mit einer befehlenden Handbewegung bedeutet sie Saraj, ihr zu folgen. Wild entschlossen gleitet nun Saraj mit der Göttin hinab in die Unterwelt. Mit verbundenen Augen springt Saraj zu Gilgamesch in ein schaukelndes Boot, um mit ihm in einem Labyrinth von Wasserwegen nach dem Kraut des Lebens zu suchen.

Gilgamesch steuert, fährt in unbekannte Gewässer. Das Gefühl der Verlassenheit, des Schmerzes und Selbstzweifel sind ihre unheimlichen Begleiter. Dunst und Nebel legen ihre verhüllenden Schleier dicht über die Wasser. Saraj will zurück, doch die Fluten steigen und treiben sie weiter. Es gibt keine Orientierung mehr, und Saraj will alles über Bord werfen, alles loslassen.

Jetzt verschlingen große Wellen das Boot. Saraj sieht ihre Leibeshülle leblos im Wasser treiben. Ihre Geistkörper schweben darüber. Kein Kraut, keine Erkenntnis, keine Erlösung. Dennoch, jetzt helles Licht um sie und rasende Bilder aus ihrem Leben.

Gerade in dem Gefühl, ganz zu versinken, spürt sie Boden unter den Füßen, er ist warm und weich wie Nilschlamm. Dann wird sie zurückgeholt, herausgehoben aus dem Dunst der Fluten und ans Ufer gelegt, direkt unter einen alten Granatapfelbaum. Silbrige Wassertropfen glänzen im weißen Nebel eines jungen Morgens, und schemenhaft tauchen Konturen von Ästen und Blättern und Zweigen in Sarajs wieder erwachendes Bewusstsein. Sie erhebt sich und befühlt den Baum mit ihren Händen, sie fährt an der rauen Rinde entlang. Es ist ihr, als berühre sie sich selbst. Ihre Finger gleiten über die Blätter, sie tastet weiter und greift und sucht nach Früchten. Vergeblich. Es gibt keine Frucht, und ihre Hände feuchten sich von den Tränen des alten Baumes.

Kraftlos sinkt sie an seinem Stamm zur Erde. Erschöpft verharrt sie, weint und weint und wartet auf ein Wunder. Um Saraj herum wächst langsam ein gläsernes Herz. Dünnwandig, zart, fein und durchsichtig. In diesem Herzen erlebt sie sich, als wäre sie auf einem fremden Stern. Heil und hell, eingeschlossen wie ein Kind in der Gebärmutter, in des Fruchtwassers wohliger Wärme. Während sie sich verwundert in dieser Miniaturwelt betrachtet, schießen plötzlich tausend Pfeile im Stakkato eines Trommelwirbels auf das Glas. Ein Knacken, ein Klirren und Bersten. Ohrenbetäubend zerreißen sie Stille und Frieden. Risse verästeln sich wie Blitze, Sprünge brechen horizontal und vertikal ihre Spur. Das gebrochene Glas wird ein verzerrter Spiegel, und entsetzt schaut Saraj in ihr dunkles Gesicht.

Eine Ahnung befällt sie, eine Frage, dann ist es Gewissheit. Saraj will es nicht wahrhaben, nicht sehen, nicht schauen. Voller Abscheu und Grauen wirft sie den Bogen aus der Hand.

Müde sammelt Saraj Splitter und Tränen, vermischt sie in ihrer Hand und formt ein neues Herz. Blut tropft von ihren Fingern, sie hat sich verletzt, es versickert im Boden. Irgendwann ist sie ausgeblutet. Doch langsam heilen die Wunden, und aus der getränkten Erde wächst ein neuer Baum.

Saraj erwacht. In dieser Nacht, scheint es, hat sie ihren bittersten Becher geleert. Entschlossen erhebt sie sich von ihrem Lager und geht zu Hagar.

Hagars Erwählung und Auftrag

Auf ganz ungewohnte Weise begrüßt Saraj Hagar, wie es dieser scheint, an jenem Morgen.

»Mach' dich schön, Hagar, und komm dann zu mir«, spricht Saraj in ernstem Ton.

Dieser eigenartige Klang in Sarajs Stimme, überlegt Hagar, während sie sich zurechtmacht. War Saraj doch in letzter Zeit sehr zufrieden mit mir, freute sich, dass ich endlich mehr Kontakt zu den anderen bekommen habe. Gerade der gestrige Abend mit den jungen Leuten am Lagerfeuer war so lustig. Er dauerte lange mit Singen und Tanzen.

Aber eigenartig, Saraj hatte in den vergangenen Tagen mit niemandem geredet. Rasch macht Hagar sich fertig. Sie spürt, dass ihr Kommen keinen langen Aufschub duldet.

Nun steht sie erwartungsvoll vor Saraj. Diese hat zwei Maultiere bringen lassen, die sie beide besteigen.

Zusammen reiten sie um das ganze Zeltdorf, das große Ausmaße angenommen hat. Sie umkreisen die Herde mit den rot-weiß gefleckten Rindern, die noch aus Hagars Heimat stammen, sie überqueren den leeren Platz, wo sonst die Kamele stehen, und schlagen dann einen Bogen, wo zur Zeit weit draußen die Schaf- und Ziegenherden weiden.

Freundlich und ehrerbietig werden die beiden Frauen von den Hirten begrüßt, die ihnen erstaunt nachblicken, als sie ihren Weg gleich fortsetzen.

Saraj biegt auf einen Pfad ein, der zu einer Anhöhe führt. Dort auf dem tellerförmigen Plateau scheint das Ziel des Ausflugs zu sein. Saraj breitet eine Decke auf den Boden und bittet Hagar, sich zu ihr zu setzen. Hagar verfolgt diesen langen Anlauf mit wachsender Neugier, in die sich auch etwas Beklemmung mischt. Sie hat begriffen, dass Saraj ihr etwas Wichtiges mitteilen wird.

Und dann beginnt Saraj: »Hagar, hier unten liegt der ganze Besitz Abrams. Dort sind noch ein bisschen die dunklen Zelte zu sehen, drüben die Herden, die wir gerade passiert haben, und es wird immer mehr. Wir sind alle sehr zufrieden, aber das Wichtigste für einen Stammesfürsten ist die Nachfolge, die Weitergabe des Samens, des Gutes, des Geistes.«

Saraj macht eine lange Pause.

»Mir hat das Schicksal eigene Kinder versagt, und du kennst mein jahrelanges Hoffen. Manches Mal haben wir darüber gesprochen.«

Erst nach einer Weile fährt Saraj fort: »Du weißt, dass Abram immer noch auf den von Gott versprochenen Nachkommen wartet und an dem Glauben festhält, dass er ihn bekommen wird. Doch meine Zeit, Kinder zu bekommen, ist vorbei. Nun muss ich für meinen Teil das, was ich dazu beitragen kann, jetzt in die richtige Bahn leiten.«

Der Wind spielt mit Sarajs langem Haar, das an manchen Stellen schon grau zu werden beginnt.

Hagar ist erregt aufgestanden und ein paar Schritte nach vorne gegangen. Saraj folgt ihr langsam und spricht weiter: »Wenn ich will, dass Abrams größter Wunsch Wirklichkeit wird, muss ich ihm eine Frau zur Seite geben, die ihm ihre Fruchtbarkeit schenken kann.«

Ein Beben läuft durch Hagar. Saraj bräuchte gar nicht weiterzureden, ein Schauer rieselt über ihren Rücken, sie hat verstanden. Verlegen blickt sie zu Boden.

Aber nun will Saraj es zu Ende bringen. »Hagar, ich habe dich ausgewählt, diese Frau zu sein.«

Nun ist es gesagt, entschieden, die Worte ausgesandt, unwiederbringlich.

In wirklich großen Augenblicken ihres Lebens ist Saraj stark und beherrscht. Sie nimmt Hagar in die Arme, drückt sie an sich und sagt: »Schenke du ihm und mir einen Sohn, wenn Gott es so will.«

Hagar ist ganz durcheinander. Abrams zweite Frau soll sie werden! Sie weiß, dass diese Bestimmung eine große Ehre für sie ist, und trotzdem überfällt sie ein eigenartiges Bedürfnis, sich zu schützen, als müsste sie sich vor etwas Unbekanntem in Acht nehmen. Fest und eng zieht sie das Tuch um ihren Kopf.

Doch dann kann sie mit zitternder Stimme antworten: »Saraj, das ist ein sehr großes Vertrauen, das du mir entgegenbringst. Dass du gerade mich dazu auserwählt hast.« Hagars Herz klopft bis zum Hals. »Es ist auch eine ganz besondere Ehre. Die Götter und dein Gott werden wissen, ob ich diese Erwartungen, diesen Dienst erfüllen kann.«

»Du wirst es gut machen, Hagar, ich weiß es«, erwidert Saraj und legt ihre Hand bekräftigend auf Hagars Arm. Dann kommt die bange Frage von Hagar: »Weiß Abram schon?« »Nein, ich werde es ihm morgen sagen, wenn er zurückkommt, und dich ihm zuführen. Ich bin sicher, dass er mit meiner Wahl einverstanden ist.«

Den Rückweg legen sie schweigend zurück. Jede der beiden Frauen ist mit eigenen Gedanken beschäftigt.

Saraj ist erleichtert, alles hinter sich gebracht zu haben, Hagar schwer beladen mit der Verantwortung, in die sie hineingestellt wird. An dieser großen Gabelung ihres Lebens kann sie sich noch nicht vorstellen, was es heißt, Nebenfrau von Saraj zu sein. Aber die Aussicht, Mutter zu werden, lässt einen hellen Strahl in ihr Herz dringen.

Abram hat einträgliche Geschäfte gemacht und kehrt gut gelaunt und mit vollen Taschen an den Tragetieren nach Hause zurück. Seine Augen suchen Saraj, er nimmt sie in die Arme. Saraj hält ihn fest und fest, belastet mit dem wehen Gefühl, sich entschlossen zu haben, eine andere Frau in die Gemeinschaft zwischen sich und ihrem Mann mit hineinzunehmen. Ihr Herz ist bedrückt und ihr Gemüt voller Schatten. Feuchtigkeit hängt an ihren Wimpern, und mit Mühe drängt sie die aufsteigenden Tränen zurück, als sie Abram mit leiser Stimme die zärtlichen Worte eines uralten Liebesliedes ins Ohr flüstert.

Abram ist hellwach und hellhörig geworden. Was will Saraj ihm damit sagen? Dies bedeutet doch mehr als das Bekenntnis ihrer Liebe!

Am Abend auf dem gemeinsamen Lager erfährt er die ganze Wahrheit.

»Saraj, das willst du für mich tun? Nie habe ich dich mehr geliebt als heute.« Und mit der Fortsetzung des Liedes, das Saraj am Morgen anstimmte, zeigt er ihr, welchen Wert sie für ihn bedeutet.

»Du bist schön, meine Freundin,
ja du bist schön!
Mit Küssen deines Mundes bedecke mich.
Süßer als Wein ist deine Liebe.

Hinter dem Schleier
deine Augen wie Tauben!
Rote Bänder sind deine Lippen,
lieblich ist dein Mund.«
(Aus dem Hohelied)

In dieser Nacht weiß Saraj sich von Abram geliebt um ihrer selbst willen. Er bettet sie in eine Fülle von Zärtlichkeit, und trotz ihres fortgeschrittenen Alters blüht sie für Abram in ihrer immer noch großen Schönheit wie eine späte Sommerblume.

Hagar verehrt Abram in einer leisen, zurückhaltenden Weise. In erster Linie sieht sie ihn als das väterliche Oberhaupt an, aber auch als den gerechten, in allen Dingen bewanderten, tatkräftig handelnden Mann, der in seiner Männlichkeit neben starker Autorität auch Weisheit und Güte verkörpert.

»Eigentlich hat er mich nie sonderlich beachtet«, überlegt sie. Für ihn gehörte sie zu Saraj, doch wenn sie zusammentrafen, war er stets freundlich zu ihr.

Und nun soll sie die Frau werden, von der er seine Nachkommen erwartet. Heiß schwingen ihre Empfindungen bei diesem Gedanken.

Wie muss ich mich verhalten, wenn ich mit ihm alleine bin, überlegt sie, und heftiges Herzklopfen lässt ihren Atem hastig und kurz ihren Brustkorb heben und senken. Instinktiv legt sie die rechte Hand aufs Herz, als wolle sie es beruhigen, zugleich hoffend, aus dem Sitz der innersten Gefühle eine Antwort zu erhalten. Von ihrer Heimat, vor allem von den Frauen im Harem ihres Vaters kennt sie Bräuche und Sitten, die zum Zusammensein zwischen Mann und Frau gehören.

Es war ihr nicht verborgen geblieben, welche Sorgfalt die Damen aufwendeten, sich schminkten, kleideten, schmückten, wenn sie zum Pharao gerufen wurden. Luxus, Eleganz, Musik, Tanz, auch Geziertheit und sogar Frivolität gehörten dazu. Nur, dem Leben hier in Kanaan, dem Leben in den Zelten entspräche das alles nicht.

Noch ist es früh am Tag, aber es liegt schon eine große Schwüle in der Luft. Das Dorf ist fast leer, die Hirten sind mit den Herden auf dem Weg zu einer entfernten Weide. Kinder und Frauen haben sich unter Büsche und Bäume vor der beginnenden Hitze geflüchtet.

Abram, der seit dem Morgengrauen unterwegs war, um seinen Männern die richtigen Plätze zu weisen, kehrt gerade zurück.

Vornehm schreitet sein Kamel durch die Zeltreihen. Eine hoheitsvolle Einheit, die beiden. Abram im weißen, wallenden Übergewand, das schwarze Tuch wie eine Wüstenkrone um den Kopf geschlungen und das Krummschwert für alle sichtbar im blitzenden Behälter am Gürtel.

Vor dem großen Zelt Abrams, in das es ohne weiteres hätte hineingehen können, gleitet das Kamel langsam in die Knie, um seinen Herrn aus dem Sattel steigen zu lassen. Ein kleiner freundschaftlicher Klaps von Abram auf die graubraune, gefurchte Haut, dann wird es von einem Knecht weggeführt.

Eine Sklavin steht mit einem Wasserkrug bereit, Abram erfrischt Gesicht und Hände.

Drinnen im Zelt sind an einem niederen Tischchen ausgesuchte Speisen und Getränke angerichtet. Dies alles zu ungewöhnlicher Zeit. Es ist die Stunde, in der Saraj Hagar ihrem Mann übergibt. Den Vorschriften und der Tradition entsprechend hat sie alles vorbereitet, und nun führt sie mit den gebotenen Umständlichkeiten und Höflichkeiten die Zeremonie mit großem Ernst und verhaltener Feierlichkeit aus.

So wird Hagar ohne ihr eigenes Zutun in diese so viele Jahre bestehende Gemeinschaft mit hineingenommen, um einen wichtigen Auftrag zu erfüllen.

Es schlingt sich fest
ein unsichtbares Band
um diese Menschen,
die frei und unfrei gleichermaßen
gewählt der Bindung feste Hand.

Drei Menschen – ein Gedanke – eine Schicksalsgemeinschaft – ein Kind. Und doch ganz unterschiedliche Regungen.

Abram wirkt sehr zurückhaltend. Saraj behandelt er besonders rücksichtsvoll, da er Denken und Fühlen seiner Frau nach so vielen gemeinsamen

Jahren aus jeder ihrer Bewegungen ablesen kann. Er weiß, was das alles für sie bedeutet.

Zaghaft hat er Hagars Hände in die seinen genommen und nach einem leichten Druck wieder losgelassen. Der kurze Blick, der ihre Augen streift, verrät nicht viel von seiner Seele, denn trotz der offenen Worte, die gesprochen werden, liegt eine stumme Beklemmung wie die drückende Schwüle des Tages über ihrer Zusammenkunft.

Als Hagar sich in ihr Zelt zurückzieht, steigen viele Bilder aus ihrer Heimat in ihr auf. Dort sind es fast immer die Mütter, die eine Ehe vermitteln, aber oft auch finden sich junge Leute verliebt bei Gesang und Tanz.

Und jeder weiß, dahinter steht die Göttin Hathor, die unsichtbar und weise an den Fäden zieht und als Symbol der Liebeskraft und Mutterschaft alles in einen wunderbaren Kreislauf von Liebe, Zärtlichkeit und Weiterleben hüllt.

Unversehens tauchen in Hagars Erinnerung verschiedene Liebeslieder und Verse auf, aber manches Liebesgedicht, das ihr einfällt, mag nicht so recht passen.

In Ägypten konnten ja auch die Mädchen ihre Gefühle und ihre Wünsche aussprechen, doch dies käme ihr in ihrem jetzigen Leben vermessen und unschicklich vor. Hagar hatte auch bald festgestellt, dass das Zusammenleben zwischen Mann und Frau nicht so frei und ungezwungen wie im Nilland abläuft. Auch Nacktheit wird ganz anders betrachtet als in ihrer Heimat, wo niemand Anstoß daran nimmt. Auch nicht bei Erwachsenen. Hier verbirgt man tiefe Gefühle und sich selbst vor der Öffentlichkeit, und seine Wunden zeigt man nicht.

Mehrere Tage sind vergangen, ohne dass Hagar Abram zu Gesicht bekommen hätte. Es schien, als wolle er bewusst ein wenig Zeit darüber vergehen lassen, damit sich alle Beteiligten an das Ungewöhnliche der neuen Situation gewöhnen konnten.

Hagar war gerade damit beschäftigt, die losen Fransen zu knoten, um dem soeben fertig gewebten Wandteppich den letzten Schmuck zu geben, als Abram sich nähert und hinter ihr stehen bleibt. Interessiert betrachtet er das kleine Kunstwerk. Es gefällt ihm, und er spricht seine Bewunderung aus.

Hagars Wangen glühen vor Freude über das Lob. Über ihren Mund huscht ein verlegenes Lächeln, und in ihren Augen liegt ein Leuchten. Dann legt

Abram, ehe er sich zum Weitergehen anschickt, leicht seinen Arm um sie und sagt leise: »Erwarte mich heute Abend, Hagar.« Hagars Herz klopft gerade so, wie ein junges Zicklein hüpft und springt. Noch nie hatte sie so empfunden. Ihr feines Wahrnehmungsvermögen hatte jedoch alles bereits geahnt, und die vorausgeschickten Impulse waren schneller angekommen als Schritte und Worte. Diese erste bewusste Berührung fließt wie feiner, kühler Morgensand über ihren Rücken und mündet in einem warmen, unbeschreiblich schönen Gefühl in ihre Wurzel.

Noch während sie die Schlussarbeiten mit der Wolle ausführt, muss sie unentwegt an Abram denken. Das unruhige Kribbeln, das sich bis in ihre Fingerspitzen bemerkbar macht, entfacht in ihr eine nie gekannte Regung, die sich zu einer bebenden Erregung steigert. Dieses kurze Nahekommen hat ihre Sinne auf wundersame Weise berührt und all ihre Poren geöffnet.

Kaum hat sie den letzten Handgriff getan, eilt sie mit wehenden Kleidern in ihre Behausung. Hastig suchen ihre Hände in der Dunkelheit nach einem bestimmten Gegenstand. Unter Fellen und Decken zieht sie eine Truhe hervor.

Ein kleiner Öffnungsspalt an der Rückseite des Zeltes lässt ein paar Sonnenstrahlen in das Halbdunkel fallen. Langsam öffnet sie den Deckel. Hier hat sie vor Jahren die Schätze ihrer Heimat abgelegt und bis heute nicht mehr angerührt.

Mit zitternden Händen nimmt sie Stück für Stück heraus, und legt alles nebeneinander auf die ausgebreitete Decke. »Es ist noch zu dunkel hier«, murmelt sie vor sich hin, »ich muss mehr Licht hereinlassen.« Sie wirft einen Blick nach links und nach rechts und ist zufrieden, dass draußen niemand zu sehen ist. Sie zieht die Decke ins Freie und legt sie unter die kleine Sykomore. Unter diesem Maulbeerbaum sitzt sie oft und träumt, wenn sie alleine sein will.

Damals, bei der Verteilung der Plätze für das Aufstellen der Zelte, hatte sie um dieses Fleckchen gebeten, da ihr die Nähe des Bäumchens so etwas wie Schutz und Nestwärme bedeutet. Wie alle Ägypter glaubt sie, dass die Sykomore als Erscheinungsform der Himmelsgöttin gilt und sie ein Sitz der Göttin Hathor sei, die ihre Gaben auf die Menschen verteilt.

Mit einem kleinen Freudenschrei holt sie ihr altes Schminkgefäß, das kleine Koholtöpfchen ans Tageslicht, das schwarzen, pulverförmigen Lidschatten und grünes Pulver aus zerstoßenem Malachit enthält.

Daneben liegt ein kleiner, in sich zusammengesunkener Kegel mit parfümierter Salbe. Ein Salbkegel, wie sie und ihre Schwestern ihn oft zu Hause auf dem Kopf trugen. Hagar riecht daran, er duftet nur noch schwach. Alles, was sie früher so liebte, kommt zum Vorschein. Der Salbenlöffel mit Rouge und Lippenrot, der Perückenkamm und hier der Spiegel aus Bronze mit feinen Ornamenten und dem Griff, der das Antlitz der Göttin Hathor mit den gebogenen Hörnern trägt. Er ist ganz matt geworden. Mit dem Ärmel ihres Kleides poliert sie ihn so lange, bis er wieder glänzt und leuchtet. Doch bleibt ein ganz besonderer Schimmer von Vergangenheit.

Aus einem seidenen Tuch wickelt sie langsam die prachtvolle blauschwarze Perücke. In Ägypten trug sie diese fast täglich. Vorsichtig drückt sie sie auf ihren Kopf, sie passt nicht mehr, da inzwischen ihr Haar lang und füllig geworden ist. Früher hatte sie ihr Haupt meist glatt rasiert wie alle vornehmen Frauen. Sie schnuppert, hier duftet noch zart die Myrrhe und das Lilienöl für den Körper. Auch das Henna zum Färben der Haare, für die Finger- und Fußnägel wie auch für die Handflächen hat noch seine volle Leuchtkraft. Ah, da ist die Zange zum Ondulieren der Perücke. Die kann ich doch auch für meine langen Haare gebrauchen, denkt sie. Jetzt kommt auf dem Boden der Truhe ein kleines Kästchen zum Vorschein.

Das Kästchen alleine ist schon ein Kunstwerk, und es beinhaltet ihre schönsten Geschmeide. Das Wertvollste ist ein Schmuckkragen aus vielen Goldplättchen, reich verziert mit Perlen und Edelsteinen. Daneben liegen Ketten aus gebrannten Fayenceperlen, Arm- und Fußringe aus Gold und Silber. Hagar ist völlig versunken in die Wiedersehensfreude mit ihren alten Kostbarkeiten. Alle Duft- und Parfümfläschchen sind noch heil. Eines nach dem anderen probiert sie aus, und bald ist sie eingehüllt in süße, berauschende Düfte. Das erinnert sie an zu Hause. Sie sieht sich in ihren ägyptischen Kleidern.

Hagar springt auf und kramt nach einer anderen flachen Truhe. Sie weiß, was sie sucht. Endlich, sie pustet Staub und feinen Sand weg, und mit fliegenden Händen klappt sie den Deckel hoch. Ja, da ist es, das weiße Kleid aus feinem Batist, leicht, luftig, durchsichtig, mit Gold- und Silberfäden durchwirkt.

Die Hast der Suche hat sich verloren. Träumerisch hält sie das zarte Gebilde an ihren Körper. Mit einem tiefen »Ah« entstöhnt sie ihre große Angespanntheit.

Was für ein Kontrast zu den Wollkleidern, die sie gerade anhat.

Feierlich, wie in einer Prozession, trägt sie es hinaus, hängt es an einen Ast der Sykomore. Dort bewegt es sich in den sanften, warmen Wellen des Wüstenwindes, und diese Wellen übertragen sich auf das kleine Meer ihres Seins, lassen es in Bewegung geraten und wiegen in sich ihre Wünsche und Fantasien für die kommenden Ereignisse.

Hagar setzt sich unter den Baum, und aus ihrer Kindheit fallen ihr Geschichten ein, in denen Bäume sprechen können. Bruchstückhaft erinnert sie sich an ein Gedicht, in dem es heißt:

Die kleine Sykomore spricht:
» ... in meinem Schoße ruhn die lichten Götter,
sie schenken Wandel uns zur rechten Zeit,
sie spenden ihre Gaben reich, zur vollen Stunde
für den, der offen und bereit.«

Ein Sonnenstrahl streift den Spiegel in Hagars Hand. Er glänzt und gleißt im Widerschein in ihren Augen. Sie hält ihn hoch und schaut in ihr Gesicht, sie dreht sich im Kreis, sie gefällt sich, lacht sich an, fühlt sich unendlich wohl. Und es ist, als sähe sie sich so zum ersten Mal. Heute ist alles anders an mir, sagen ihre Augen, und ihr Mund lächelt.

Leicht und luftig schweben Empfindungen wie Schneekristalle vom Himmel, für kurze Augenblicke nur berühren sie die Erde, bis sie in der Glut der Gefühle dahinschmelzen und in ihren Urgrund zurückkehren. Eingehüllt in silbrig rosa schimmernden Lichtnebel, von zarten erotischen Wünschen getragen, verdichten sich die nächsten Stunden in ihrer sehnsuchtsvollen Erwartung, als wären sie Zukunft, Gegenwart und kostbare Erinnerung zugleich. Wie von selbst formen sich jetzt Melodie und Worte für das *Liebeslied der Lotosblüte,* das Hagar anstimmt.

Unmerklich weicht der Tag dem Abend
und schreitet feurig-rot wie Jaspis in die Lapis-Nacht.
Gar süße Lieder drängen sich in meinen Sinn,
sie leihen mir der Göttin Hathor Zaubermacht.

Im schönsten aller Kleider will ich dich empfangen.
Mein Haupt und mein Gesicht sind rein.
Der Salben feinste leg' ich auf die Wangen,
was ich vermag zu geben, es sei dein.

Noch deck' ich zarten Schleier über meine Brüste,
die, Liebesäpfeln gleich, verströmen ihren Duft,
bis dass im Sternenglanz der Wüste
die Nacht uns zur Erfüllung ruft.

Schon wiegen meine Hüften sich im ersten Tanz,
die Glöckchen klirren,
und sie begleiten meiner Füße
leichte Schritte –
betörend hauchen Balsam, Lilie und Myrthe
ihren Atem aus –
in meinem Garten öffnet sich die Lotosblüte.

Leise betritt Abram das Zelt – und dann vermischen sich bis in den nächsten Morgen Hagars Träume mit der Wirklichkeit.

Hagar – Abrams zweite Frau

Saraj hat die Mitglieder des Stammes über Hagars neue Stellung in der Gemeinschaft informiert und versucht, mit Würde diese Situation zu meistern. Doch oft ist ein wehes Gefühl ihr Begleiter an manchen Tagen.

Eine seltsame Fremdheit liegt nun zwischen ihr und Hagar, wenn sie zusammentreffen. Nicht gestellte Fragen und Antworten, die offen bleiben, grenzen sie gegeneinander ab wie schnell emporgezogene Mauern. Dennoch beschäftigt sich jede der beiden Frauen in Gedanken mit der anderen. Beide wägen sie die Werte und denken voneinander, dass jeweils die andere den besseren Teil für sich beansprucht. Saraj fühlt sich durch ihre eigene Entscheidung gedemütigt, obwohl sie weiß, dass nach der Geburt eines Sohnes durch Hagar ihre Stellung in der Familie erhöht sein wird. Nagende Fragen, die immer wieder an die Oberfläche kommen, quälen Saraj. Ist Abram zu Hagar anders als zu mir? Worüber sprechen die beiden, wenn sie zusammen sind? Hagar ist jung und schön, wie betört sie ihn? Wie viel Aufmerksamkeit schenkt Abram dieser Frau? Denkt er nur an einen Sohn, oder ist ihm auch die Lust willkommen? Sarajs Stolz verbietet es ihr, danach zu fragen, und Abram schweigt.

Hagar ist glücklich, Abrams zweite Frau geworden zu sein, und schwingt in einer wunderbaren Stimmung, auch wenn sie in manchen Nächten vergeblich auf ihn wartet.

Abram ist sehr bemüht, seine Zuwendungen so zu verteilen, dass Saraj sich seiner Liebe sicher sein kann und Hagar trotzdem das Gefühl bekommt, dass er sie schätzt und achtet, dass sie ganz in seine Wünsche und Erwartungen mit einbezogen ist.

Dann eines Tages kann Hagar ihm verkünden, dass sie schwanger ist.

Außer sich vor Freude, nimmt Abram sie in die Arme und schwingt sie fröhlich im Kreis herum.

Erschreckt schauen beide auf Saraj, die vor ihrem Zelt steht und ärgerlich fragend, fast strafend auf die beiden sieht. Abram ruft ihr die freudige Nachricht zu, was Saraj aber nicht mehr als ein gequältes »Na endlich« entlockt, als wolle sie damit ausdrücken, dass der Zweck damit wohl erfüllt wäre. Saraj ist in ihren Gefühlen hin- und hergerissen. Sosehr sie darauf wartet, dass dieses Kind zur Welt komme, sosehr leidet sie darunter, ihren Mann mit dieser anderen Frau teilen zu müssen. Saraj weiß, dass nach geltendem Recht viele Männer mit zwei oder mehreren Frauen zusammenleben, aber sie steht auf dem Standpunkt, bei ihr sei eben alles anders gewesen, von Anfang an.

Vieles wird ihr jetzt abverlangt, wovon sie glaubte, dass sie nie damit konfrontiert werden würde. Sie muss lernen, ihre Eifersucht zu beherrschen, und ihrem Mann die Nebenfrau gestatten. Dabei sind ihr jedoch weder die Appelle an die Vernunft noch der starke Wunsch nach einem Kind sehr hilfreich.

Zwar stellt sie sich in aller Ehrlichkeit die Frage: »Wo sind bloß meine warmherzigen Gefühle für Hagar geblieben?«, um aber gleich darauf in schneller Selbstverteidigung zu konstatieren, dass Hagar ihr eigentlich mehr genommen habe, als Saraj zu geben bereit war.

Und hatte Hagar nicht gerade gestern hochnäsig einer Dienerin Arbeit angewiesen, die sie selber hätte ausführen können? Oder bilde ich mir das nur ein? Aber es ist doch so. Irgendwie geht Hagar jetzt mit hoch erhobenem Kopf umher, als wollte sie von allen Anerkennung heischen. Mit diesem triumphierenden Ausdruck in ihrem Gesicht scheint sie sich über mich erheben zu wollen, rechtet Saraj. Als ich ihr heute einen guten Rat für die Zeit der Schwangerschaft geben wollte, hat sie fast spöttisch gelächelt und gesagt: »Ach Saraj, da kannst du doch gar nicht mitreden, du warst doch nie schwanger.« Das war äußerst ungehörig und tat weh.

Hagar ist im Überschwang ihrer Gefühle. Rundherum fühlt sie sich wohl und genießt das wunderbare Gefühl, Mutterfreuden entgegenzusehen. Die Empfindlichkeit Sarajs nimmt sie meist gar nicht wahr und kümmert sich kaum darum, dass Saraj nun ständig an ihr herumnörgelt.

Konflikte – Flucht als Ausweg

Saraj ist auch böse auf Abram. Ihr scheint, dass er noch manches Mal Hagar in ihrem Zelt besucht. Das kränkt sie sehr und löst jedes Mal eine große Gereiztheit aus. Eines Abends nimmt sie Abram beiseite und beklagt sich:

»Abram, du musst Hagar zurechtweisen. Seit sie weiß, dass sie schwanger ist, ist sie hochmütig gegen mich geworden. Ich kann das nicht länger ertragen, schließlich bin ich die Herrin, und du kannst es nicht zulassen, dass sie auf mich herabsieht.«

Abram möchte sie besänftigen und versucht zu vermitteln: »Saraj, siehst du das nicht ein wenig zu streng? Ich finde, Hagar verhält sich nicht anders als sonst, außer dass sie sich freut, Mutter zu werden. Du bildest dir das ein, sei nicht voreilig in deiner Verurteilung. Ich bin ganz sicher, sie will dich in keiner Weise kränken.«

Aber das ist genau das, was Saraj nicht hören will. Vielmehr möchte sie in ihren Vermutungen bestätigt werden, und Abrams Haltung vermehrt nur ihren Zorn, da es für sie den Anschein hat, dass Abram Hagar auch noch verteidigen will. Saraj steigert sich in eine immer größere Erregtheit:

»Abram, wenn du meine Ehre nicht verteidigen willst, muss ich deinen Gott anrufen: ›Jahwe, richte zwischen mir und dir!‹«, schreit sie Abram entgegen.

Erschrocken über Sarajs heftige Reaktion gibt ihr Abram völlige Freiheit gegenüber Hagar. Der Konflikt weitet sich aus. In den nächsten Tagen betrachtet Saraj argwöhnisch Hagars Benehmen und jede ihrer Handlungen.

Heute wird viel Wasser gebraucht, und alle Mägde sind unterwegs zum Brunnen. »Hagar, nimm du auch einen Krug und hole Wasser!«, beordert Saraj Hagar schon am frühen Morgen. Hagar ist überrascht, ungläubig sieht sie auf Saraj. Ein fragender Blick. Wasser holen die Sklavinnen. Sie selbst trug noch nie so ein schweres Gefäß auf dem Kopf. Hagars Leib wölbt sich bereits sichtbar, und die Mägde tuscheln hinter Sarajs Rücken.

Blitzschnell durchfährt Hagar das Erkennen. Saraj sucht eine Konfrontation. Und trotz aufkeimender Empörung und dem Wunsch, diese Aufforderung abzulehnen, nimmt sie mit einer bewusst graziösen Bewegung den nächstbesten Tonkrug und setzt ihn mit einer unnachahmlich stolzen Geste auf ihr erhobenes Haupt.

Saraj hat nicht damit gerechnet, dass Hagar diesen Auftrag ausführen würde. Ja, sie wartete förmlich auf Widerstand.

Nun schießt ihr das Blut des Zornes in die Schläfen, sie ärgert sich über die souveräne Art, mit der Hagar diese Situation angeht.

Doch auch Hagar ist innerlich wütend. Über sich selbst und darüber, dass sie sich nicht gewehrt hat. Am Abend ist sie völlig erschöpft nach der ungewohnt schweren Arbeit. Die Zehen sind aufgestoßen, und ihr Rücken schmerzt. Aber Saraj sollte nichts davon merken, einen Triumph will sie ihr nicht gönnen. Sie kämmt ihre langen Haare, macht sich frisch fürs abendliche Essen am Feuer und sucht die Nähe Abrams.

Unaufhörlich geht der Fehdeball zwischen den beiden Frauen hin und her.

Am anderen Tag werden mehrere Esel hergerichtet und die Sklavinnen zum Holzsammeln eingeteilt. Das Vorratslager muss aufgefüllt werden.

Saraj hat sich in eine düstere Stimmung hineinmanövriert und fiebert nach Genugtuung. Kalt wie Nordwind zischen verschiedene Überlegungen durch ihren Kopf, und die messerscharfen Befehle lassen alle erschreckt aufhorchen. Hagar soll mit hinausreiten, um Holz zu sammeln!

Das ist eine große Zumutung, und Hagar kann sich nicht mehr zurückhalten. Nun fühlt sie sich angegriffen und in ihrer Würde als Abrams zweite Frau verletzt. Aufgebracht entgegnet sie Saraj, dass sie diese niedere Arbeit noch nie zu tun hatte und diese auch jetzt nicht ausführen werde.

Saraj reagiert wiederum sehr heftig und besteht rechthaberisch auf Hagars Gehorsam. Unüberlegte, schnelle Worte voller Feindseligkeit treffen Saraj in ihrem Machtgefühl und Hagar in ihrem Stolz.

Die Mägde haben sich schnell auf den Weg gemacht, während die Auseinandersetzung der beiden Frauen ihrem Höhepunkt naht. Saraj bebt vor Aufregung am ganzen Körper, und Hagar schwingt sich mit tränenüberströmtem Gesicht auf einen Esel, um weiteren Angriffen zu entgehen. Sie reitet davon. Saraj denkt, Hagar habe sich gefügt und sei auf dem Weg zu den anderen. Doch der vermeintliche Sieg schmeckt bitter.

Am Abend kehren die Sklavinnen mit beladenen Eseln und jede noch mit einem großen Bündel Brennholz auf dem Rücken zurück. Abram vermisst seine beiden Frauen. Saraj findet er in ihrem Zelt, das sie den ganzen Tag nicht mehr verlassen hat. Er fragt nach Hagar, und sie erklärt ihm kurz, dass diese mit den Sklavinnen unterwegs gewesen sei. Abram sieht sie scharf an, ahnt Zusammenhänge.

Sofort lässt er nach Hagar suchen, aber vergebens. Wie ein Lauffeuer verbreitet sich die Nachricht von Hagars Verschwinden. Abram macht Saraj Vorwürfe über ihr Verhalten: »Wie konntest du nur so weit gehen, Saraj. Diese junge Frau trägt unser Kind unter ihrem Herzen und irrt wahrscheinlich verzweifelt in der Wüste umher. Ich hoffe, wir finden Hagar, und sobald sie zurück ist, erwarte ich, dass ihr euch versöhnt und in Zukunft friedfertig miteinander umgeht!«

Entgegen seiner sonstigen, oftmals nachgiebigen Art Saraj gegenüber wirkt Abram nun in seinen Worten sehr entschieden. Saraj wagt es auch nicht mehr, eine sie entschuldigende Entgegnung vorzubringen.

In Ehrlichkeit gesteht sie sich ein, dass sie nun ebenfalls in Sorge um Hagars Ausbleiben ist.

Tief verletzt über die unwürdige Behandlung, die ihr widerfuhr, ist Hagar auf ihrem Esel in die Wüste geritten. Sie will nur fort. Weit fort, irgendwohin. Hagar überlegt nicht lange, aber ihr Unterbewusstsein richtet sich nach der Sonne, nach Süden, nach Ägypten, nach »zu Hause«.

Allmählich trocknen ihre Tränen, und voller Trotz sagt sie zu sich selbst: »Nie mehr werde ich zu Saraj zurückkehren.« Ein unbändiges Freiheitsgefühl ergreift von ihr Besitz. »Ich will es nicht lernen, mich so zu unterwerfen.« Zornig ruft Hagar es hinaus.

Sie glaubt das Recht zu haben, sich aus Sarajs Hand befreien zu können.

Jetzt erst merkt Hagar, wie völlig verwirrt sie war, als sie sich ohne Nachdenken und ohne jedes Überlegen auf die Flucht begab. Es ging ja alles so schnell und kam so unerwartet. Nichts hat sie mitgenommen, nur der Wert des Schmuckes, den sie heute trägt, könnte ihr helfen weiterzukommen.

Noch ist ihr die Gegend vertraut, durch die sie reitet. Es müsste in der Nähe von Kadesch und Bred sein, das wäre der Weg nach Schur, und von dort ist die Grenze nach Ägypten nicht mehr weit.

Begegnung am Brunnen

Hagar weiß, hier in der Nähe muss ein Brunnen sein. Sie ist durstig nach der langen Strecke. Endlich findet sie ihn. Sie gibt dem Esel Wasser und erfrischt sich selbst, sie wäscht ihr Gesicht, das von Tränen, Schweiß und Sand erhitzt und staubig ist, auf dem die Glut des Tages ihre Spuren hinterlassen hat.

Der Gruß eines Mannes unterbricht plötzlich ihr einsames Tun: »Hagar, Magd Sarajs, wo kommst du her und wohin willst du?« Ein Mann, dessen Kommen sie nicht gehört hat, steht vor ihr und stellt eine Frage, als würde er sie kennen, nennt sie beim Namen:

Hagar, voller Verwunderung über sein Wissen, antwortet in ihrer aufrichtigen Art, dass sie eben vor dieser Herrin auf der Flucht sei. Und sie erzählt ihm, was ihr widerfuhr.

Der Fremde nickt verständnisvoll, und nach einer Weile sagt er: »Hagar, kehre trotzdem zu deiner Herrin zurück, und versuche sie zu verstehen. Alles hat seinen Sinn, vieles ist vorausbestimmt, manches entwickelt sich aus unseren Handlungen.«

Mit einem schnellen »Nein« auf den Lippen ist Hagar im Begriff, dieses Ansinnen abzulehnen. Aber ein Blick in sein Gesicht lässt sie zögern. Es ist ein seltsam gutes, weises Gesicht. Der Fremde spricht weiter: »Ich weiss, dass du schwanger bist.« Hagar unterbricht ihn und fragt erstaunt: »Wer bist du, dass du mir das sagen kannst?«

Darauf bekommt sie keine Antwort, er aber fährt fort: »Du wirst einem Sohn das Leben schenken, und du sollst ihm nach dem Recht der Mutter den Namen Ismael geben. Das heißt ›Gott hört‹ und ist ein Lobname. Mit Mut und Stärke wird er geboren, aber auch Wildheit und heißes Temperament werden sein Wesen prägen. In seiner Kühnheit wird er jedem trotzen. Er wird ein Großer werden, und nach ihm wirst du noch viele Söhne haben.«

Hagar ist ganz durcheinander. Was hat der Fremde nur alles zu ihr gesagt? Und jetzt ist er weg, verschwunden!

Mit gesenktem Kopf, den sie in ihre Hände stützt, sitzt Hagar an der Quelle, und erneute Tränen helfen den Schmerz der letzten Stunden ein wenig aufzulösen. Sie denkt an ihr Kind, das sie in ihrem Kummer völlig vergessen hatte. War das ein Weiser, der gerade zu ihr gesprochen hat?

Die ganze Zukunft ihres Sohnes hat er ihr vor Augen gehalten. War es ein Bote des Gottes Abrams? Können himmlische Boten so sprechen? Er sah so menschlich aus! Ist dieser Gott nun wirklich auch mein Gott, denkt sie. Dann hat er mich gesehen in meiner Not, in meiner Verzweiflung. Wenn es wirklich Gott war, der mir in diesem Boten begegnet ist, dann hat Gott mit mir geredet, wie sonst nur mit Abram. Und ich habe in sein Gesicht schauen dürfen, und er hat alle diese künftigen Dinge prophezeit!

Warm und mild wird ihr ums Herz. Was alle belehrenden und erklärenden Worte Abrams und Sarajs über diesen Gott nicht haben bewirken können, das hat ihr diese Begegnung geschenkt. Ahnt sie das Geheimnis, warum sie den Weg zu dieser Quelle hat gehen müssen?

Hagar schöpft sich noch einmal die Kraft des Wassers, und aus dem tiefsten Innern ihres Herzens spricht sie: »Nun bist du für mich der Brunnen des lebendigen Gottes, des Gottes, der mich angeschaut hat, du bist die Quelle Lahai-roi.«

Die Entscheidung zur Rückkehr ist trotzdem schwer.

Es geht nicht nur darum, Verständnis für Saraj zu haben. Zurückzugehen an ihren Platz bedeutet auch Demut, Gehorsam und Unterordnung. Gerade das fällt ihr so schwer, empfindet sie als eine schwierige Aufgabe, eine ungeheure Last, die sie sich nun selbst auferlegen muss.

Obwohl sie eben noch dachte, keine Macht der Welt könne sie zurückholen, wendet sie nun ihr Schicksal in die ihr gewiesene Richtung.

Bei ihrem Eintreffen im Zeltdorf begegnet sie als Erstem Abram. Wortlos nimmt er sie in die Arme und macht ihr keinen Vorwurf. Hagar fühlt sich verstanden und geborgen.

Er führt sie zu Saraj. Hagar ist auf alles gefasst, hat sich vorgenommen, ruhig zu bleiben und keine unbedachten Worte auszusprechen. Aber Saraj kommt ihr mit offenen Armen entgegen, und noch ehe sie zu Reden beginnt, erkennt Hagar, dass sich etwas verändert hat.

In ihrer Feinfühligkeit spürt sie oft die Dinge, bevor sie sie erreichen. Saraj zeigt ihr in ehrlichen, aufrichtigen Worten, dass sie gewillt ist, ihre Lebensgemeinschaft mit anderen Augen zu betrachten. Und so meint sie es auch. Saraj bemüht sich sehr, ihre überschäumende Leidenschaft zu bändigen, und langsam überwindet sie die schweren Gedanken. So kehrt zum äußeren Frieden nach einiger Zeit auch die innere Ruhe in die Familie zurück. Gemeinsam warten sie auf das Kind.

Der Sohn Abrams wird geboren. Ismael ist sein Name

Der Tag der Geburt naht. Die ägyptischen Mägde haben schon alles hergerichtet, was zur Entbindung nötig ist. Ein Körbchen steht bereit und eine kleine Wiege, die Abram nach Hagars Angaben gezimmert hat. Hagar hat aus ihrem Vorrat an ägyptischem Linnen Windeln und Einschlagtücher genäht und alles fein säuberlich gestapelt.

Sarajs Wunsch war es gewesen, dass sie bei der Geburt dabei sei, so dass Hagar genau den Worten nach das Kind auf den Knien von Saraj hätte gebären können. Hagar jedoch hat beschlossen, ihr Kind nach ägyptischer Art auf die Welt zu bringen, und Saraj lässt sie dann auch gewähren. Die beiden Mädchen aus Hagars Heimat verstehen sich darauf, Geburtshilfe zu leisten, und sind nun stets in Hagars Nähe.

Hagar durfte sich sogar eine Art Wochenlaube neben ihrem Zelt bauen lassen, wie sie Gebärende und Wöchnerinnen in Ägypten haben. Mit weichen Decken und reinen Tüchern ausgelegt, mit der Möglichkeit luftiger Kühlung an heißen Tagen ist es ein guter Platz für ihre Niederkunft.

Als die Zeit reif ist, bringt Hagar ihren ersten Sohn zur Welt. Bei allen Ägypterinnen geschieht dies in einer hockenden Stellung auf einem niederen Stuhl. Hilfreich stehen ihr die Mägde als Hebammen bei. Eine hilft der Gebärenden von vorne, die andere steht hinter ihr. Aber auch Saraj hat es sich nicht nehmen lassen, wenigstens in der Nähe zu sein.

Endlich der erste Schrei des Neugeborenen. Der Sohn ist da. Laut und durchdringend kündet er selbst seine Ankunft. Die Schmerzen der Entbindung sind vorbei, Hagar hält ihr Kind im Arm. Wie ein großes Wunder betrachtet sie es, und sie spricht liebevoll mit leiser Stimme: »Mein Sohn, der du aus meinem Leib hervorgegangen bist, ich bin sehr glücklich über dich. Ismael soll dein Name sein, wie es mir geboten wurde. Das ist ›Gott hört‹, Ismael, hörst du! – I s m a e l.« Warm und innig spricht sie noch einige Male seinen Namen aus.

Jetzt lässt Hagar auch entspannt den kleinen Bes-Anhänger los, den sie während der ganzen Zeit des Geburtsvorgangs festgehalten hatte. Seine Gestalt ist bei den Ägyptern der Schutzgeist für Mutter und Kind seit undenklichen Zeiten.

Auf Ismaels Bettchen legt sie als Sinnbild des Lebens und der unvergänglichen Lebenskraft ein kleines goldenes Ankh-Kreuz, das er später, wenn er größer geworden ist, an einer Kette um den Hals tragen wird.

Saraj holt eilig Abram herbei, und feierlich betreten sie gemeinsam die Wochenlaube. Ismael liegt schlafend neben seiner Mutter. Hagar weiß, was man jetzt von ihr erwartet. Sie richtet sich auf und legt Saraj ihren Sohn in die Arme, die ihn mit Tränen in den Augen hin- und herwiegt.

Dieses leichte, kleine Kind, so hilflos es scheint, legt es sich doch wie ein schweres Gewicht auf ihre Seele. Nachdenklich betrachtet sie Hagar und erahnt, dass diese starke Persönlichkeit immer die wirkliche Mutter sein wird, auch wenn Saraj offiziell durch die Geburt des Knaben als Mutter eine Erhöhung ihrer Stellung errungen hat.

Mit geduldiger Ungeduld wartet Abram darauf, seinen Sohn in Empfang zu nehmen.

Saraj überreicht ihm Ismael in der Symbolik ihres eigenen Kindes.

Abrams große braune Hände halten den Sohn und Erben. Endlich. Der Stammhalter. – Es ist ein großer Tag. Abram betrachtet ihn als ein Geschenk des Himmels.

In großer Rührung tritt er ins Freie hinaus und hebt ihn für einen Augenblick mit gestreckten Armen hoch. Diese feierliche Gebärde ist seine Bitte um Segen für seinen Sohn. Danach drückt er sein Gesicht ganz leicht, wie einen Hauch, auf den kleinen Körper, ehe er ihn der Mutter zurückgibt. In bewegten Worten dankt er Hagar für die Erfüllung seines Herzenswunsches.

Saraj hat in einem Gefäß feines Salz mitgebracht, um der Landessitte gemäß den ganzen Körper des Neugeborenen damit abzureiben. Auch Olivenöl zum täglichen mehrmaligen Salben, dazu Puder aus zermahlenen Myrthenblättern. Hagar hat nichts dagegen, sie kennt inzwischen die Bräuche und weiß, dass alle Kinder, die hier geboren werden, auf diese Weise eine Hilfe zur Abhärtung in diesem Wüstenklima erfahren.

Drei Jahre lang stillt Hagar ihren kleinen Sohn und ist ihm eine überaus zärtliche Mutter. Diese besondere Zärtlichkeit Kindern gegenüber ist in Ägypten selbstverständlich, wie auch die erwachsenen Söhne und Töchter gerade der Mutter Liebe und Verehrung bezeugen.

Saraj bemüht sich sehr, für Ismael ebenfalls Mutter zu sein, aber Hagar gibt auf eine bestimmende und sanft beharrende Art die Betreuung ihres Kindes nicht ganz aus der Hand. So bleibt sie, ihrer inneren Stimme folgend, immer die hauptsächliche Bezugsperson für ihren Sohn.

Hagar singt und spielt und scherzt mit Ismael. Aus dem Märchenschatz ihrer Heimat erzählt sie ihm und lässt ihn so schon als kleines Kind einen Blick in ägyptische Wesens- und Lebensart tun. So lernt er spielerisch uralte Weisheiten und Eigenarten des fernen Nillandes kennen.

Besonders die Tiergeschichten, die ihm seine Mutter zu erzählen weiß, liebt Ismael sehr. Wenn Katzen, Mäuse und Vögel, Ziegenbock und Affe, Katzen mit Gänsen in bunten Bildern und mit vertauschten Rollen ihre schlauen Spiele treiben, wenn sie mit Stärke, List und Tücke um ihre Berechtigung und ums Überleben kämpfen, ist er mit allen seinen Sinnen dabei.

Aber auch die alten Göttersagen, die Hagar mit glänzenden Augen von Ägypten erzählt, faszinieren ihn, und vielleicht spürt er manchmal darin die verborgene Sehnsucht seiner Mutter.

Durch ihre eigene ungezwungene Erziehung in ihrer Heimat lässt Hagar bei Ismael seinen Anlagen gemäß das in ihm wachsen, wozu er geboren scheint. Sie lässt ihn gewähren, ermuntert ihn auch bei gefährlichen Abenteuern, lobt ihn, wenn etwas gelingt. Wenig wehrt sie ihm, manchmal vielleicht zu wenig, meint Saraj, denn sie nimmt Hagars Art der Unterweisung oft missbilligend zur Kenntnis. In ihrem hohen Alter und durch ihre eigene Vergangenheit hat sie doch andere Vorstellungen von Kindererziehung.

Gerade deshalb bemüht sich Saraj sehr, dass Ismael auch die andere Seite seiner Herkunft kennen lernt. Sie erzählt ihm von Mesopotamien, ihrer und Abrams Heimat, dem Leben dort und den Menschen, die damals mit ihnen lebten. Dazu holt sie Ismael oft in ihr Zelt, nimmt ihn zärtlich in den Arm und freut sich mit Abram über das Kinderglück dieser späten Jahre.

Abram selbst nimmt seinen Sohn schon in jungen Jahren zu seinen Opferstätten mit und unterweist ihn in seinem Gottesverständnis.

Auch wenn Abram manchmal am abendlichen Feuer alte Geschichten aus Ur erzählt und die großen Wanderungen schildert, Gefahren beschreibt und von Kämpfen mit fremden Nomadenstämmen berichtet, leuchten Ismaels Augen auf.

So wächst Ismael, ausgestattet mit dem Erbe zweier großer Kulturen, unter den Augen seiner Mütter und seines liebevollen Vaters am Rande der Wüste in großer Freiheit auf. Von Anfang an ist es für ihn ganz selbstverständlich, zwei Mütter zu haben, Hagar und Mutter Saraj.

In der Familie Abrams wird das Westsemitische gesprochen. Von seiner Mutter Hagar lernt er aber auch Ägyptisch, und sie bringt ihm mit viel Geduld Lesen und Schreiben bei. Doch viel mehr Freude und Interesse zeigt er an allen praktischen Dingen des alltäglichen Lebens. Hier sind Abram, Elieser und die Hirten seine besten Lehrmeister.

Draußen auf den Weiden, auf dem Eselsrücken fühlt er sich wohl, Pfeil und Bogen sind seine liebsten Begleiter, und es gibt kein Ziel, das er nicht träfe. Besonders glücklich ist Ismael, wenn er seinen Vater begleiten darf, vor allem, wenn sie mehrere Tage unterwegs bei den Herden verbringen.

Voller Stolz betrachtet Abram die Entwicklung seines Sohnes, und mit Befriedigung kommt er zu der Überzeugung, dass Ismael mit all den Fähigkeiten ausgestattet ist, die nötig sind, einmal den ganzen Stamm in seinem Sinne weiterzuführen.

So läuft das Leben viele Jahre in geordneten Bahnen. Manchmal gibt es Streit wegen der Benutzung der Weideplätze und in Trockenperioden Zwistigkeiten um Brunnenrechte wie zu früheren Zeiten. Das Zusammenleben in der erweiterten Familie hat sich eingespielt, und die verschiedenen Standpunkte werden akzeptiert.

Dass Ismael nun eine große Rolle in Abrams Leben spielt, dafür hat Saraj Verständnis, und sie hat ertragen gelernt, dass Hagar auch zu ihnen gehört.

Gottes Bund mit Abraham

In diese Ruhe hinein, bricht mit der Stärke eines Orkans eine neuerliche Offenbarung. Gott lässt Abram in der Nennung seines Namens *El Schaddai* sein kraftvolles, mächtiges Wesen schauen. »Sei mir ganz zugetan«, fordert sein Gott, und Abram liefert sich ihm ohne Vorbehalte aus. »Ich will.dein Gott sein, und du sollst mein Volk sein, was immer auch geschehen mag. Ich richte meinen *Bund* auf zwischen *mir* und *dir* und *deinen Nachkommen,* und ich will ihnen *allen Gott sein.*«

Diese Worte sind unauslöschlich in sein Herz geschrieben: Hineingewoben in Vertrauen und Hoffnung, und mit jedem Tropfen seines Blutes werden sie weitergetragen, bis sich alles erfüllt hat. Zum Zeichen seiner neuen Bestimmung ändert Gott Abrams und Sarajs Namen. *Abraham,* Vater der Völker, und *Sara,* Fürstin der Stämme, sollen sie jetzt heißen. Zur Besiegelung des Bundes mit Gott vollzieht er die Beschneidung aller männlichen Mitglieder seines Stammes und der dazugehörenden Fremdlinge.

Und da ist noch eine andere Verheißung. Abraham bringt sie kaum über seine Lippen. Die Mitteilung Gottes, dass Sara selbst einem Sohn das Leben schenken soll.

Im Stillen denkt Abraham, ich habe doch Ismael, der ist inzwischen dreizehn Jahre alt, wenn dieser am Leben bleibt, werde ich mich glücklich schätzen. So spricht er auch zu Gott. Doch dieser redet beharrlich von Saras Sohn.

Zeitlebens war Sara unfruchtbar und ist jetzt 90 Jahre alt. Wie soll er ihr das glaubbar machen. Was wird sie dazu sagen? Wenn er an all die Gebete denkt, das jahrelange Flehen und Hoffen und die bereits erfolgten Verheißungen, die dann ganz andere Gestalt bekamen, als sie es sich in ihren Wünschen ersehnt hatten.

Während er Sara dann doch davon unterrichtet, muss er selbst lachen, hat aber ein schlechtes Gewissen dabei, da es ihm nicht geziemend erscheint, Gottes Pläne für unmöglich zu halten.

Es muss Gott gefallen haben, Abraham und Sara noch ein weiteres Mal kundzutun, dass ihnen ein Sohn geboren werden soll. Wollte Gott damit Abrahams letzte Zweifel ausräumen? Wollte er ihm damit zeigen, wie sehr er sich mit seinem auserwählten Freund verbunden fühlt, indem er eine ganz besondere Form der Begegnung wählt?

Gott ist unterwegs. In der Gestalt eines Gastes, so scheint es, will er Abraham begegnen. Und Abraham darf ihn zu einer Mahlgemeinschaft einladen.

Drei Männer zu Gast

Abraham sitzt am Eingang vor seinem Zelt.

Im großen, lichten Raum zwischen dem stählernen Blau des Himmels und den satten Farben des fruchtbaren Berglandes flimmert die Luft in der Glut der Mittagshitze. Nichts regt sich, die Menschen haben sich in ihre Zelte zurückgezogen, alles ruht.

Viele Meter lang spannt sich Abrahams Zelt, wie ein schwarzer Tempel, getragen von vielen Säulenstangen. Die ganze Ausstattung zeugt von Reichtum und Vornehmheit. Bei den Eichen von Mamre, in der Nähe der großen Terebinthe, hat er so etwas wie eine Heimat gefunden.

Abraham ist selbst schläfrig versunken in die Mittagsruhe und hat noch nicht bemerkt, dass sich im Staub des Weges drei Männer genähert haben. Jetzt, da sie fast vor ihm stehen, sieht er sie.

Abraham springt auf, läuft ihnen das letzte Stück entgegen, breitet die Arme weit zum Willkommen und begrüßt sie ehrerbietig mit einer tiefen Verbeugung.

»Seid mir gegrüßt, und kehret ein bei mir, eurem Knecht«, spricht er sie an.

»Rasch, hol frisches Wasser«, befiehlt er einem Diener, »damit sie sich Gesicht, Hände und Füße erfrischen mögen.« Daraufhin weist er Sara an, eilig Kuchen zu backen, und nachdem er selbst unter seinen Rindern ein zartes junges Kalb ausgewählt hat, das er ebenfalls gleich zubereiten lässt, wartet er ihnen später höchstpersönlich während des Essens auf. Kein Diener, auch nicht seine Frau darf ihm diese besondere Aufgabe abnehmen.

Durch Abrahams Eifer ist inzwischen das ganze Dorf aufgerüttelt worden, und viele fleißige Hände beteiligen sich, um den Gästen das Bestmögliche an Speisen und Getränken zu bereiten. Auch für sie ist ein Besuch ein freudiges Ereignis, schon deswegen, weil von den großen Mengen an Köstlichkeiten immer genügend für alle übrig bleibt, um hinterher im Familienkreis ein Festmahl zu feiern.

Es ist immer etwas Besonderes, wenn man Fremde als Gäste bewirten und beherbergen kann. Als willkommene Abwechslung betrachtet man ihr Erscheinen, bringen sie doch meist Neuigkeiten und Wissenswertes aus fernen Gegenden mit. Nach fester Regel gewährt man ihnen drei Tage Gastrecht, und während dieser Zeit wird jeder wie eine hochgestellte Persönlichkeit behandelt.

Abraham bedient seine Gäste mit großer Herzlichkeit und Zuvorkommenheit. In feierlichem Ernst verläuft die Mahlzeit.

Die Fremden haben noch nicht viel gesprochen. Sie wirken sehr zurückhaltend, bis einer der Männer eine direkte Frage nach Sara stellt. »Wo ist deine Frau Sara?« Abraham legt die Stirn in Falten, denn es ist äußerst ungewöhnlich und für Fremde nicht schicklich, in dieser Art nach der Frau des Hauses zu fragen. Er antwortet nur kurz: »Dort im Zelt« und weiß nicht recht, ob er seinem Befremden darüber Ausdruck geben soll. Aber als der Gast darauf wie eine Verkündigung ausspricht, dass Sara in einem Jahr, wenn er wiederkommen wird, einen Sohn haben soll, erkennt Abraham, dass es eine besondere Bewandtnis mit diesem Gast haben muss. Und trotz der Tatsache, dass Sara zugehört hatte und lachen musste, weiß Abraham, dass Gott seine Zusage wiederholt und beschlossen hat, seinen Bund mit ihm mit einem Kind zu bekräftigen.

Sodoms Untergang – Warum?

Noch ehe Abraham das Ziel seiner sich hellenden Zukunft erreicht, muss er in großem Schmerz miterleben, wie seines Neffen Lot ganzer Umkreis in Feuer und Schwefel vernichtet wird. Abrahams beharrliche Fürbitten bei Gott, sein Ringen um Verschonung seines Neffen haben zwar das Leben Lots und seiner Töchter retten geholfen, aber alles, was für Lot wichtig war, wurde ihm entrissen. Und fernab von seinem bequemen Leben muss er im unwirtlichen Gebirge, vor dem er immer Angst hatte, versuchen, den Gipfel seines Berges zu finden.

Mit nachhaltigem Grauen und Entsetzen geben die Zeitgenossen diese Geschichte an die Generationen weiter.

Abrahams Gedanken und seine Fragen an Gott martern ihn noch lange.

»Mein Gott, du verzeihst so viele menschliche Schwächen. Gerade ich darf mich der immer wieder gewährten Vergebung erfreuen, aber ich ergründe es nicht, was dich veranlasst hat, diesen Menschen in Sodom im Feuersturm deine machtvolle Existenz zu beweisen.

Was ist das für ein Geheimnis? Wird der Schleier je gelüftet werden? Waren denn Sünde und Laster in Sodom so groß, dass es besser für diese Menschen war, dieses Leben zu beenden, abzuschließen? Wollten sie sich selbst im Feuerofen läutern? Und was ist das, was wir sterben nennen? Ist es ein Un-Glück, oder ist es Er-Lösung? Los-Lösung von allen irdischen Qualen und Verirrungen? Und was folgt danach? Nach einem unrühmlichen Ende?«

»Gibst du, mein Gott, uns die Möglichkeit, es noch einmal zu versuchen, noch einmal neu anfangen zu dürfen? Und noch einmal, und noch einmal? So lange, bis wir alle Aufgaben gelernt, alle Weiten durchschritten haben, in alle Niederungen gefallen sind? Bis wir in alle Höhen geschaut, alle Herausforderungen angenommen, alle Stufen überwunden haben? Stück für Stück die Leiter emporgeklettert sind! Sechs Himmel uns erkämpft haben, um einmal, irgendwann im langen Lauf der Zeiten, im siebten Himmel, im Himmel der großen Liebe, an den Punkt zu gelangen, wo wir dich schauen können, wo wir wahrhaft glücklich sein werden. Wo wir alles dann noch Fehlende, all das, was wir selbst nicht geschafft haben, geschenkt, geliebt bekommen? Wie sollen wir das alles je lernen? Aber vielleicht schickst du uns irgendwann einen ganz besonderen Menschen, der uns den Weg dorthin weisen kann.«

Abrahams zweiter Sohn, Isaak, wird geboren

Im Südland zwischen Kadesch und Schur hat Abraham Weideland gepachtet. Er zieht für längere Zeit in den südlichen Negeb. Das Land nahe der Wüste wird nun seine Heimat. Dort fühlt er sich seinem Gott sehr nahe. Immer wieder lässt etwas Geheimnisvolles, Besonderes Abraham den Weg von neuem zu Gott finden, auch in schlimmsten Zeiten, trotz aller Zusammenbrüche und Katastrophen. Ist es seine Gottessehnsucht, ist es die nie versiegende Liebe, die beide verbindet? Es scheint, in wechselseitigem Miteinandergehen, in Verzeihen, Annehmen und Verstehen, in Glauben und Vertrauen schreibt Gott seine Geschichte mit Abraham, lebt Abraham seine Geschichte mit Gott.

Eines Tages bemerkt Sara bestimmte Veränderungen an ihrem Körper. Erst will sie es nicht glauben, aber die Zeichen einer Schwangerschaft sind nicht mehr zu übersehen. Noch hat sie nicht mit Abraham gesprochen, sie will erst ganz sicher sein. Sara ist immer noch eine schöne Frau, trotz ihres hohen Alters. Aber nun fängt sie noch einmal auf eine besondere Art an aufzuleben.

Nach neun Monaten hält sie die Wirkung der Verheißung, die Frucht ihrer Liebe zu Abraham, auf die sie ein Leben lang warten musste, in ihren Armen.

Vorbei sind die schmerzhaften Wehen der langen und schweren Geburt. Jubel und Freude ist bei der ganzen Sippe. Alle staunen. Ehrfürchtig reden sie von dem Wunder, wie sie es nennen, und Abrahams Gott erscheint ihnen nun wahrhaft mächtig und allvermögend.

Für Abraham ist es abermals ein großer Tag in seinem Leben. Im Alter von hundert Jahren hat er noch einen Sohn bekommen. Von seiner Frau Sara, die neunzig Jahre alt ist. Er nennt ihn Isaak, auch das ist ein Lobname, und er bedeutet »Ein Lachen, eine Freude hat Gott mir bereitet«.

Bald darauf ruft Abraham alle Männer zusammen, führt sie an einen heiligen Ort und bringt in Gemeinschaft mit ihnen ein Dankopfer dar. Zu diesem besonderen Anlass gießt er aus einer Schale Wein auf die Steine, um seiner großen Dankbarkeit Ausdruck zu verleihen.

Nach acht Tagen erfolgt die Beschneidung Isaaks, und Abraham sieht sich zufrieden und glücklich am Ziel seiner Wünsche. Von zwei Söhnen wird nun sein Same weitergetragen werden.

In seinem Bewusstsein trafen sich sein unerschütterlicher Glaube und heilige Kraft, so dass der göttliche Plan zu dieser wunderbaren Erfüllung kommen konnte.

Sara fließt über vor Mutterglück und Mutterfreude. In ihrer Begeisterung und um es allen zu zeigen, stillt sie auch andere Kinder der Verwandtschaft, die etwa zur selben Zeit geboren wurden.

Von seiner Mutter und deren Dienerinnen wird Isaak fast übermäßig umsorgt und behütet. Er wächst in großer Geborgenheit auf, und Sara ist ständig in Sorge, dass ihrem kleinen Sohn nur nichts geschehen möge. Vor allem Ungemach möchte sie Isaak bewahren und jeden Windhauch von ihm fernhalten. Mit großer Liebe und Aufmerksamkeit leitet und überwacht sie seine Erziehung und geht ganz auf in dem dankbaren Gefühl, nach so vielen Jahren doch noch Mutter geworden zu sein.

Äußerlich wie in ihren Anlagen sind die beiden Brüder sehr verschieden. Doch sie lieben sich sehr, und trotz des Altersunterschiedes von 14 Jahren holt Ismael seinen kleinen Bruder oft zu sich. In letzter Zeit jedoch winkt Sara meist unwillig ab, wenn Ismael mit Isaak spielen möchte. Dessen ungeachtet rennt Isaak, sobald er Ismael draußen hört, seiner Kinderfrau davon, hüpft und springt vor Freude, wenn der große Bruder ihn mitnimmt zu den Jungtieren, die er dann streicheln und füttern darf.

Missbilligend und voller Unruhe werden sie meist von Sara zurückerwartet.

Ismael spürt, dass zwischen Mutter Sara und ihm etwas anders geworden ist. Er fühlt sich zurückgesetzt, kaum mehr beachtet, dagegen oft argwöhnisch beobachtet. Alles dreht sich um den kleinen Isaak. Er kann das nicht verstehen, war Sara doch bisher auch seine Mutter.

Als er sie einmal danach fragt, erwidert sie nur kurz: »Ach Ismael, du bist jetzt schon so groß und wild dazu, Isaak soll mit kleineren Kindern spielen.« Es stimmt ihn traurig.

Isaaks Entwöhnung. Ein Fest

Auch Sara stillt Isaak drei Jahre lang. Als die Zeit seiner Entwöhnung kommt, lässt Abraham, wie schon einmal bei Ismael, ein großes Fest vorbereiten. Knechte und Mägde sind tagelang damit beschäftigt, für ein üppiges Festmahl zu sorgen. Wie in einem Basar stapeln sich auf großen, flachen Schalen die Früchte des Landes. Äpfel, Birnen, Melonen und Trauben, Datteln, Feigen und Nüsse, Pistazien und Mandeln, Johannisbrot, Maulbeeren und Granatäpfel. Die Mägde bringen köstlich zubereitetes, dampfendes Gemüse. Bohnen, Linsen und Zwiebeln, Lauch und Gurken, Lattich und Kresse. Zusammen mit Olivenöl, Knoblauch und verschiedenen Gewürzen verströmen sie einladenden Wohlgeruch.

Auf heißen Steinen backen die Frauen Brotfladen in ungeheuren Mengen, und die Kinder dürfen sie, wie immer, auf Stöckchen übereinander schichten. Süße Kuchen aus getrockneten Feigen und kleines Honig- und Nußgebäck sind schon fertig und locken die Schnuppernasen der Kinder an.

Schwer schleppen zwei Knechte die großen Tonkrüge mit Wein herbei. Geharzte Weine und Weine, mit Honig gewürzt. Auch den begehrten Dattelwein stellen sie dazu, er gehört immer zu einem Fest und darf nicht fehlen.

Nun sind die Vorbereitungsarbeiten getan, die Frauen ziehen ihre Festtagskleider an und behängen sich mit ihrem schönsten Schmuck.

Andere Knechte haben inzwischen mehrere Feuerstellen angelegt und die geschlachteten Tiere sorgfältig zubereitet und gewürzt. Langsam tropft das Fett der bratenden Fleischstücke in die Glut, und der Duft zieht, vermischt mit dem aufsteigenden Rauch, als appetitanregende Einladung durch die Zeltreihen und weit hinaus ins Land.

Die Menschen glauben, dass der feine Geruch auch die Gottheit erfreut.

Schon eine ganze Weile stehen die Kinder um die lodernden Flammen, schnüffeln erwartungsvoll und streiten sich darum, wer das Feuer in Gang halten und anfachen darf. Genau wird eingeteilt, wem es erlaubt ist, das nächste Stück Holz aufzulegen oder trockene Grasbüschel hineinzuwerfen.

Etwas abseits üben die jungen Mädchen noch einmal ihre Tänze, und die neugierigen Burschen, durch den Klang der klirrenden Schmuckstücke und der Tamburins angelockt, wollen schon einen Blick auf die Schönen werfen.

Allmählich füllt sich dann der große freie Platz unter lautem Stimmengewirr. Noch ein eiliges Hin und Her, bis alles seine Ordnung hat. Plötzlich werden die Stimmen leiser und verstummen ganz. Abraham erscheint vor seinem Zelt. Er hält einen Augenblick inne, bleibt stehen und wirft einen zufriedenen Blick in die Runde.

In seinem weiten, fülligen Gewand, das mit Stickereien geschmückt, mit Borten und Fransen besetzt ist, dem kunstvoll geschlungenen Turban auf dem ehrwürdigen Haupt hebt er sich vor dem schwarzen Hintergrund seines Zeltes wie ein farbiges Gemälde ab. Ein unbeschreibliches Leuchten liegt heute auf seinem Antlitz, und es fließt über auf die ganze Gestalt.

Er gleicht einem Fürsten, einem König. Gemessenen Schrittes geht er auf den für ihn und Isaak bereiteten Ehrenplatz zu. Dieser ist etwas erhöht und mit wertvollen Teppichen belegt. Von der anderen Seite kommt jetzt Sara mit dem kleinen Isaak an der Hand. Mit erhobenem Haupt führt sie ihn zum Vater. Alle Umstehenden sind auf einen Wink Eliesers zur Seite getreten, so dass Mutter und Sohn wie durch ein Spalier auf Abraham zugehen können.

Lachend hebt Abraham seinen kleinen Isaak hoch, spricht ein paar Worte und eröffnet mit einem Klatschen das Fest.

Hagar hat Ismael etwas zur Seite genommen, da sie nicht möchte, dass er heute mit seiner lauten, forschen Art dem Kleinen etwas an Aufmerksamkeit wegnimmt. Doch bald winkt Abraham seinen Erstgeborenen zu sich, und er gefällt sich, umgeben von seinen Söhnen. Beide betrachtet er voll Freude und Dankbarkeit, streicht sanft über Isaaks Haar und greift kräftig in Ismaels Wuschelkopf. Die besten Fleischstücke legt er ihnen zurecht und verwöhnt sie mit allerlei Leckerbissen. Abraham ist guter Laune, er scherzt und lacht mit ihnen und erzählt kleine Geschichten und Anekdoten. Viele Stunden dauert das üppige Mahl. Dann sind alle satt und zufrieden. Jetzt, die ersten Klänge von Musik. Einer fängt an, ein paar zarte Weisen zu spielen, und gleich holen auch andere ihre Musikinstrumente hervor. Es erklingen fröhliche Melodien und Gesänge. Ungeduldig warten die jungen Mädchen, bis sie die eingeübten Tänze vorführen dürfen. Stolz tragen sie traditionelle Kleider aus der mesopotamischen Heimat. In Vorfreude auf dieses Fest haben sie in vielen Wochen Stoffe nach alten Vorlagen gewebt. Leuchtende Farben in Streifen, Karos und anderen geometrischen Mustern ergeben ein buntes, harmonisches Bild. Ihre Mütter wissen noch genau, wie bei diesen Gewändern die Stoffbahnen gezogen werden müssen, damit die linke Schulter bedeckt ist, die rechte aber frei bleibt. Doch nun kommt ihr Auftritt. Das rhythmische Bimmeln der Glöckchen an den Schmuckringen, die sie an Armen und Füßen tragen, begleitet ihre graziösen Bewegungen. Sie ernten großen Beifall.

Es folgt ein Tanz, den einige Männer nach alten Bräuchen vorführen. Schulter an Schulter führen sie in exakter Genauigkeit die überlieferten Riten aus. Sie wirken dabei ernst und feierlich. Fast andächtig wiegt Abraham seinen Kopf nach den ihm wohl bekannten Gesängen. Dann aber wollen die jungen Burschen imponieren. In Schwert- und Säbelspielen, mit Pfeil und Bogen zeigen sie Mut und Kampfgeist.

Als Letztes sind kleine Reiterspiele angesagt. Jetzt ist Ismael nicht mehr zu halten. Ungeduldig hat er schon darauf gewartet. Er springt auf seinen Esel und reitet mit Gleichaltrigen und Älteren um die Wette. Mit fliegenden Haaren ist er als Erster am Ziel. Von allen ist er der Kühnste und Waghalsigste, vollführt die wildesten Kunststücke, und Abraham zollt ihm stolzen Beifall.

Sara sieht das alles mit sehr gemischten Gefühlen. Plötzlich kommt wieder diese Angst hoch. Die Angst vor dem ungestümen, jungen Burschen, die sie in letzter Zeit öfter befällt. »Ismael ist so groß und kräftig, und immer muss er vorne dran sein«, murmelt sie vor sich hin.

Ismael fragt den kleinen Isaak, ob er ein Stückchen mit ihm reiten möchte.

Er will. Ein wenig ängstlich zwar, aber im Vertrauen auf seinen großen Bruder wagt er es. Ismael hebt ihn zu sich auf den Esel, schnalzt mit der Zunge, und der Esel stürmt unvermittelt los, um gleich darauf bockig abzubremsen und die Hinterbeine hochzuwerfen, dass der Staub aufwirbelt.

Diese erste Mutprobe war für den kleinen Isaak wohl zu viel. Obwohl sein Bruder ihn fest im Arm hält, fängt er an zu brüllen und nach seiner Mutter zu rufen.

Aufgeregt stürzt Sara herbei und entreißt ihn Ismael. Dieser muss noch laut lachen und ruft Isaak zu: »Du kleiner Angsthase, warum fürchtest du dich denn?« Doch Sara versteht keinen Spaß, und selbst als Isaaks Tränen längst getrocknet sind, gestikuliert sie immer noch wütend über diesen Vorfall.

Ismael möchte seinem Bruder zum Trost noch schnell dieWange streicheln, aber Sara schreit ihn an: »Verschwinde, und lass ihn in Ruhe!« Ismael rollt seine großen schwarzen Augen und versteht nicht recht, was dabei so schlimm gewesen sein soll.

Den Rest des Abends verbringt er, irgendwie nachdenklich geworden, bei seinen Freunden, aber die erste unbeschwerte Fröhlichkeit will sich nicht mehr einstellen.

Abraham hat diesen kleinen Zwischenfall ebenfalls verfolgt, misst ihm jedoch keine große Bedeutung bei, wundert sich nur über Saras heftige Reaktion. Sara legt ihren Sohn schlafen und wartet, zitternd vor Aufregung, Wut und Ärger, auf Abraham.

Sie brennt darauf, ihm etwas Wichtiges zu sagen. Etwas, das schon lange tief in ihr rumort, arbeitet, an die Oberfläche kommen möchte.

Wenn Abraham nur endlich käme.

Aber das dauert noch lange. Mit seinen Leuten sitzt er bis in die späte Nacht am Feuer. Sie erzählen Geschichten aus früherer Zeit, singen die alten Lieder, auf dass auch diese nicht vergessen werden.

Saras fünfter Traum: Trennung von Hagar

Sara ist ermüdet vom Warten eingeschlafen. Doch die äußere Ruhe des Schlafes täuscht. Von diesem kleinen Esel-Abenteuer an hat sie nur noch einen Gedanken, und den will sie Wirklichkeit werden lassen. Ungebändigte Kräfte in ihr lassen sie in ihrem Traum aus der lange geübten Zurückhaltung ausbrechen. In wilden, wirren Bildern will sich etwas in ihr gegen eine Gefahr stark machen, von der sie sich und ihren Sohn bedroht glaubt.

Und schon nehmen sie die losgelassenen Traumgeister an der Hand, ergreifen ihre Sinne. »Komm«, locken sie, ohne dass Sara sich dagegen wehren will, und führen sie fort. Das Ziel ist ein großes Haus. Sogleich steht Sara mitten drin. Es ist ein fremdes, unheimliches Haus mit vielen Unterteilungen. Düster und dunkel der Eindruck schon von außen. Viele Fensteröffnungen sind verhängt, manche durch Holzbretter vernagelt.

Widerwillen steigt in Sara hoch, etwas in ihr möchte sie abhalten weiterzugehen. Sie zögert, aber plötzlich läuft ein Handeln ab, das sie nicht mehr steuern kann. Schnell wird sie in den ersten Raum geschoben.

Unvermutet steht sie dort knöcheltief in altem, abgestandenem, schmutzigem Wasser. An den Wänden hängen dicke Tränen. In monotonem Klatschen fallen sie in traurigem Rhythmus in das trübe Nass und ziehen weite Kreise. Angeekelt durchwatet Sara diesen Raum, der Saum ihres Kleides schlägt triefend an ihre Beine. Eilig überschreitet sie die nächste Schwelle. Türen öffnen sich von selbst, diese hier erinnern sie an ägyptische Tempeltore. Feueraugen springen von allen Seiten auf sie zu, sie tanzen auf und nieder und umkreisen sie bedrohlich mit starrem Blick. Eine drückende Hitze strömt aus ihnen, und zum Ekel kommt die Angst. Doch Sara will weiter, weiter.

Im dritten Raum ist der Boden bedeckt mit unzähligen Käfern. Knirschend zerbrechen deren kleine Flügelpanzer unter ihren Tritten. Nur ein Riesenskarabäus überlebt und läuft hinter ihr her, er möchte sie einholen, etwas sagen, sie an etwas erinnern. Seine kleinen schwarzen

Knopfaugen werden ganz groß. Sara dreht sich um, er will sie anhalten, sie aufrütteln, etwas einfordern. Er packt sie am Fuß, aber sie schüttelt ihn ab, wirft ihn in die Ecke, will ihn nicht sehen, nicht hören.

Schnell fort, drängt sie nun selbst. Vergessen, vergessen.

Keuchend erreicht sie den vierten Raum.

Hier türmen sich abgestorbene Bäume in einem wirren Durcheinander. Ratlos steht Sara vor diesem Chaos. Wenn sie weiterkommen will, muss sie die Hindernisse aus dem Weg räumen. Erst versucht sie in Eile darüber zu klettern, verklemmt sich jedoch zwischen querliegenden Stämmen, dann stolpert sie über einen dicken Ast, verliert die Balance, fällt und verletzt sich am Fuß. Erschöpft setzt sie sich auf einen verdorrten Baumstumpf. Ihre innere Unruhe wird immer größer.

Eine blecherne Stimme schallt mahnend durch den Raum: »Du gehst den falschen Weg!« »Falschen Weg, falschen Weg!«, tönt das Echo nach. Trotz ihrer Verletzung will Sara weiter. Dann, in dem Augenblick, als sie sich erheben will, saust zischend ein gewaltiges Schwert durch die Luft, ganz knapp an ihr vorbei, und bohrt sich vor ihr in die Erde. Wie ein Wächter steht es vor dem Eingang zum fünften Raum.

Sara ist zu Tode erschrocken. Fast hätte es sie getroffen, aber sie missachtet die Warnung, zu stark ist ihr Wille weiterzukommen. Drohend versperrt das Schwert den Weg. Saras Angst verstärkt sich, und irgendwie ahnt sie, dass es ein gefährliches Abenteuer werden wird.

Geräusche dringen an ihr Ohr, Tiergeräusche. Sie werden lauter, sie kommen näher, Furcht erregend! Es ist Bärengebrumm! Irgendwo ist ein Bär versteckt, denkt Sara. Mit energischem Griff zieht sie das Schwert aus dem Boden und schwingt es in ihrer Hand, als wolle sie damit die Bedrohung in Abwehr und Angriff verwandeln. Sie wird sich und alles verteidigen, und sie ist entschlossen, in den nächsten Raum zu gehen.

Schon versucht sie die Türe zu öffnen, aber da ist ein starker Gegendruck, als würde eine Kraft von innen sie daran hindern wollen. Hartnäckig und verbissen in ihr Vorhaben, gelingt es Sara, mit großer Gewalt die Türe einen Spalt zu öffnen. Sie zwängt sich hindurch und erstarrt sogleich beim Anblick dieser gespenstischen Umgebung. Augenblicklich will sie zurück, aber das schwere Eisen fällt mit kaltem Klirren hinter ihr ins Schloss. Rostige Töne hallen nach, sie ist gefangen.

Drinnen ist es dunkel um Sara. Wie angewachsen steht sie lange Zeit, wagt kaum zu atmen. »Was suche ich hier?«, fragt sie sich. »Etwas hat mich doch hierher getrieben. Hab' ich mir selbst die Schlingen gelegt?« Verzweiflung kommt auf.

»Kann mir denn keiner helfen! Wo ist Abraham?« Laut fängt sie an zu schreien, doch hier gibt es kein Echo mehr, keinen Widerhall. Ihre Worte zerfließen in unverständlicher Dissonanz. Immer noch steht sie unbeweglich, nur langsam gewöhnen sich die Augen an das Dunkel, das zum Halbdunkel wird. Was jetzt sichtbar ist, jagt ihr erneut Schauer unter die Haut.

Modriger Hauch fährt durch graue, zerrissene Tücher, die in losen Fetzen von den Wänden hängen. »Was ist das für ein Ort, an den ich geraten bin?«, spricht Sara leise zu sich, als könnte sie mit dieser Frage an das eigene Ich sich selbst die Antwort geben. Doch eingeschlossen in die Dunkelheit durchbricht kein Licht die Finsternis. Sara ist gefangen wie in einem Labyrinth. Kopflos rennt sie von einer Gasse in die andere, doch es gibt nur Sackgassen.

Ein Skelett baut sich vor ihr auf, stellt sich ihr in den Weg, und in dem Gerippe schlägt ein Herz. Blut tropft heraus, unaufhörlich. Ein grausiger Anblick. Was will das kranke Herz? Dahinter arbeiten die Nieren, wie von einer Maschine angetrieben, als wären sie dazu verdammt, pausenlos einen Auftrag auszuführen.

Noch immer hält Sara das Schwert in der feuchten Hand. Sie versucht damit ein Loch in die Wand zu schlagen. Es gelingt ihr, einen Stein zu lockern, noch einen, jetzt kann sie mit ihren Händen die Lehmbrocken beiseite schieben und durch eine kleine Öffnung ins Freie schauen.

Dort draußen ist ein Wüstenstreifen. Grau, wie vieles in ihrem Traum.

Dahinter wellt sich ein tobendes Meer. Giftgrün scheidet es sich vom schwarzen Himmel, auf dem sich ein roter Mond bedrohlich dreht. Vom Wasser umspült, stehen gekreuzt zwei Schwerter, und überall am Strand liegen tote Augen.

Dort in der Ferne bewegt sich etwas, Sara glaubt es zu erkennen. Ist das eine Bärin? Ja, eine Bärin mit einem Jungen. Sie entfernen sich, werden immer kleiner. Abgeschnittene Bänder und ausgerissene Wurzeln säumen ihre Spur im Sand. Saras Augen sind alt und schwach. »Hagar!«, fährt es ihr durch den Kopf. »Hagar? Es muss Hagar sein«, ruft sie verzweifelt.

Mit diesem Zweifel erwacht sie. Der letzte Gedanke des Traumes wird ihr erster am nächsten Morgen.

Sie rüttelt Abraham wach und schreit ihm ins Ohr: »Du musst sie wegschicken, sie und ihren Sohn!« Abraham ist noch müde und fragt schläfrig: »Was meinst du, Sara?« »Ich meine Hagar und Ismael! Du musst Hagar und Ismael wegschicken«, wiederholt Sara beharrend.

Abraham ist augenblicklich wach geworden. Er starrt seine Frau an und sagt: »Sara, du träumst, was redest du? Warum sollte ich meinen Sohn und seine Mutter wegjagen? Ismael, mein Erstgeborener, ich liebe ihn, so wie ich unseren kleinen Isaak liebe. Was hast du dir nur ausgedacht! Diese beiden Menschen gehören zu meinem Leben und auch zu deinem seit vielen Jahren! Auch du wolltest damals ein Kind haben, und es war Gottes Wille, dass Ismael zu uns kam.« Doch Sara gibt keine Ruhe. »Aber das Erbe, Abraham, er soll nicht erben zusammen mit meinem Sohn.« »Sara, unser Besitz ist groß, es wird genug sein für beide.« Abraham erhebt sich und verlässt unwirsch das Zelt.

Am Abend versucht Sara erneut, über dieses Thema zu sprechen, aber Abraham winkt unwillig ab und erklärt fest und bestimmt: »Was du verlangst, ist nicht möglich, Sara, du musst das einsehen!« Trotz seiner entschiedenen Haltung hat Abraham ein ungutes Gefühl. Er kennt seine Frau, weiß um ihre Zähigkeit, wenn sie sich etwas in den Kopf gesetzt hat. Ihm graut vor den nächsten Tagen. Er beschließt, seine Herden zu inspizieren, und nimmt Ismael für ein paar Tage mit auf die Reise.

Hagar ist am Abend des großen Festes in bedrückter Stimmung in ihr Zelt gegangen. Noch liegt der Schmerz schwer auf ihrem Herzen, den sie verspürte, als Ismael Saras heftige Zurückweisung hinnehmen musste. Es waren nicht nur die Worte, die trafen, es war der Atem, der sich wie eine bittere Wolke darüberbreitete. Hätte sie selbst ein Vorwurf getroffen, es hätte weniger weh getan.

Sie weiß, Ismael hat trotz äußerer Rauheit ein weiches Empfinden und ist in seiner offenen, ehrlichen Art, ohne jedes Misstrauen anderen gegenüber, meist ungeschützt solchen spontanen, unerwarteten Angriffen ausgesetzt. Bis in den frühen Morgen sitzt Hagar unter ihrer Sykomore. Keine Müdigkeit überkommt sie. Hellwach versucht sie, ihren Gedanken und Gefühlen zu folgen, die weit vorauseilen, ohne ihr zu sagen, wohin.

Hagar vertraut der Liebe, die Abraham, auch nach Isaaks Geburt, Ismael weiter angedeihen lässt, und sie ist glücklich darüber. Auch sie selbst glaubt sich Abrahams Zuneigung als Mutter seines Sohnes sicher, so dass sie zufrieden ist mit ihrem Leben, mit der Zeit, die er auch mit ihr verbringen kann.

Saras Freundlichkeit ihr gegenüber wechselt mit den Launen, die diese oft jäh und unvorhersehbar von einer Stunde zur anderen überfallen und sie in eine andere Person zu verwandeln scheinen. Auch damit hat Hagar gelernt umzugehen, und Abraham versteht es, mit einem Scherzwort eine gespannte Atmosphäre immer schnell wieder zu lockern.

Saras harte Forderung

Aus gutem Grunde ist Abraham länger weggeblieben als vorgesehen. Bei seiner Rückkehr erwartet ihn ein frostiger Empfang. Schon am Verhalten von Saras Mägden erkennt er die Stimmung um seine Frau. Ängstlich schleichen sie an den Zelten vorbei, verrichten lautlos und eilig ihre Arbeiten, um Schimpf und Tadel zu begrenzen.

In Sara rumort es. Noch hält sie ihren Zorn unter Kontrolle, aber ihr Schweigen ist gleich einem stummen Vorwurf, den sie wie eine abweisende Mauer um sich errichtet, an der jedes freundliche Wort zurückprallt. Isaak hält sie mit allerlei Ausreden von Abraham fern, und diesem wird immer unbehaglicher. Er hasst jenen unfriedlichen Zustand der Zwietracht.

Dann ist es ein Tropfen, der Saras zurückgehaltene Fluten zum Überlaufen bringt. Wie in einer plötzlich hereinbrechenden Sturmflut reißen sie alles Lebendige, Blühende, Reifende mit sich, treiben Gefühle und Rechte, Ansprüche und Rücksichten, Einsichten und Absichten einem Strudel zu, der alles in die Tiefe zieht.

»Abraham«, beginnt sie mit einem Donnergrollen in der Stimme. »Ich habe den Eindruck, du bevorzugst Ismael gegenüber unserem Sohn Isaak. Du hast ihm schon wieder einen neuen Bogen geschenkt. Den ganzen Tag ist er in deiner Nähe, und er ist doch nur der Sohn der Magd.«

»Sara, fang nicht schon wieder damit an«, unterbricht sie Abraham. »Ich will das aber zu Ende bringen«, fährt Sara erregt fort, ihre Stimme überschlägt sich. »Auch dein Verhältnis zu Hagar ist noch sehr eng, obwohl wir beide seit drei Jahren einen rechtmäßigen Sohn haben.« Gequält erwidert Abraham: »Sara, du weißt, wie sehr ich dich liebe, mach' es mir nicht so schwer.« Sara will eine Entscheidung von Abraham. Die Stimmen werden so laut, dass die Verwandten aus den nächstliegenden Zelten herbeigeeilt kommen. Ungläubig entnehmen sie den Wortfetzen den Grund der Auseinandersetzung. Lange nicht mehr haben sie Abraham so aufgebracht erlebt.

Eben tritt Hagar verwundert hinzu. Gerade hat sie noch gehört, wie Abraham sie und Ismael verteidigt, sie in Schutz genommen hat. Fragend schaut sie in die Gesichter rundum. Die Umstehenden sehen verlegen zu Boden, und langsam entfernen sie sich.

Danach vergehen Tage und Wochen. Ein Tag ähnelt dem anderen, und doch ist jeder anders als alle vorher.

Sara fühlt sich als Angegriffene wie als Angreiferin. In Hagars Verhalten drücken sich Angst und Abwehr aus, und Abraham gleicht dem ruhelosen Pendel einer Uhr, das, wie von einer fremden Kraft getrieben, von einer Seite zur anderen schwingt, an keiner bleiben kann, einem vorgegebenen Rhythmus folgen muss.

Aus einer mehr und mehr sich steigernden Angst heraus und in halsstarriger Versteifung auf ihr Ziel, unternimmt Sara einen letzten Versuch, Abraham zu einer Lösung zu veranlassen.

»Abraham, mein Kummer und meine Nöte lassen mich nicht mehr schlafen, ich sorge mich so sehr um die Zukunft Isaaks. Höre doch noch einmal meine vielen Gründe an, damit ich dich von der Richtigkeit meiner Forderung überzeugen kann. Wenn Ismael bei uns bleibt, werde ich nicht mehr froh werden. Seine Überlegenheit an Jahren wie an körperlicher Stärke sehe ich als große Gefahr für Isaak und auch für mich. Abraham, diese Urkraft in ihm und sein Durchsetzungsvermögen werden ihn befähigen, Isaak am Ende das Erbe streitig zu machen.

All das sehe ich voraus«, hämmert sie Abraham ein. »Auch ob Ismael fähig sein wird, den Gottesglauben nach deinem Vorbild weiterzugeben, daran zweifle ich. Sieh ihn dir doch an!«

Erregt springt Abraham auf und protestiert energisch. »Von Anfang an habe ich Ismael gelehrt, meinem Gott zu folgen, ich habe ihn immer bei mir, wenn ich opfere, er kennt alles, was zu meinem Glauben und zu unserer Tradition gehört, und ich halte ihn strikt von Kanaans Göttern fern.«

»Aber du weißt, dass er die Götter Ägyptens kennt, sie sind ihm sehr vertraut. Seine Mutter erzählt ihm doch alle diese Geschichten. Abraham, wenn du nicht willst, dass ich den Rest meines Lebens unglücklich sein werde, dann tue, was ich dir sage! Schicke sie bitte fort! Alle beide!«

Abraham blickt fassungslos auf Sara. Niedergeschmettert durch ihre Worte. Unbegreiflich, dass Sara sie aussprach. Und doch weiß er mit einer Klarheit, dass er sie nicht missverstanden hat. Zu stark untermauerten ihre Gesten die Bedeutung dieser Forderung.

Abraham sagt kein Wort mehr. Er schüttelt nur immer wieder den Kopf. Tief gebeugt und in sich zusammengesunken geht er hinaus in die Dunkelheit der Nacht. Kein Mond am Himmel, die Sterne im nebligen Dunst kaum sichtbar. Seine Füße stoßen an Steine, stolpern über trockenes Gesträuch. Er kann keinen Weg sehen. Matt und erschöpft lässt er sich in den abendkühlen Sand fallen.

Abraham steht vor einer der schwersten Entscheidungen seines Lebens. Er will die Trennungslinie nicht ziehen und kann diesen Gedanken nicht weiterdenken. Erschreckt fährt er hoch. Waren da Laute zu hören? Abraham horcht in sich hinein. War da doch eine Stimme? Wieder glaubt er jemanden zu hören.

Was flüstert die Nacht? »Ich soll mir keine Sorgen machen um Hagar und Ismael? Das klingt doch wie Hohn. Ein großes Volk wird aus ihm entstehen! Das war die Verheißung. Wie soll das zusammenpassen?«

»Schlafe ich, träume ich? Das ist nicht mein eigenes Wollen. Nein – nein! Auf Sara hören?«, fragt er laut in die schwarze, undurchdringliche Stille. Abraham dreht sich im Kreis, durchbohrt mit den Augen die Nacht, hebt beschwörend die Arme, doch das Dunkel verbirgt sein Geheimnis.

»Wer hat zu mir gesprochen?« Er fühlt Unsichtbares um sich, doch zeigt sich nichts. »Wer ist da?« Totenstille. Abraham tastet sich zurück. Er kann kaum erkennen, wohin er gehen muss, nur ein kleiner verglimmender Punkt, der Rest eines verlöschenden Feuers, lässt ihn den Weg zurück finden.

Abrahams schwerste Entscheidung

Er lenkt seine Schritte zu Hagars Zelt, weckt sie und Ismael und breitet sein ganzes Leid vor ihnen aus. Hagar hatte bereits Schreckliches geahnt, aber dieses Ausmaß konnte sie sich nicht vorstellen. Das Blut weicht aus ihrem Gesicht, Hände und Füße werden kalt, das Herz stockt und rast in wildem Wechsel. Mit ihrem Verstand möchte sie das Unverständliche zerlegen, sie sucht einen Rettungsanker, sie greift ins Leere, es entgleitet alles. Es ist ein Gefühl, wie langsam und qualvoll zu sterben.

Ismael starrt seinen Vater ungläubig an, fragt: »Was ist los, Vater, warum nur, warum? Ich bin doch hier zu Hause. Mutter, so rede doch!« Mit tonloser Stimme vermag Hagar nur zu sagen: »Ismael, du hast alles richtig gehört, wir müssen weg. Es gibt keine andere Wahl für uns.« »Aber Mutter, wo sollen wir so plötzlich hin?« »Ich weiß es noch nicht, Ismael. Vielleicht werden wir nach Ägypten gehen.«

Abraham würde am liebsten all die Worte zurückholen, die nicht aus seinem Herzen kamen. Unsinnig erscheint ihm jetzt dieses beginnende Geschehen. Doch die ausgeschickten Schritte eilen hastig von alleine weiter.

Ein hartes, trockenes Schluchzen schüttelt Ismael, er kann die Welt nicht mehr verstehen und alles, was darin so schön für ihn war. In Hagar ist jedes warme Gefühl gefroren. Abraham nimmt Ismael und Hagar in die Arme, Tränen laufen über sein Gesicht. »Habt keine Angst, ich lasse euch nicht alleine ziehen, ich werde euch begleiten, für euch sorgen. Ich liebe euch beide, und ich werde einen guten Ort für euch finden. Ihr müsst mir vertrauen.«

»Vater, wenn du uns wirklich liebst, kannst du uns doch nicht so einfach fortschicken. Es gibt für uns keinen besseren Platz als hier bei dir.«

»Ich weiß, Ismael, ich weiß. Es muss für dich alles so unverständlich sein. Es war ja auch nicht meine Absicht. Vielleicht können wir ...« Hagar unterbricht Abraham und sagt zu ihrem Sohn: »Ismael, wir werden tun, was von uns gefordert wird. Es ist entschieden, und es gibt keine Möglichkeit mehr, Seite an Seite mit Sara zu leben. Du bist groß und stark, und ich weiß, du wirst tapfer sein. Wir brechen auf, und wir werden einen Weg finden.«

»Hagar, nehmt den Weg zur Karawanenstraße und wartet an der Station auf mich. Ich komme bald nach, seid dessen ganz gewiss.« Hagar hört und hört doch nicht. Die Stimme Abrahams kommt wie aus weiter Ferne. »Ich werde jetzt alles für euch vorbereiten.« Mit diesen Worten stürzt Abraham nach draußen.

Mechanisch holt Hagar einige Sachen zusammen, legt sie wieder zurück und greift von neuem danach. Ihren Schmuck, der ihren Besitz darstellt, verpackt sie in einen Lederbehälter. In dieser Überstürztheit kann sie nicht abwägen, was sie alles brauchen wird. Ein paar Kleider, Tücher, Schuhe verstaut sie in einer Tasche. Dann holt sie verschiedene kleine Dinge zusammen, die sie aus ihrer Heimat mitgebracht hat. Ismael weiß überhaupt nicht, was er mitnehmen soll. Er ist völlig hilflos, kann sich nicht vorstellen, wohin es gehen soll, wie alles werden wird. Zum Schluß packt er nur seinen besten Bogen und steckt verschiedene Pfeile ein. Der Rest der Nacht ist kurz, und keiner der Beteiligten findet Schlaf noch Ruhe.

Abraham hat zusammen mit Elieser einige Esel mit Zaumzeug und mit allem Nötigen ausgestattet: ein Zelt, Decken, Essensvorräte, Wasserbehälter. Noch vor dem Morgengrauen ist alles fertig. Nur Elieser ist stummer Zeuge des Abschieds zwischen Hagar, Ismael und Abraham. Tief beugt er seinen Rücken vor Hagar, die er schätzen gelernt hat, und seine Tränen fallen auf die trockene Erde. Fast bleiben die Segensworte in Abrahams Kehle stecken, die er ihnen vor dem Auseinandergehen sagt.

Die Wüste zeigt ihr heißes Gesicht

Mutter und Sohn reiten ohne Unterbrechung den ganzen Tag in Richtung Süden. Nur vor der Mittagshitze suchen sie Schutz unter einem Felsen. Wasser ist das Einzige, was sie zu sich nehmen. Sie haben keinen Plan und gehen doch, ohne es voraussehen zu können, einem wichtigen Abschnitt ihres Lebens entgegen.

Schritt für Schritt vergrößert sich die Entfernung zu dem Zurückgelassenen. Noch wissen sie nicht, wo sie ankommen werden, denken nicht an Weisung und Vorsehung, fühlen nur Verlassenheit und Schmerz, Trauer und Erniedrigung, ahnen nichts von noch ungeborenen Wirklichkeiten.

Hagar lebt den Tag und lebt doch nicht, mag nicht an Abraham denken und verbannt Saras Existenz aus ihrer Erinnerung. Kein Wort kommt von ihren Lippen. Ismael wagt erst am Abend bei der Rast, mit der Mutter zu reden. Er möchte sie trösten, trotz seiner eigenen Verzweiflung. Sie drückt ihn an sich. Zwei Einsame suchen Halt aneinander.

Vorsichtig und stockend fragt er, ob sie glaube, dass dieses Unglück eine Strafe Gottes sei für irgendeine Schuld. »Eine Schuld?«, fragt Hagar. »Ich weiß es nicht Ismael, ich habe keine Erklärung. Aber manchmal verstehen wir eben unser Schicksal nicht. Wir glauben dann, Gott hält sich vor uns verborgen, und oft sehr viel später erkennen wir einen Sinn.« »Was soll das für einen Sinn haben«, empört sich Ismael, »wenn wir alles verlassen müssen, was wir geliebt haben?« Aufgebracht rennt er hin und her.

Dann bricht aus Ismael alles heraus, womit seine Seele angefüllt ist. Als müsste er sich befreien von allem, was sich in ihm zusammengebraut hat an Schmerz und Wut, an Rache und Verbitterung und auch aller Hass.

Laut und zornig schreit er seine Klagen und seine Entrüstung über die Ungerechtigkeit hinaus, reißt Grasbüschel aus und schleudert sie wütend auf die Erde, wirft mit Steinen gegen die Felsen, bis sie zerspringen, als sei dort ein Ziel, das er vernichten möchte.

Der nächste Morgen sieht beide früh unterwegs. Ismael meint die Gegend noch gut genug zu kennen, um einen anderen Weg einzuschlagen, der nach seiner Meinung kürzer sein sollte, um bald auf den Karawanenweg zu kommen. Hagar ist alles recht, sie denkt, es wird schon richtig sein, wundert sich aber, dass sie dann niemandem mehr begegnen.

Die Nacht verbringen sie in einer Höhle, und beide fallen in einen tiefen Schlaf. Sie merken nicht, dass draußen ein Sandsturm tobt. Als sie in der Frühe aufwachen, ist alles verweht, zugedeckt, wie eingeebnet, als wäre es eine andere Landschaft.

Ismael fühlt sich als Beschützer seiner Mutter und zerstreut ihre Sorgen. In der Orientierung nach der Sonne glaubt er sich auf der richtigen Spur. Doch sie haben sich hoffnungslos verirrt.

Tagelang suchen sie nun schon einen Weg, hoffen eine Siedlung zu finden.

Der Wasservorrat ist aufgebraucht, Hagar überlässt Ismael die letzten Tropfen, merkt aber, dass es trotzdem zu wenig für ihn war.

Sengend liegt die Glut der Sommerhitze über dem ausgetrockneten Land. Beerscheba kann doch nicht so weit sein! Aber es ist zu weit. Ismael bittet immer öfter um Rast, dann kann er nicht mehr weiter. Rissige weiße Krusten überziehen seine Lippen, stöhnend lässt er sich von seinem Esel fallen. Die Tiere sind ebenfalls matt und kraftlos, lange können auch sie nicht mehr ohne Wasser sein. Hagar ist voller Verzweiflung über ihre Hilflosigkeit, mit der sie zusehen muss, wie Ismael immer schwächer wird. Sie bettet ihn unter eine struppige Tamariske, damit er etwas Schutz vor der Sonne habe.

In dieser ausweglosen Lage hadert sie schwer mit ihrem Schicksal und mit sich selbst. Immer wieder stellt sie sich die gleichen bohrenden Fragen: »Warum habe ich mich nicht gewehrt? Warum habe ich es nur zugelassen, dass man uns den Schutz der Familie, den Rückhalt entzieht, das Geburtsrecht Ismaels und sein Erbe? Ich hätte aufbegehren und laut das Unrecht anprangern müssen. Warum bin ich nur so stolz gewesen?« Erst jetzt begreift sie die ganze Tragweite der Ereignisse. Abraham hätte nicht auf Sara hören sollen, und diese hätte ihnen nicht alles absprechen dürfen, beschuldigt sie Sara in aufsteigendem Zorn. Und Abraham, was weiß er von der gemarterten Seele einer fast zu Tode gepeinigten Mutter. Mit trockenen, geröteten Augen starrt sie in die Leere: »Oh, Abraham. Ich will es nicht wahrhaben, dass dein Gott zu dir gesagt haben soll, du müsstest auf Sara hören und uns wegschikken. Dieser Gott ist doch auch mein Gott und Ismaels Gott, so hast du uns gelehrt. Und ich habe dir geglaubt. Dass du es wirklich über dich brachtest, uns fortzuschicken!«

Je weiter Hagar entfernt ist, desto weniger kann sie alles fassen und will es nicht wahrhaben. Dann aber löst sich in einem ersten Tränenstrom ein Teil der Bitterkeit, wenn auch das entwertende Gefühl der Zurücksetzung, des Abgeschobenseins, der Geringachtung bleibt. Aus vielen offenen Wunden blutet ihr Herz. Hagar sieht nach Ismael, öffnet noch weiter sein Hemd, fächelt ihm Luft zu, aber er wird schwächer und schwächer. Sein Atem scheint in der Glut zu verbrennen.

Hagar fleht alle Götter an, die sie kennt, bittet Abrahams Gott um Hilfe. Dann mischen sich in ihrem Innern der Glaube an die Götter ihrer Heimat und das Vertrauen in Abrahams Gott, der schon einmal, als sie verzweifelt in die Wüste geflüchtet war, ihr Weisung und Hilfe geschickt hat.

Ein paar Schritte entfernt ist eine kleine Anhöhe. Hagar steigt hinauf, Ausschau zu halten, ob doch noch Rettung kommen könnte. Angestrengt suchend gehen ihre Blicke in die Weite. Dann, während ihre Augen in Richtung Ägypten wandern, führen ihre Gedanken sie zurück in die Zeit, als sie noch ein junges Mädchen war. Damals hatte sie so gerne getanzt, und sie erinnert sich an einen Tanz, den eine Priesterin als Symbol der Auferstehungshoffnung einmal zelebriert hatte.

Das Geheimnis der Rettung

Langsam, ganz langsam zieht Hagar ihren feinen, durchsichtigen weißen Schal von ihren Schultern, lässt ihn in seiner ganzen Größe über ihrem Kopf in die Lüfte steigen und übergibt einer wunderbaren inneren Melodie die Führung ihrer Schritte.

Als wären alle Ungeheuer, Dämonen und alle schweren Gedanken von der Kraft der Wüste verschluckt, breitet sich, von der Anhöhe ausgehend, in einem vielfarbigen Leuchten ein strahlender Glanz über das Tal. Eingehüllt in dieses vibrierende Licht, beginnt Hagar zu tanzen. Sie glaubt einen leisen Hauch des Nordwinds zu spüren, es ist der Wind des Lebens, und sein Gesang kündet Hoffnung.

Der zarte Schleier folgt leise flatternd, auf- und abschwebend, dem Rhythmus ihrer Kreise. Es ist ein Tanz der Seele. Diesen ausdrucksvollen, schwingenden Bewegungen übergibt sie ohne Worte ihre ganze Liebe, ihre Hoffnung, ihr Vertrauen, überlässt sich diesen Gefühlen, ist ganz bei ihnen, ist ganz bei sich, ist eins mit ihren Wünschen und eins mit dem Glauben an ihre Erfüllung.

Langsam sinkt sie darauf in die Knie und zeichnet mit zitternden Fingern das ägyptische Ankh-Zeichen in den Sand als Hoffnungssymbol der Lebenskraft für Ismael.

Ist es die Liebe, die Ismael nicht sterben lässt? Ist sie die Quelle, die neue Lebensgeister anlockt, die durch göttlichen Zauber Engel auf die Erde schickt? Ist es Hagars kraftvoller Glaube an die helfende Hand, an den rettenden Brunnen, der in unseren eigenen Tiefen von unsichtbaren Quellen genährt wird? Ist es die Liebe? Ist es Gott? Ist dieser Gott die Liebe?

Ein Klageruf weckt Hagar aus der Versunkenheit ihrer wünschenden Sehnsucht. Mit schnellen Schritten springt sie den Abhang hinunter. Sie hört, wie Ismael mit schwacher, gebrochener Stimme zu Gott fleht, Rettung erbittet. Sie läuft zu ihm, streicht über das wirre, verklebte Haar. Sie küsst seine Tränen hinweg, während ihre eigenen überquellenden Tränen ihre Augen verschleiern. Sie nimmt seinen glühenden Kopf in ihre Hände und drückt ihn an ihr Herz.

Plötzlich. Ein Engel Gottes ruft vom Himmel! Er nennt Hagar beim Namen und offenbart die Botschaft, die ihr dieses verkündet: »Fürchte dich nicht, Hagar! Gott hat die Stimme deines Sohnes gehört, Gott hat sein Gebet angenommen. Gott ist mit Ismael.«

Die Quelle flutet schon im Verborgenen. Hagar hatte Gott ihr Herz geöffnet. Nun öffnet Gott ihr die Augen, und sie sieht den Wasserquell, der mitten in der Wüste sprudelt.

Mit einem Aufschrei der Befreiung stürzt sie sich auf ihn, füllt ihre Hände mit Wasser und gibt Ismael zu trinken. Danach wäscht sie wie in einer heiligen Handlung allen Staub, alles Unreine aus seinem Gesicht.

Leben kehrt zu Ismael zurück. Gottes Segen ist über ihm. Und mit dieser Rettung zeigt der Gott Abrahams, dass auch Ismael in sein Herz eingeschlossen ist und dass der Ausspruch Gottes, damals an Abraham gerichtet: »Ich will dein und deiner NACHKOMMEN Gott sein«, auch für Ismael seine Gültigkeit hat.

Nach Gottes Willen und Aussage wird er zu einem großen Volk gemacht, und so wird Hagar, genau wie Sara, eine Stamm-Mutter vieler Nachkommen Abrahams.

Abraham hat eigenhändig, über das Nötigste hinaus, viele Dinge für Hagar und Ismael zusammengepackt. Mit drei schwer beladenen Kamelen ist er bald danach aufgebrochen, um, wie vereinbart, auf die beiden zu treffen. Er war sicher, er würde sie unterwegs noch einholen, da sie mit den Eseln nicht so schnell vorankommen konnten.

An der Karawanenstation weiß niemand etwas von einer Reisenden mit ihrem Sohn. Abraham reitet sofort weiter. Die nächste Tagesreise geht in Richtung ägyptische Grenze. Auch hier findet er sie nicht. Bei jeder Reisegruppe fragt er nach den beiden. Abraham wird immer unruhiger. Er ist in großer Sorge und beschließt, sofort zurückzureiten.

Er schont die Tiere nicht, gönnt sich kaum Zeit zum Verschnaufen. Es gibt nur noch die eine Möglichkeit, sie haben sich verirrt. Abraham erinnert sich an die Gabelung, wo er einmal mit Ismael die Strecke abgekürzt hatte. Aber wenn sie zu dieser Jahreszeit in diesem heißen Tal den Weg verfehlt haben, sind sie verloren, schießt es ihm angstvoll durch den Sinn. Er macht sich bittere Vorwürfe. Mit der Suche hat er schon viel Zeit verloren. Er muss sie bald finden. Manchmal narrt ihn sein schweifender Blick, wenn er für einen Moment glaubt, in der Ferne etwas Lebendiges zu sehen. Aber immer ist es ein Trugbild.

Inzwischen sitzt Hagar mit Ismael wie neugeboren unter der Tamariske. Zusammen haben sie einen kleinen Brunnen gegraben und laben sich immer wieder an dem frischen Wasser. Die Schläuche sind gefüllt und liegen prall im Sand. Hagars inneres Aufbäumen ist abgeebbt, ihre Erregung hat sich gelegt, die Hassgefühle sind blass geworden. Dieses Erlebnis der Rettung veränderte alles. Hagar erkennt, dass sie in diesem Schmelzofen eine große Wegstrecke zurückgelegt und einem scheinbaren Schicksal Widerstand geleistet hat. Ihre starken Kräfte der Hoffnung und des Vertrauens haben die Verzweiflung besiegt. Alles, was vorher so wichtig erschien, kann sie jetzt anders betrachten, hat einen anderen Wert. Alles, was zählt, ist, ihr Sohn lebt.

Ismael ist eingeschlafen, und während Hagar seinen Schlaf bewacht, ihn liebevoll betrachtet, vergleicht sie ihn unwillkürlich mit einer stacheligen Wüstenblume, die, geprägt vom Wechsel der heißen Tage und kalten Nächte, etwas von Schönheit und Wildheit, von Zartheit und Stärke wie auch von Wahrhaftigkeit in sich trägt.

Wie ein strahlender Morgen erscheint ihr sein offenes, fröhliches Lachen, wenn es plötzlich in seinem Gesicht aufleuchtet und die weißen Zähne blitzen. Flammend wie loderndes Feuer sind sein Wille, seine Energie und sein Mut, und wie rauschende Wasser sieht sie seine flinken Gedanken eilen. In solchen Bildern erkennt sie seine Anlagen, sein Temperament, sein Leben. Kraftvolle Farben, die wie in einem abstrakten Gemälde in scharfen Konturen aneinander stehen, den Betrachter manchmal erschrecken, verwirren. Beängstigend fühlt sie aber auch die Macht seines oft jäh aufbrechenden Zornes und die ungezügelten Seiten in seinem Wesen, die wie dunkle Wolken manche Schatten in die Helligkeit werfen.

Hagar ist nun voller Zuversicht, dass sie bald den richtigen Weg finden werden. Sie steigt noch einmal auf den Hügel, streckt die Arme hoch, so wie ein Adler seine Flügel breitet, singt ihren Dank in das blau-weiß-kristallene Weltenmeer und befreit sich mit einem Urschrei von verbliebenen Resten einer großen Angst.

Lange verweilen ihre Blicke am verschwimmenden Abendhorizont. Irgendwo fließen sie zusammen, die Weiten der Erde und die der Himmel.

Und nun glaubt Hagar an genau diesem Punkt eine Bewegung zu erkennen. Sind dort Menschen, Tiere? Aber schon haben die vielen Hügel die Erscheinung wieder verschluckt. Trotzdem bleibt Hagars Aufmerksamkeit weiter in dieser Richtung. Und jetzt sieht sie, es sind drei Kamele, die sich schnell nähern.

Hagar schwenkt ihr Tuch, und die Gruppe kommt näher und näher.

Die kleinen Esel, deren Lebensgeister ebenfalls durch das Wasser wieder erwacht sind, fangen an zu schreien und unruhig zu stampfen, als fühlten sie schon das Nahen ihres Herrn. Ein tiefer, lösender Atemzug entspannt Hagars Körper, sie hat Abraham erkannt. Und auch er sieht Hagar. Eingehüllt in aufwirbelnde Staubwolken, reitet er auf sie zu. Seine flackernden Augen suchen seinen Sohn, und noch im Absteigen ruft er: »Wo ist Ismael?«

Hagar wendet langsam den Kopf zur Seite, Abraham fasst Hilfe suchend ihre Hand, als er Ismael von weitem reglos liegen sieht, und stößt erschrocken aus: »Ist er tot?« »Er lebt«, erwidert Hagar leise, »dein Gott hat ihn gerettet.«

Abraham fällt auf die Knie, vergräbt sein Gesicht im Sand, weint, lobt und dankt Gott gleichzeitig. Er wäre zu spät gekommen, aber Gott war da.

Lange sitzen sie an diesem Abend am wärmenden Feuer zusammen.

Am nächsten Morgen macht Abraham Hagar einen Vorschlag, den er in den letzten Tagen sorgsam durchdacht hatte. In Ägypten gibt es große Unruhen. Kämpfe an den Grenzen und im Land stehen bevor. Diese Informationen hat er von verschiedenen Seiten, und auf seinem Weg sind ihm viele Soldaten begegnet. Er möchte die beiden lieber an einen sichereren Ort bringen.

Hagar weiß, dass ihr Vater seit längerer Zeit nicht mehr König in Ägypten ist. Mehrere Nachfolger gab es in den letzten Jahren, und alle konnten nur kurze Zeit regieren. Von ihrer großen Familie hat Hagar nichts mehr gehört.

Gerne hätte sie Ismael in ihre Heimat geführt, und sie war geneigt, ihrer Sehnsucht nachzugeben, doch erscheint es auch ihr sinnvoller, Abrahams Bedenken zu beachten.

Auf der Suche nach einem geheimnisvollen Ort

Abraham ist auf der Suche nach einer Gegend in Arabien, in der er noch nie in seinem Leben gewesen ist, von der er aber einmal vor langer Zeit, es war noch in seiner Jugend, von einem alten arabischen Beduinen hatte erzählen hören.

Nach einer geheimnisvollen Legende müssen an diesem Ort noch Reste eines uralten Heiligtums existieren, dessen Wurzeln weit in der Tiefe seiner fernen Vergangenheit liegen. Lange sollen Menschen dort zu einem großen Gott gebetet haben. Diese heilige Stelle befindet sich in einem Tal, das ihm der Alte damals genau beschrieben hatte. Ein großer, einstmals vom Himmel gefallener Stein war der Mittelpunkt des Heiligtums. Dieser soll zu Anfang, vor

Tausenden von Jahren, einmal weiß gewesen sein, bis ihn die Sünden der Menschen schwarz gefärbt haben. So erzählt man sich. Diesen Ort will Abraham finden. Wie eine Vision schwebt dieser Wunsch vor seinem geistigen Auge.

Mit drei Kamelen und mehreren Eseln sind sie für eine lange Reise gut gerüstet, obschon die Entfernung allein von Beerscheba bis zum Nordende des östlichen Armes des Roten Meeres viele Tagesetappen erfordert. Das ganze Trockenland des Negeb liegt vor ihnen. Überwiegend sind es kahle Gebirge und weite Steppen, große Sandwüsten und tiefe Flusstäler. Abwechselnd bestimmen sie das Aussehen der Landschaft. Teilweise können sie aber auch die Karawanenstraße benutzen, die von Südarabien zur Mittelmeerküste nach Gaza führt. Nachdem sie die Wüste Sin hinter sich gelassen haben, geht es weiter südwärts durch die trockene, heiße Wüste Paran zum Roten Meer. Tage und Wochen sind sie schon unterwegs, passieren Wüstenregionen und rasten in fruchtbaren Landstrichen. Das Reisen mit Kamelen ist angenehm, die Tiere haben einen sanften, weichen Gang. Hagar und Ismael vertrauen Abrahams Führung.

Oftmals während dieser langen Reisetage stellt Abraham sich selbst die Frage, warum er sich auf den Weg gerade zu diesem Ort macht. Was glaube ich dort zu finden? Ein altes Heiligtum, einen Gott, meinen Gott? Ist der Gott dieses vergangenen Zeitalters der gleiche Gott, den ich als meinen einzigen erkannt habe? Gibt es überhaupt nur einen einzigen Gott für uns alle, in allen Zeiten vor uns, für alle Zeiten nach mir?

Dann, eines Abends, als sie unter freiem Himmel nächtigen, ist Ismael sehr unruhig. Immer wieder ändert er sein Lager, legt seinen Kopf nach links, nach rechts, findet keine Ruhe und keinen richtigen Schlaf.

Auf dieser unsichtbaren Ebene zwischen Wachen und Schlummern, mag er einen ganz besonderen Daseinsbereich erreicht haben, und in diesem Zustand hatte er ein fast außerirdisches Erlebnis. War das ein Traum, war das eine andere Wirklichkeit?

Als er davon zurückkehrt und erwacht, ist es noch ganz früher Morgen. Er springt auf und sucht aufgeregt den ganzen Lagerplatz ab. Er beginnt mit den Händen im Sand zu graben. Er schüttelt die Decken aus, räumt Matten und Felle seines Lagers zur Seite und findet, er kann es kaum fassen, das, wonach er sucht.

»Da ist der Stein, da ist genau dieser Stein«, ruft er ungläubig und überzeugt zugleich. Abraham und Hagar eilen herbei, sehen, staunen, können sich nichts erklären. Ismael kniet vor einem glänzenden, würfelförmigen schwarzen Stein, den an allen Seiten feine Silberstreifen zieren, als hätte ein Silberschmied ihn kunstvoll gefaßt.

»Ich weiß nicht, habe ich geschlafen, war ich wach, oder habe ich geträumt!« Ismael versucht das Unfassbare zu erklären. Abraham und Hagar hatten erst kopfschüttelnd und verständnislos Ismaels hastiges Suchen verfolgt und betrachten nun neugierig den Stein.

»Es war alles so wirklich, so deutlich, so klar. Gerade eben noch. Vater, höre, wie es war: Wir standen vor einer zerstörten Mauer, viele lose Steine lagen weit verstreut umher. Wir trugen sie alle zusammen und schichteten sie aufeinander. Wir bauten und bauten, aber sooft wir sie auch aufrichteten, sie umbauten, die Steine veränderten, immer ist ein gleich großes Loch geblieben.

Dann schoss durch dieses Loch ein Lichtstrahl vom Himmel. Es war mir, als hätte ich Licht in meinem Blut, in meinem Herzen, in meiner Seele. Und plötzlich stand ein Leuchtender vor mir. Ich erschrak und fürchtete mich, aber er war sehr freundlich und sagte: ›Du brauchst keine Angst zu haben. Ich heiße Gabriel. Ich bringe dir den fehlenden Stein, und du sollst ihn einfügen.‹ Erst brachte ich kein Wort hervor. Dann wollte ich die Erscheinung anfassen, sie etwas fragen, aber gleich darauf war sie verschwunden.«

Ismael hält Abraham den Stein entgegen. Dieser nimmt ihn voller Ehrfurcht entgegen. Schwer und bedeutungsvoll liegt er in seinen Händen, und seine Sinne empfinden ein wunderbares Gefühl, als würden kraftvolle Impulse der Übertragung über seine Finger, durch seinen ganzen Körper laufen.

»Ismael, ich glaube, wir sind unserem Ziel sehr nahe.«

Am nächsten Tag erreichen sie ein ödes, unfruchtbares, lebensfeindliches Tal. Das Tal von Makka wird es genannt.

Hier muss es sein, behauptet Abraham. »Die Umgebung, die Berge, das Tal, das von Nord nach Süd laufende Wadi, alles ist so, wie ich es gehört habe.«

Am Fuße eines Hügels bauen sie die Zelte für die Nacht auf. Am Tag darauf, noch in der Morgendämmerung, machen sich Abraham und Ismael auf die Suche. Und sie finden, genau wie beschrieben, die verfallenen Restbauten des verlassenen Urheiligtums, von dessen Existenz der Beduine erzählt hatte.

Beeindruckt von der immer noch vorhandenen Erhabenheit dieses Ortes, spüren sie die besondere Ausstrahlung. Abraham erkennt mehr als je zuvor eine Allumfassenheit seines Gottes, ahnt die Bedeutung, die dieser Gott für alle Völker in allen Ländern der Erde haben wird, und es wird ihm bewusst, dass weder Entfernung noch Zeit diesen davon abhalten, überall und gleichzeitig zu sein.

Abraham erinnert sich an das Erlebnis in Haran in der Wüste, an die Rede Gottes, als er damals zu ihm sprach. Nach dieser Verheißung hat Gott den Wirkungskreis seines Segens auf alle Geschlechter der Erde ausgeweitet, und erst heute erfasst Abraham die ungeheure Dimension dieser Aussage. Wurden sie in diese Wüste geführt, um in Abgeschiedenheit und Einsamkeit zu begreifen, dass sie die Kunde von dem ewigen Sein, der Einmaligkeit, der Ganzheit dieses Gottes weitertragen müssen in die Zeit, in die Länder, zu den Völkern?

Ergeben und hingegeben liegen ihre Körper im Sand und sind selbst Ausdruck und Zeichen ihrer Bereitschaft. Sie fühlen Gott, bis die aufgehende Sonne im Osten das Anbrechen des neuen Tages verkündet.

Getrieben und getragen von einer ungeheuren Energie, gelingt es ihnen, in sieben Tagen das Heiligtum nach ihrer Vorstellung wieder aufzubauen. In einer feierlichen Zeremonie fügen sie zuletzt den Himmelsstein hinzu. Sie nennen den würfelförmigen Steinbau »Kaa'ba« und erneuern damit den alten Namen. Dann beten sie gemeinsam:

> *Dir, unserem einzigen Gott, haben wir die Grundmauern dieses Hauses neu errichtet.*
> *Nimm dieses Werk von uns entgegen.*
> *Wahr ist es, du bist der Hörende, der Wissende, der Gebende. Du bist gegenwärtig, wo Menschen auf dich schauen, und breitest deinen Segen über alle.*
> (frei nach Sure 2 im Koran)

In der Zeit, während Abraham und sein Sohn unablässig am Bau des Hauses Gottes gearbeitet haben, war Hagar unterwegs, um Wasser zu suchen. Tagelang eilt sie von Hügel zu Hügel, und nach sieben Tagen geschieht das Wunder. In dieser unwirtlichen, kargen Gegend findet Hagar eine reine, klare

Süßwasserquelle. Nun können sie an diesem Ort bleiben. So hat Hagar noch einmal Rettung an einem Brunnen, Rettung über eine lebendige Quelle erfahren. An allen wichtigen Stationen ihres Lebens wird Hagar an die rettende Quelle geführt.

Darauf sind viele auf- und absteigende Monde ins Jahr getreten, und Abrahams Gedanken wandern nun öfter nach Kanaan. Nachdem er sich zur Rückkehr entschlossen hat, spricht er mit Ismael und bittet ihn ein letztes Mal um getreue Ausführung seiner Anweisungen.

»Erhebe täglich mehrmals dein Gesicht und deine Gedanken zu Gott, höre auf seine Stimme, sei nur IHM ergeben und stelle neben IHN keine anderen Götter.

Nimm diese Stätte als Gebetsort. Reinige dieses Haus für alle, die es umschreiten. Die Menschen sollen sich in Ehrfurcht dort im Gebet verneigen und niederwerfen auf die Erde:

Woher sie auch kommen mögen,
Gott gehört der Osten und der Westen;
wo immer sie sich hinwenden,
dort ist das Antlitz Gottes.
Gott ist allumfassend.
(frei nach Sure 2 im Koran)

Abrahams Rückkehr nach Kanaan

Saras Zeit, in der sie alleine ist, schleppt sich erst langsam und bedrückend von Tag zu Tag. Von der sie peinigenden Anwesenheit Hagars und Ismaels befreit, will sich aber wirkliche Befreiung nicht einstellen. Sara empfindet keine Siegesfreude. Den Mägden befiehlt sie, die beiden Zelte zu lüften, zu säubern, Kissen, Decken und Matten aufzuschütteln, als sollten die Spuren von Hagars Anwesenheit eiligst getilgt werden. Doch die gehegte Stimmung, die sich in Saras Gemüt eingenistet hatte, verweilt in bedrückender Hartnäckigkeit. Zu lange nährte sie die Gedanken der Ablehnung, der Eifersucht, der Ungeduld und benannte sie mütterliche Achtsamkeit und Fürsorge. So ziehen jene Bilder als unbewusste Leidenssignale weiter ihre Kreise um Sara.

Abraham ist lange weg gewesen. Nun ist er zurückgekehrt.

Sara und Abraham bemerken, dass sich in der Zeit, in der sie sich fern waren, das Verhältnis zwischen ihnen verändert hat. Sara bemüht sich sehr, die alte Ordnung wieder herzustellen, und auch Abraham ist dabei, sich in seinen gewohnten Tagesablauf hineinzuleben. Aber eine unausgesprochene Traurigkeit bestimmt nach seiner Rückkehr den Grundton.

Abraham vermisst Ismaels laute, doch immer ungezwungene Fröhlichkeit. Isaak fragt oft nach seinem großen Bruder, und die vagen Erklärungen seiner Mutter versteht er nicht.

Saras Seele quält sich mit ständig wiederkehrenden Gewissensnöten. Durch besondere Güte, Nachgiebigkeit, Opferbereitschaft und Friedfertigkeit versucht sie in ihrer Umgebung einen Ausgleich zu dem zu schaffen, was nicht mehr rückgängig gemacht werden kann. Es dauert lange, bis Abraham seine frühere Heiterkeit wiederfindet. Isaak ist in dieser Zeit sein Trost und seine Freude. Mit ihm zusammen verbringt er viele seiner Tage. Aber auch Saras Friedfertigkeit schafft wieder Ruhe und Ausgeglichenheit in der Gemeinschaft.

Müde geworden durch die vielen Bürden des Lebens, möchte Abraham ein wenig an seinem Weg anhalten, in Ruhe Vergangenes betrachten und über Kommendes nachdenken. Alte Zweifel entstehen neu, Fragen über die Richtigkeit seines Tuns und Nichttuns.

In dieser Verschnaufpause wird er aufgerüttelt. Er glaubt, Gottes machtvolle Stimme erneut zu hören.

Ein Opfer. Abrahams Kampf mit Gott

In einem Zustand tiefer Depression meint er etwas Ungeheuerliches zu vernehmen. Einen Anruf Gottes, der ein großes Opfer von ihm fordert. Abraham weiß um die Kinderopfer, die noch da und dort im Lande Kanaan praktiziert werden. Grauen und Schrecken erfassen ihn jedes Mal, wenn er davon hört.

Und nun soll er, er kann es gar nicht weiterdenken, soll er seinen geliebten Sohn, den einzigen, den er noch bei sich hat, opfern. Abraham will es nicht glauben. Trotzdem ist er fast sicher, dieses Verlangen Gottes vernommen zu haben. Ist diese fordernde Stimme wirklich seines Gottes Anruf? Wieder und wieder fragt er sich das, und Entsetzen schnürt ihm fast die Kehle zu.

Aber da ist gleichzeitig auch noch eine andere Einflüsterung. Ein beharrliches Mahnen, das ihn von dieser Erfüllung abhalten möchte! Sein sich selbst gegebenes oberstes Gebot Gott gegenüber ist Gehorsam. Aber welche Entscheidung soll er treffen? Für Gott? Gegen Gott? Für das Leben seines Sohnes? Gegen seinen Sohn?

Abraham hat das Gefühl, als versuchten zwei starke Gegenkräfte mit ungeheurer Macht sein Wesen auseinander zu reißen.

Aufgewühlt rennt Abraham hinaus in die Nacht, ruft laut zu Gott: »Oh, du Allerhöchster, Mächtigster, ich bin deinen Weisungen doch stets gefolgt, habe meine alte Heimat aufgegeben und immer wieder deinem Ruf Folge geleistet. Alle Orte habe ich verlassen, um deine Gebote zu erfüllen. Warum, warum, verlangst du das von mir? Verlange etwas anderes, nicht Isaak!«

Schmerzlich wartet Abraham auf ein erlösendes Wort, aber das Verlangen Gottes bleibt in sein Herz geschrieben. Verzweifelt versucht Abraham sich von diesen zerstörerischen Gedanken zu befreien, doch sie ketten ihn an eine furchtbare Vorstellung, rollen wie ein abgedriftetes Räderwerk auf einem uneinsehbaren Weg in wachsender Geschwindigkeit einem schrecklichen Ziel zu.

Abraham quält sich viele Tage in diesem Konflikt. Zu Sara kann er nicht davon sprechen. Mit allen Mitteln würde sie verhindern, dass er diese Weisung ausführte. Nach seiner in ihm gewachsenen Ansicht verteilt Gott Gaben und Wohlstand auch nach dem, wie man seine Gebote hält und seine Forderungen erfüllt. In diesem Sinne gibt er auch den Seinen die Glaubensunterweisungen.

Muss er nun wirklich einen letzten Beweis seines unbedingten Gehorsams Gott gegenüber erbringen?

Unauffindbar sind die Motive, die Abrahams Innerstes bewegen. Sie sind so tief eingelassen, dass er selbst keinen Zugang zu ihrem Ursprung findet. Lässt ihn vielleicht in einem tief dunklen Bereich etwas Bedrohliches in seinem Sein glauben, dass er ein Opfer bringen müsste. Allen Göttern, die er kannte, brachte man Opfer, und seit alters her hat man ein Opfer als eine große reinigende Kraft angesehen. Warum denkt er in letzter Zeit so oft daran. Was möchte er reinigen, bereinigen. Will seine Seele sich von etwas befreien, von einer Last? Von welcher? Fragen, immer wieder diese Fragen. Tief bohren sie sich in sein Fleisch, und es gelingt ihm nicht, sich von ihnen zu lösen.

So bereitet er trotz aller Unbegreiflichkeit und in tiefer Gewissensnot die Reise vor, die ihn zu einem bestimmten Berg im Land Morija führen soll.

Mit seinem Sohn Isaak und zusammen mit Elieser und zwei Knechten ist er drei Tage unterwegs.

Die Begleiter wissen nur, dass Abraham ein Opfer darbringen will. Mehr hat er nicht gesagt. Schweigend und in sich gekehrt erlaubt er ihnen auch nicht, Fragen zu stellen. Isaak ist so eigen zumute. Ahnt er, dass es mit diesem Opfergang eine besondere Bewandtnis haben muss?

Als Abraham von Ferne den Ort sieht, gebietet er den Knechten, mit den Eseln zu warten, bis er mit Isaak wieder zurückkommen werde. Isaak lädt sich das Holz auf den Rücken, Abraham trägt die Feuerschale und das Messer.

Ein langer Aufstieg, ein beschwerlicher Weg liegt vor ihnen. Dunkel und kalt ist die Nordseite des Berges Morija. Hier steigen sie ein, und in einer Schwingung von Furcht und Ausgeliefertsein trägt Abraham seine Ängste mit hinauf. Schwer atmend müht er sich, die Steigung des Berges zu bewältigen. Trocken ist seine Kehle und stumm sein Mund. Doch seine Seele redet unaufhörlich mit Gott. »El Schaddai, auf wie vielen Wegen meines Lebens bist du mit mir unterwegs gewesen, bin ich mit dir gegangen, stets dahin, wo du mich haben wolltest. Du warst überall dabei, und mein Vertrauen ließ mich immer sicher sein, den richtigen Weg zu gehen. Aber heute, heute ist alles ganz anders. Meine Füße wollen mich nicht tragen, wohin mich deine Stimme befiehlt. Müde und steif sind sie und widerstreben weiterzugehen. – El Schaddai, warum höre ich dich nicht in dieser meiner größten Not? Sprich, oh sprich zu mir! Gib mir das erlösende Wort! Sage, dass ich mich geirrt habe, dass ich nicht richtig verstand, was du mir angewiesen hast.« Abraham kann kaum noch atmen. »El Schaddai, wie kann die Verheißung sich erfüllen, die du auf mich und Isaak geschworen hast, wenn ich ihn opfern soll! Deinen Bund willst du doch mit ihm aufrichten! El Schaddai! Ich verabscheue die Kinderopfer der Kanaaniter, und du selbst hast Noah aufgetragen, kein Menschenblut zu vergießen!«

Abrahams Erregung steigert sich, erschöpft schlägt er die Hände vors Gesicht, dass es schmerzt. Er krallt seine Finger in die grauen Haare, er taumelt, fällt auf die Knie, und in diesem Fallen sprengen Schmerz und Verzweiflung Abrahams verschlossene Kehle. Gellend schreit er hinaus: »Nein – nein – nein!« Abrahams Ringen mit Gott drängt auf eine Entscheidung.

»El Schaddai, halte meine Hand zurück, lass das Messer stumpf werden, damit ich es nicht benutzen kann! Lass es mich wissen, sag' es, dass Du es nicht willst.« In seinem Herzen fühlt Abraham einen rasenden Schmerz, als sei es von einem Dolch durchstochen. Sein ganz nach innen schauender Blick sieht unaufhörlich Blut daraus fließen. Mit letzter Kraft erhebt er sich, er will die Höhe erreichen. Und dabei fühlt er, als hätte er mit jedem Tropfen Blut, den er gab, und in dem damit verbundenen Schmerz Gott auf eine andere, neue Weise erreicht, als ihm das je zuvor möglich war.

Schwer formt seine Zunge nun die Worte, die wie Pfeile in den Himmel schießen, als sollten sie seinen Gott mitten ins Herz treffen.

»El Schaddai, du hast mich gelehrt, zu gehorchen und zu lieben. El Schaddai, sage mir jetzt, was ist größer: Liebe oder Gehorsam? Gehorsam oder Liebe?«

Längst schon hat Gott Abraham einen Engel zur Seite gestellt, aber Abraham sieht ihn nicht. Doch jetzt vernimmt er zwei Mal laut seinen Namen.

»Abraham! – Abraham!«

»Da bin ich, Herr«, ruft Abraham, und noch einmal keuchend: »Da bin ich.« Und er hört aus den Weiten:

»ICH BIN – ICH BIN DA.« Diese Stimme aus der Ferne schwillt an, wird so mächtig, als sei sie Person. »ICH BIN DA!«

Dann kommt wie eine Erlösung die Erleuchtung. »Herr, jetzt weiß ich es. Jetzt weiß ich es!« Herausgetreten aus dem Schatten, findet Abraham sich auf der anderen Seite des Berges, schaut in ein helles, südliches Licht.

Abraham erfasst das Geheimnis. »Mein Gott, du hast meinen großen inneren Schmerz und mein Herzblut angenommen, stellvertretend für das, was ich glaubte vergießen zu müssen.«

Wie aus geistigen Strömen herabgegossen, flutet Gott. Über dem Gehorsam stehen Liebe und Gnade. Schuld wird aufgehoben. Abraham spürt, wie Gott ihn in seine Arme nimmt. Jetzt erkennt er und spricht unter Tränen: »Nicht ich musste dich beschenken, du beschenkst mich. Mein Gott, deine Liebe übersteigt meine Erkenntnis. Aber nun habe ich erfahren, was dein größtes Geschenk ist: Liebe.« Dann taucht er auf aus einem Meer von Tränen, reingewaschen, losgesprochen.

Isaak in seiner jugendlichen Schnelligkeit war indessen weit voraus gelaufen. »Sieh Vater«, ruft er bei Abrahams Nahen, »hier ist unser Opfertier. Wie vom Himmel gesandt. Ich habe den Widder im Gestrüpp gefunden.«

Über Abrahams Gesicht läuft ein befreiendes Lachen. In einem tiefen Aufatmen drückt er Isaak an sich, immer wieder. Zusammen bauen sie einen Altar, setzen Stein auf Stein und opfern in großer Ehrfurcht Gott zu Ehren den Widder. Abraham legt seine Hand auf den Kopf des Tieres und verharrt lange in Gedanken, als wolle er mit dieser Geste verbliebene Reste von Schuld abladen auf einen, der das Opfer übernimmt.

Ein verborgener Gedanke bahnt sich den Weg ans Licht. Hat irgendetwas in ihm sich vielleicht selbst die schwerste aller Prüfungen auferlegen wollen? Wollte er sich gar selbst vernichten? Aber konnte Abraham seinen Sohn in Wirklichkeit gar nicht aufgeben, weil er in seinem grenzenlosen Vertrauen immer gewusst hat, dass Gott ihn die Antwort erkennen lassen wird? Vielleicht legt Gott alle Antworten in das Sein des Menschen, die der Mensch selbst entdecken muss? Abraham hat Gottes Antwort gefunden. Ein letztes Mal streicht Abraham über den Kopf des Opfertieres, dankt Gott und schließt mit einem unbeschreiblichen Glücksgefühl Isaak in die Arme.

Saras Angst um ihren Sohn

In Gedanken ist Sara fortwährend bei Abraham und Isaak. Eine unerklärliche innere Unruhe treibt sie hinaus, Ausschau zu halten, ob die beiden nicht doch schon zurückkommen. Heute ist der dritte Tag und früher Morgen.

Auch sie kennt den wirklichen Grund nicht, warum Abraham mit Isaak einen so weit entfernten heiligen Berg aufsuchen will. Aber bedrückende Gefühle von Angst und Sorge lassen sie seit Tagen keine Ruhe finden.

Dann spielt ihr ein unbarmherziger Zufall ein schreckliches Gerücht zu.

Während sie zusammengekauert, unbemerkt am Rande des Zeltdorfes sitzt, sind zwei alte Frauen in ihrer Nähe mit Flechtarbeiten beschäftigt.

Unfreiwillig hört Sara, wie die beiden jammervoll klagend über die Grausamkeit eines Kinderopfers reden, von dem sie über eine Kanaaniterin erfahren haben. Einige Gesprächsfetzen klingen zu Sara herüber, dabei fallen auch Isaaks und Abrahams Namen. Als wäre sie von einer Tarantel gestochen, durchfährt Sara ein heißer Schmerz. Wie elektrisiert springt sie auf, rennt zu den Frauen, packt die eine an den Schultern und schreit sie hysterisch an: »Was weißt du von Abraham und meinem Sohn? Wohin sind sie, was hast du gerade erzählt? Sag es, sag es!« Sara ist wie von Sinnen. Auch die Frauen sind völlig verstört und zittern wie Sara am ganzen Körper.

»Wir wissen eigentlich gar nichts, Herrin.«

»Aber du hast gerade geredet, als wüsstest du etwas!«

»Nein, Herrin!«

»Sprich, sprich, sage ich dir!«, drängt Sara gebieterisch.

»Herrin, ich habe nur vor einigen Tagen, nachts, als ich nicht schlafen konnte und draußen herumging, Abraham mit jemandem reden hören, ich habe zwar niemanden gesehen, und ich habe nichts Genaues gehört.«

In Sara steigen schauerliche Vorstellungen auf. Angstströme wälzen sich wie schwarze Schlamm-Massen durch ihren Körper und ergießen sich in ihr Bewusstsein. Sie möchte Wehklagen, doch ihre Stimme liegt in Fesseln. Kopflos rennt sie weg, sie läuft in die Richtung, in die Abraham mit ihrem Sohn und mit den Knechten vor drei Tagen gezogen ist. Immer schneller eilen ihre alten Füße, als könnten sie noch etwas retten. Sara ist sich der Sinnlosigkeit ihres Tuns nicht bewusst. Weinend und keuchend läuft sie dahin, stolpert, strauchelt, fällt, kann kaum mehr atmen. Mit einem lauten Wehschrei stürzt sie über einen vertrockneten Wurzelstock und sinkt mit einem flehenden Stoßgebet auf den Lippen ohnmächtig nieder. Hilflos liegt Sara am Boden, und ihre Angstgefühle weben den Stoff eines Traumes, den die Mittagshitze glühend in ihr ablaufen lässt.

Saras sechster Traum: Der Kelch ging vorüber

Heiße Asche ist Saras erste Empfindung, und sie spürt diesen verglühenden Staub über sich rieseln wie todbringenden Regen. Ringsum steigen Feuersäulen in den Himmel, färben ihn rotbraun. Bäume brennen, Sträucher lodern, Gräser schwelen, Blumen ersterben. Sturm facht die Flammen an und trägt sie weiter und weiter. Dichte Rauchwolken verwirbeln sich wie aufgescheuchte Höllengeister in den Lüften, sie gebärden sich in ihrem Totentanz als schwarze Zeugen der Vernichtung.

In dieses Inferno sieht Sara sich stürzen, dort wähnt sie ihren Sohn, und sie will nur eines, ihn retten. Es darf nicht zu spät sein! Während sie im Traum weiterhastet, die Flammen zu durchdringen versucht, gelangt sie zu einem Opferstein. Geflügelte Drachen umstellen ihn, und Skorpione klettern an ihm hoch. Die Steine glühen, und auf dem Altar liegt ein verschnürtes Bündel, inmitten eines Geästes. Sara greift nach oben, hastig möchten ihre Hände die Bande lösen, aber ihre Arme bleiben in den Dornen hängen, an denen sie sich blutig sticht.

Unter den Schnüren bewegt sich etwas. Ein Widderkopf zwängt sich heraus, starrt Sara mit weit aufgerissenen Augen an. Sara schreit auf, das sind Isaaks Augen! Sie kann den Anblick kaum ertragen. Dann fällt der Widderkopf langsam zur Seite. Es scheint aber, als regte sich immer noch ein schwaches Lebenwollen in ihm. Ein letzter Blick trifft Sara, und nun sind es plötzlich die Augen Ismaels, die sie anschauen. Sara fühlt einen Schmerz, als wolle ihr Lebensfaden reißen. Wie ein Bumerang schlägt die Vergangenheit zurück. Nun wird die Hitze zur Hölle. »Wasser«, stammelt der Widderkopf, »Wasser!«, Sara hält ihm einen Krug vor den Mund, aber das Gefäß ist leer. »Wasser«, stöhnt er noch einmal und schließt traurig die großen Augenlider.

Sara ist in höchster Verzweiflung. Sie möchte Ismael in die Arme nehmen. »Warum Ismael?«, durchfährt es sie. Sie schaut sich an. »Bin ich Hagar? Bin ich Sara? Wer bin ich?« Dröhnend fallen die Steine des Altars auseinander. Der Widder ist frei, er läuft davon, die Fesseln fallen von seinen Füßen. Dann stürzen Wassermassen wie in einer gewaltigen Flut von oben und löschen die Feuer.

Ein Blutstrahl steigt hoch, rundet sich wie ein schützendes Gewölbe über dem Himmel. Blut, das Symbol des Lebens, verwandelt sich in die leuchtenden Farben eines Regenbogens, als wollte Gott damit noch einmal bekunden, dass er sich des immer währenden Bundes, den er mit Noah für ihn und für dessen Nachkommen geschlossen hat, durch dieses Zeichen in den Wolken erinnere.

In hellem, leuchtendem Blau spannt sich jetzt das Firmament, und auf einmal tanzen unzählige kleine, runde, weiße Blätter vom Himmel. Wie Schmetterlinge bewegen sie sich in der heißen, vibrierenden Luft. Sie landen auf verbrannten Zweigen, bleiben hängen in schwarzen Sträuchern, legen sich auf die verkohlte Erde. Sara sammelt sie auf, hält sie in ihren Händen.

Auf jedem ist ein Wort eingeprägt, ein einziges Wort, es ist immer das gleiche: *Liebe – Liebe – Liebe.*

Sara hat das unbezwingbare Gefühl, von den runden Blättern zu essen. Sie schmecken süß, süß wie dünnes weißes Brot, wie Brot vom Himmel. Und während Sara diese Speise zu sich nimmt, fühlt sie sich losgelöst von allem Vergangenen, von allen Schmerzen, als sei sie wieder geboren in einem neuen Leib. Alles Verbrannte, Getötete ringsum beginnt aufzuerstehen.

Abrahams Knechte haben Sara weit draußen in der Wüste gefunden. Kräftige Hände greifen nach ihr, heben sie hoch, tragen sie in ihr Zelt. Ihre Mägde entkleiden die völlig Durchnässte, Entkräftete, Fiebernde und legen sie behutsam auf ihr Lager. Sara ist schwach, fühlt sich krank, krank an ihrem Herzen.

So finden sie Abraham und Isaak bei ihrem Heimkommen. Allein die Freude über die glückliche Rückkehr ihres Sohnes stärkt sie ein wenig. Abraham und Isaak sitzen abwechselnd an ihrem Bett, möchten sie wieder gesund sehen. Lange geht Sara dieses Traumerlebnis nicht aus dem Sinn, und sie erzählt Abraham davon. Abraham ist erschüttert. Sanft zieht er Sara von ihrem Lager hoch, hält sie lange in seinen Armen und fragt: »Du hast etwas geahnt?« Sara nickt. Gemeinsam weinen sie den Schmerz von ihren Seelen, und die Tränen klären alles, was sich in den Jahren getrübt hatte.

Wo ist Hagar?

Nach diesem Traum ist vieles anders geworden. Sein reinigendes Feuer hat alle Unreinheiten verbrannt, Schicht um Schicht alle aufgerichteten Barrieren niedergerissen. Oft muss Sara nun an Hagar denken. Jetzt versteht sie die große Qual, die diese durchleben musste in der Angst um das Leben ihres Sohnes.

Und nachdem Sara all das Leid in immer wiederkehrenden Bildern bis zum Äußersten durchlebt hat, ihnen nicht mehr ausgewichen ist, geschieht etwas Seltsames. Alle Ängste verlieren sich, alle Hassgefühle lösen sich auf wie Seifenblasen. Saras ursprüngliches Wesen beginnt wieder zu leuchten, und in einer Helligkeit, die sich um sie aufbaut, erkennt sie auch das Licht, das andere umstrahlt. Sara ist in eine Strömung gelangt, deren glasklares Wasser sie aus der Sphäre ihres Krankseins heraushebt, in der sie sich als neuer Mensch wieder findet.

Zunehmend wächst ein Wunsch in ihr. Saras Verlangen, Hagar zu sehen, mit Hagar zu sprechen, wird so stark, dass sie Abraham bittet, Hagar aus der Verbannung heimzuholen. Sara hat sich wieder gefunden, nun will sie Hagar finden.

Abraham nimmt die Veränderungen an seiner Frau mit ungläubigem Staunen wahr. Sofort schickt er Boten mit vielen Geschenken auf den Weg, die nach seinen Aufzeichnungen Hagar und Ismael in Arabien finden sollen.

Nach vielen Wochen kommen sie jedoch unverrichteter Dinge nach Hause.

In dem beschriebenen Landstrich in Arabien fanden sich zwar Beduinen, die Hagar und Ismael gekannt haben, sie wussten aber nur zu berichten, dass die beiden vor einiger Zeit nach Ägypten gezogen waren.

Ismael ist ein erwachsener Mann geworden. Mit Pfeil und Bogen beherrscht er Steppe und Wüste wie kein anderer. Hagars Wunsch ist es, auf dieser Reise eine rechte Frau für Ismael zu finden. In ihrer ägyptischen Heimat, bei ihren Verwandten wollen sie nach einem jungen Mädchen suchen.

Als sie nach einer langen Reise Ägypten betreten, ist Hagars Freude über das Wiedersehen mit dem Land ihrer Kindheit groß. Einige Mitglieder ihrer Familie findet sie noch dort, wo sie gewohnt hatte, doch viele sind nicht mehr am Leben. Andere sind in südlichere Städte gezogen.

Hagar findet trotzdem ein schönes ägyptisches Mädchen als Frau für Ismael. Aber Ismael hat auf die Dauer keinen Gefallen am städtischen Leben und sehnt sich dorthin zurück, wo er aufgewachsen ist. Als Sohn der Wüste will er frei und ungebunden sein Leben nach seinen Vorstellungen führen.

Diese Absicht wird bald in die Tat umgesetzt. Dann schließt sich langsam der Kreis von Kanaan über Arabien nach Ägypten und wieder zurück.

Wie schon einmal ziehen Kamele, majestätisch und bedachtsam, auf schmalen Wegen zwischen den Kanälen langsam in Richtung Norden. Sanft schaukelnd auf dem Kamelrücken, reist Hagar die gleiche Strecke, die sie vor vielen Jahren so bekümmert zurücklegen musste, als sie in Abrahams Familie kam, jetzt mit ganz anderen Gefühlen. Glücklich über die kurze Zeit, die sie an der Quelle ihrer frühen Lebensjahre noch einmal verbringen konnte, verspürt sie weder Trauer noch Wehmut beim Abschied.

Aufgeladen mit Energie, fühlt Hagar die Urkräfte ihres Landes wie Begleiter an ihrer Seite. Dennoch werden während dieser Rückreise viele Erinnerungen wach. Manche leuchten nur als kurze Gedanken auf wie Blitzlichter, andere fallen sanft wie Regentropfen aus ihrer Seele, und einige wärmen wie Sonnenstrahlen.

Hagar hat gelernt, die Richtungsänderungen in ihrem Leben mitzugehen. Wenn sie im Rückblick auf die abgelaufene Zeit schaut, glaubt sie, dass im Nachhinein gesehen alle Stationen wichtig waren, dass auch schmerzhafte Begebenheiten, Kränkungen und Verletzungen überstanden werden mussten. Das Bewusstsein, diesen schweren Weg durch die Wüste überwunden zu haben, gibt ihr das gute Gefühl echter innerer Freiheit.

Während so vieles in ihr Leben geflossen ist, kam langsam die Änderung ihrer Einstellung zu vielen Dingen ihres Daseins. Es wird ihr bewusst, dass sie gerade in den Jahren der Zurückgezogenheit die ganz gewöhnliche Zeit auf ungewöhnliche Weise gelebt hat. Jeder Annäherung eines Mannes ist sie aus dem Weg gegangen, als wollte sie in ihrem Herzen einen großen Platz freilassen für ihre schönsten Träume. Als wollte sie bestimmte Gefühle bewahren für etwas, das noch keinen Namen hat und, einem Luftschloss ähnlich, auf einer lichten Wolke schwebt, zu dem sie manchmal in den Nächten des vollen Mondes ihre Sehnsucht schickt, ehe ihre Traumseele in den goldenen Wagen steigt.

In einem goldenen Wagen
entführt mich meine Seele.

Wie ein Windhauch
trägt er mich durch die Wüste
in deinen Garten.

Bei den Balsambeeten
finde ich dich, schlafend.

Ich pflücke eine Lilie
und lege sie neben dich,
ehe ich zu mir zurückkehre.

Irgendwann
findest du sie –
irgendwann findest du mich.

Sara will sich nicht damit zufrieden geben, dass man Hagar nicht finden konnte. Ein deutlich spürbares Gefühl sagt ihr, dass Hagar ganz in ihrer Nähe ist und nicht in einem fremden Land.

Durch die Krankheit, die nun schon lange dauert und die keiner benennen kann, die weder Salben noch Kräuter heilen können, ist Sara in ihrem Körper wie in ihrem Wesen sehr durchscheinend geworden. In einem Zustand stark erhöhter Schwingung formen sich immer wieder die gleichen Bilder, in die sie eines Tages Abraham mit hineinschauen lässt.

»Abraham, du wirst vielleicht darüber lachen, wenn ich dir erzähle, wohin ich jeden Morgen aufbreche. Ganz in der Frühe, wenn alle anderen noch schlafen, schicke ich in meinen Gedanken Grüße mit einer weißen Taube auf die Reise. Manchmal glaube ich, ich bin selbst die Taube. Federleicht erheben sich meine Flügel in den blauen Himmel und nehmen den Weg nach Süden. Wie von unsichtbaren Fäden gezogen, folge ich immer einer bestimmten Richtung. Ich kreise dann über einem Stück Land, das mir bekannt vorkommt. Dort steht auf einer Sanddüne ein märchenhafter Palast. Dieser Palast besteht ganz aus farbigen Edelsteinen, die in ihren bizarren Formen zu einem fantastischen Gebilde emporwachsen. Die Fenster sind aus Bergkristall, durchsichtig wie klares Wasser, in denen sich alle Farben des Hauses unzählige Male widerspiegeln.

Aus allen Öffnungen steigt wundersamer Weihrauch – Ketoret, der wie eine Hülle alles umschließt. Er schickt seinen lieblichen Duft zu mir herauf und noch weit über mich hinaus in den Äther, und dabei spüre ich einen seltsamen Strom, der wie fließendes Licht zu mir zurückkehrt. Immer dann habe ich das Gefühl, Hagar wohnt in diesem Haus. Und jetzt weiß ich es. Es ist die Wüste Paran. Ja, in der Wüste Paran muss es sein. Abraham, ihr müßt Hagar in dieser Wüste suchen, dort, wo der Sand wie Staub von unzähligen Diamanten glitzert. Abraham, ich sage dir: Sucht nach Weihrauch, und ihr werdet sie finden!«

Und in der Tat. Elieser entdeckt nach abermaliger Suche Hagar und ihren Sohn in der Wüste Paran. Dort lebt Ismael seit einiger Zeit mit seiner Familie als Jäger und Bogenschütze. Hagar wohnt in einem weißen Zelt, und die Menschen nennen sie Ketura, das heißt »Weihrauch«, denn man sagt, ihre Taten sind lieblich wie Weihrauch.

Als Elieser ihr die gute Botschaft von Sara und Abraham bringt, ist Hagar überrascht und doch wieder nicht. Zu lange spürt sie schon die unsichtbare Verbindung ihrer Gedanken mit Sara. Als sie erfährt, dass Sara krank ist, macht sie sich mit Ismael eilig auf die Reise.

Hagars Heimholung

Langsam nähern sich Hagar und Ismael mit ihrem Gefolge Abrahams Zeltdorf bei Hebron. Dort hat man schon Ausschau gehalten. Ein junger Mann kommt ihnen entgegen. Es ist Isaak.

Hagar bringt ihr Kamel zum Stehen, lässt Ismael weiterreiten und erlebt in großer Rührung das erste Aufeinandertreffen der Brüder nach so vielen Jahren. Als Ismael sieht, wer ihm entgegenkommt, springt er von seinem Reittier und geht schnellen Fußes auf Isaak zu. Mit ausgebreiteten Armen stehen sie sich gegenüber. In jedem der beiden Gesichter drückt sich erst großes Erstaunen aus, da sie voneinander noch die Vorstellung der Kinderzeit in sich tragen, und so sind es ihre offenen Kindergesichter, in denen sie sich zuerst begegnen.

»Ismael!« – »Isaak!« rufen beide gleichzeitig aus.

Lange umarmen sie sich, und jeder spürt den Herzschlag des anderen.

Liegen nur Jahre oder liegt eine Ewigkeit zwischen ihnen?

In diesem Augenblick ist die Zeit aufgehoben.

»Ismael, sei gegrüßt und sei willkommen zu Hause«, spricht Isaak mit feierlicher Stimme zu seinem Bruder.

»Schlage deine Zelte auf neben den meinen, und lass uns wahrhaft Brüder sein.«

Tränen laufen über ihre Gesichter. Abraham tritt aus seinem Zelt. Alles Geschehene ist auch für ihn Vergangenheit. Die Gegenwart lebt, und die Zukunft wartet auf ihre Gestaltung.

In großer Rührung schreitet Abraham auf Hagar und Ismael zu. Er umschließt beide mit seinen Armen. Als er Ismael an sich drückt, spricht er leise: »Mein Wildesel – ich liebe dich.« Und Ismael versteht seinen alten Vater und weiß, welchen Platz er in seinem Herzen einnimmt.

Eilige Mägde haben den Ankömmlingen Wasser zur Reinigung und zur Erfrischung bereitgestellt, und Hagar wird von Elieser in ihr altes Zelt geführt. Dort ist alles noch so, wie sie es verlassen hat.

Niemand hat etwas weggenommen, nichts wurde verändert. Die kleine Sykomore ist groß geworden.

Für ein paar Augenblicke setzt Hagar sich in alter Erinnerung an frühere Zeiten unter ihre Zweige, ehe sie zu Sara gehen wird.

Sonderbare Gefühle wecken ihr diese Rückblicke. Wie vieles musste sich wandeln um sie, in ihr, bis schaffende Kräfte ihre eigentliche Gestalt formen konnten. Bis nach außen sichtbar wurde, was in ihrem Innern angelegt war.

Isaak ist glücklich über die Ankunft seines Bruders und geht daran, ein großes Wiedersehensfest vorzubereiten. Vieles haben sie sich zu erzählen, alles wollen sie voneinander wissen.

Mit klopfendem Herzen begibt sich Hagar dann zu Sara. Vorsichtig hebt sie den Vorhang am Eingang und setzt zaghaft ihren Fuß in das Zelt. Dort liegt Sara, schlafend. Eine eigenartig samtene Stimmung erfüllt den Raum, und ein zarter Duft durchströmt ihn. Im Halbdunkel sieht Hagar rosa- und goldfarbene Strahlen wie feine Fäden über Saras Lager schweben. Sara öffnet die Augen, und ihr ganzes Gesicht wird zu einem warmen, gütigen Lächeln. Mit ausgestreckten Händen holt sie Hagar zu sich. »*Schalom*, Hagar – sei mir gegrüßt«, spricht sie mit fester Stimme. »Es ist gut, dass du gekommen bist. Glaube mir, längst habe ich dir Abbitte getan. In meinem eigenen großen Schmerz habe ich deinen erkannt und alles durchlitten wie du, und es musste wohl so sein.«

»Sara, alles ist längst vergeben, und ich bitte auch dich um Lossprechung.«

Sanft legt Sara ihre Hand auf Hagars Haupt, und es geschieht in diesem Augenblick der Berührung ein Austausch von Geben und Empfangen. Die Erlassung der Schuld schenken sie einander wie eine kostbare Gabe. Und so werden die friedvollen Gedanken Bausteine einer ganz neuen Beziehung.

Waren es früher mächtige Energien, die sich schmerzhaft aneinander gerieben haben, so vereinen sich jetzt ihre reinen, starken Wünsche auf harmonische Weise. Hand in Hand schauen sie in sinnendem Schweigen gemeinsam in die Zukunft.

Nachdem Sara ein wenig geruht hat, unterbricht Hagar die verweilenden Ausblicke und holt aus einem weißen Leinensäckchen ihre Geschenke. Sorgfältig breitet sie sie vor Sara aus. »Zwölf Edelsteine habe ich dir mitgebracht, Sara. Möge eines jeden Steines besondere Kraft und Strahlung dir Gesundheit, Harmonie und Freude bringen, dir Schutz und Segen sein!«

Aufmerksam betrachtet Sara einen nach dem andern. Sie weiß um die Bedeutung dieser wunderbaren Mineralien aus dem Naturreich. Lange hält sie den dunkelvioletten Amethyst in der Hand, spürt, wie durch seine Schwingung eine Verbindung mit der geistigen Welt zustande kommt, wie seine Kräfte mithelfen, die Probleme in Weisheit und Güte zu durchdringen, sie verwandeln helfen und sie erhöhen.

Lange Zeit sitzen die beiden Frauen Abrahams zusammen. Es bedarf keiner Worte mehr. Das Krankenlager Saras ist zu einem Ort geworden, an dem sich erneuernde geistige Elemente entwickeln und aufbauen können. In diesen Momenten der Versunkenheit strömt durch Sara wie eine fruchtbare Flutwelle das Höchste und Beste, das sie in Liebe zu geben vermag, und es öffnet sich das Tor für die Verwirklichung ihres letzten großen Planes. Im wach-bewussten Zustand bringt sie ihn zur Erfüllung.

Saras Vermächtnis

Sara lässt Abraham rufen, bittet ihn zu kommen. Als er eintritt, sitzt sie aufrecht auf ihrem Lager, das Hagar mit weichen Kissen wie einen Thron aufgebaut hat. Dann spricht Sara zu Abraham und Hagar: »Hört mich an, ihr beiden. Ich fühle, ich bin am Ende dieses Erdenlebens angelangt, und ich kann meine Augen nicht schließen, ohne dass sie gesehen haben, wie unser gemeinsames Schicksal sich doch noch zu einem goldenen Lebensstrom gewandelt hat. Nach den vielen Wirrungen und Irrungen in unserer Vergangenheit wünsche ich mir nichts sehnlicher als dies:

Hagar, du bist nicht mehr die Magd,
und alle Rechte, die ich einst zu haben glaubte,
hab' ich verworfen.
Ich wünsche mir so sehr,
doch sei dein Wille frei,
dich Abraham noch einmal zuzuführen,
um als Ketura seine Frau zu sein.

Glaubt mir, mit meiner Gabe geht mein Herz,
und wenn ihr könnt, dann nehmt einander an
als mein Geschenk.

Heut' drängt mich keine Pflicht,
und keine Überwindung ist vonnöten,
heut' kann ich alles, was ich tue,
aus Liebe tun.

Und dafür geb' ich Jahre meines Lebens.«

Nach diesen starken Worten schwingt das Leuchten einer sich verströmenden Seele im Raum. Bewegungslos sitzt Hagar neben Sara. Warme Tränen laufen über ihr Gesicht. Alles atmet Vergebung und Frieden, Heilung und Erneuerung, und sie spürt die Kraft, die von dem Ort hervorgeht, an dem Sara sich befindet.

Abraham ist tief betroffen, er hat die beiden Frauen allein gelassen, steht draußen vor dem Zelt. Dieses außerordentliche Geschehen durch Saras Worte hat ihn in seinem Innersten aufgewühlt. Er spürt das Gewicht und die Bedeutung dieser Stunde.

Drinnen liegt Sara erschöpft in den Kissen und gleitet langsam in einen leichten Schlaf.

Saras siebter Traum: Sara träumt ihren größten Traum

Wo Sara einst im dunklen, verschlungenen Labyrinth den richtigen Weg nicht fand, knüpfen die inneren Tiefen ihres Traumes den Faden. Dort legten sie damals Knoten um Knoten und banden das Weltenrätsel bis zum heutigen Tag. Fest hält Sara ihren Leitfaden in der Hand, sie folgt seiner Weisung, als könnte sie zusammen mit ihm die Lösung finden.

Am Beginn ihres Weges steht ein mächtiges Tor. Es wird ihr geöffnet, Sara durchschreitet es entschlossen und mit schnellen Schritten. Dahinter dehnt sich ein weites Gemach, es liegt zwischen hohen Mauern. An den Wänden hängen lange, weiße Tücher herab, sie hängen wie unbeschriebene Seiten eines großen Buches, das auf seine Geschichte wartet.

Kühle fällt von dem weißen Linnen, lässt sie frösteln, und Unbehagen steigt in ihr hoch. Der Faden in Saras Hand zittert und schlingert, doch er zieht sie weiter. Als Sara die Mitte des Raumes erreicht, sieht sie im Boden eingelassen eine runde Vertiefung. Von dort führen viele Stufen in die untere Sphäre. Höllenengeln gleich, stehen finstere Gestalten dicht aneinander gedrängt in diesem Kreis. Hass schlägt aus ihren Gesichtern, und ihre Blicke sind so scharf wie die Dolche in ihren knochigen Händen. Sie versperren den Weg in ein unbekanntes Reich. Sie bewachen das Geheimnis der kommenden Zeit.

Zurückgehalten von dieser lebenden Front, spürt Sara kommende Ereignisse. Sie scheinen schon im Raum zu stehen, noch nicht sichtbar, noch nicht zu greifen, dennoch fühlt sie deren Impulse, die sie ungeheuer bedrücken und ängstigen.

Sara glaubt die Anwesenheit von vielen Seelen zu spüren, die verzweifelt in diesem Kosmos kreisen und einen neuen Weg und eine neue Wohnung suchen, auf Erlösung warten.

Als sei sie selbst in kommendes, unheilvolles Geschehen verwickelt, peinigt sie stechender Schmerz in jeder Zelle ihres Seins. Alle bitteren

Phasen ihres Lebens und das Leid vieler Generationen scheinen sich durch ihn auszudrücken. In diese quälenden Gefühle bricht plötzlich die gestaute Aggression wie aus geborstenen Dämmen. Es kehrt sich mit unheimlicher Macht das Innen zum Außen, das Unten zum Oben. Und als beherrsche die Hölle den Himmel, sausen todbringende Geschosse, giftig aufleuchtend, durch die Lüfte. Sie zerschmettern die schützende Decke des Raumes um Sara, öffnen brutal die geschlossene Geborgenheit, liefern sie aus all den ungezügelten Gewalten.

Enger und enger ziehen Geistwesen um Sara ihre Kreise, drücken ihr etwas in die Hand, einen Gegenstand, fremd und unbekannt. Diesen halten sie dicht vor ihre Augen, etwas daran zwingt Sara zum Hinsehen, und sie erfasst mit einem Mal das beginnende Geschehen. Blitze zucken die Wände entlang, Schatten flackern über die Tücher, und wie aus Krügen gegossen, rinnt Blut wie rote Farbe über den rauhen Boden, verteilt sich über die Landkarte der Erde. »Oh, du mein und Abrahams Gott«, entfährt es Saras Herz und Mund. Sie schlägt die Hände vors Gesicht. »Was wollen diese fremden Dinge, Dinge, die ich nicht kenne, die ich nie vorher gesehen. Was hat das alles zu bedeuten? Will dies die Zukunft sein? Sind das die Jahre der unendlichen Zeiten?«

Schaudernd muss Sara miterleben, was auf der weißen Leinwand, laufenden Bildern gleich, in einer langen Geschichte vorausgespielt wird.

Nach Atem ringend und in großer Angst zieht Sara ihre Schultern hoch. Den Kopf in den Nacken gelegt, wird sie Zeuge eines erbitterten Kampfes der Gestirne am rot glühenden Nachthimmel. Sechszackige Sterne geraten mit scharfen Sichelmonden aneinander, umwirbeln sich, ziehen sich an und stoßen einander zurück. Viele von ihnen werden von stählernen Pfeilen getroffen, sie explodieren, reißen sich die Leiber auf und fallen in tausend Feuerstücken vom Himmel auf die Erde und auf die Menschen.

Entsetzen bricht in die grauenvolle, dahinschwelende Zeit, springt von gestern auf heute, vernichtet das Morgen, entzündet das Chaos, gebiert Tage, so schwarz wie die Nacht.

Sara glaubt, Dämonen und Teufel hätten die Erde geöffnet, die Glut und Feuer speit aus allen Poren. Das Ende scheint nahe, doch die geschundene Schöpfung verfinstert noch mehr ihr Gesicht. Durch eine dichte Rauch- und Rußwand gellen Todesschreie, rufen Kinder nach ihren Müttern, klagen Frauen um ihre Männer. Viele schreien nach Wasser, um Durst und Brand zu löschen. In den verwundeten Gesichtern erkennt Sara auch Söhne und Töchter ihres eigenen Stammes. Schmerz und Verzweiflung stöhnen aus ersterbenden Gesten. Stammelnde Fragen nach dem Leid, nach dem Warum. Fragen, die auf Antwort warten, wirbeln im Raum.

Sara hat das Gefühl zu ersticken, so wirklich und nah erlebt sie die Glut dieses schrecklichen Ablaufs. Auf ihrem Herzen spürt sie den Druck der unheimlichen Waffen, und es gibt noch immer kein Ende. Der Kampf geht weiter. Durch zerrissene Vorhänge schießen pfeifend und zischend eiserne Kugeln über das Land. Mauern bersten, Häuser stürzen in sich zusammen, Männer fallen wie von Geisterhand getroffen von ihren Pferden, Kamele wälzen sich vor Schmerz im Sand.

Dann brennt das Meer. Das Meer brennt, so weit ein Mensch sehen kann.

Nie hat es so etwas gegeben. Wie glühende Lava katapultiert sich Feuer aus dem Bauch der Erde. In Fackelfontänen steigt es auf aus den kochenden Wellen, und der Sturm trägt die vernichtende Wut in die Weiten. Schiffe versinken im geöffneten Maul der brodelnden Tiefe. Schwarze Fische und verklebte Vögel liegen bewegungslos im ölig-schwarzen Sand.

Sara reißt sich die Zeitbrille von den Augen, sie muss einen Augenblick lang Atem holen.

Wird nur eine neue Sintflut diese Hölle löschen können? »Ist dies Inferno schon der Untergang?«, schreit Sara ihre Frage in diese ihr unerträglich fremde Welt.

Es wird die Antwort nicht gegeben,
wie Sara glaubt.
Und keine fremde Hand
gebietet diesem Hass ein Ende.
Sie weiß, es ist an ihr,
dass sich nun endlich alles wende.

An Saras Herz pocht laut
das Siegel
aus vergangner Zeit.
Erinnert sie an ihre Pflicht,
und Sara ist zum Tun
bereit.

In ihrer Hand liegt kühl
und schwer ein Schwert.
Und rings um sich
zerteilt sie die Gestalten,
bannt die Gewalten.

Dem großen Weltgeheimnis
auf der Spur,
stellt sie nun keine Fragen mehr,
sie handelt nur.

Hinabgetaucht in ihre eignen Tiefen,
hat sie erkannt
und steht dafür:

Kommt von den Himmeln keine Rettung,
so komme sie von mir.

Ich find' den Himmel nur in meinem Herzen,
und deinen findest du allein in dir.

Das ist die Antwort Saras,
ihre Tat.
Die Macht der Höllenengel ist gebrochen,
der Hass dahin.

Zu dem Geheimnis führt
die Spur der Liebe,
es ist entdeckt.
Das Siegel rollt sich ab,
Friede naht.

Mit letzter Kraft hat Sara den Höllenengeln das Geheimnis entrissen.

Nun schlägt ihr Herz noch einmal schnell und laut und wird dann immer leiser. Der Silberfaden ihrer Geistseele ist dünn geworden und hält nur noch als Hauch eine letzte Verbindung zu ihrem Leib.

Im Halbschlaf tastet sie nach Hagars Hand. Mit ihr zusammen will sie den Traum zu Ende träumen. Dieser führt sie noch einmal in die tote Nacht, dann durch einen langen Tunnel zu einem neuen hellen Tag.

Machtvoll geht eine glühende Sonne auf und reinigt mit ungeheurer Strahlkraft den schwarzen Sand.

Von Lichtwesen begleitet, darf Sara den siebten Raum im siebten Himmel betreten. Ein Engel öffnet das siebte Siegel, ein anderer schwingt ein goldenes Rauchfass. Blumige Düfte und heilende Wohlgerüche hüllen Sara ein, und sie sieht mit neuen starken Augen ein letztes Bild:

Zwei Kinder spielen im Sand am Meer. Mit einem Stöckchen ziehen sie einen großen weiten Kreis um sich und nennen diesen Raum ihr gemeinsames Land. Aus verbrannten Hölzern und geborstenen Steinen bauen sie zusammen ein Haus, und rundherum stecken sie junge Palmzweige in die karge Erde. Fröhlich springen sie umher, lachen und tanzen und singen.

Plötzlich schwappt eine große Welle weit über das Ufer, schiebt Tang und Treibholz und dicke, schwarze Klumpen an den Strand. Neugierig laufen die Kinder dorthin. Sie wühlen in dem Gestrüpp und finden darin ausgebleichte Knochen. Zuerst getrauen sie sich nicht, sie anzufassen, Schauer schütteln sie, doch dann tragen sie alle Gebeine vorsichtig zusammen. Ganz ehrfürchtig legen sie sie in den Sand, breiten sie aus, ordnen sie in die Form menschlicher Skelette. Unschlüssig stehen die beiden davor, und nachdenklich sie betrachtend sagt das eine: »Irgendwann haben sie gelebt.«

»Ob das Hebräer oder Araber gewesen sind?«, fragt das andere. Ratlos blicken sie einander an. Unschlüssig, um eine Antwort verlegen, ziehen sie die Schultern hoch. Dann hören sie von weit her eine ungewöhnliche Stimme. »Das waren Menschen! Das waren eure Brüder, das waren eure Schwestern. Menschen! Brüder! Schwestern!«

Erschrocken schauen die Kinder um sich.

Vor ihnen steht eine leuchtende Gestalt. Diese trägt einen vielfarbigen Lichtschimmer um ihr Haupt, und um sie fließt in gleißenden Strahlen himmlische Sphärenmusik.

Licht und Töne verschmelzen ineinander und fluten in singenden Wellen über ein rosa-gelb-farbenes Meer, über alle Weiten, in alle Länder. In leuchtendem weißen Nebel formen sich jetzt aus den toten Gebeinen, in der Farbe der Pfirsichblüte, zwei Frauen in goldenen Gewändern.

Erst fürchten sich die Kinder, doch dann umhüllt auch sie der Glanz und spiegelt sich in ihren Augen. Die Frauen nehmen die beiden an der Hand und führen sie zu einem nahen Brunnen. Sie schöpfen Wasser aus dem reinen Grund und reichen es einander. Gemeinsam schauen sie in die Tiefe, und dort sehen sie sich in den Kreisen, die die Wellen ziehen. In Gold und Silber flimmern die Gesichter ineinander.

Wer ist Sara? Wer ist Hagar?

In langen Prozessionen nähern sich inzwischen viele Menschen. Sie tragen Lichter in ihren Händen. Lange Zeiten sind sie unterwegs gewesen auf der Suche nach dem Wasser des Lebens. Nun sind sie am Brunnen angekommen und trinken alle aus der gleichen Quelle. Süßes, reines, lebendiges Wasser.

Abseits stehen Soldaten neben ihren Panzern, Faustwaffen halten sie in den Händen. Frauen, in schwarze Tücher gehüllt, tragen ihnen Schilder entgegen, auf denen gute Worte stehen. Doch die Kämpfer verstecken sich hinter hohen Wällen, sie wollen ihre Rüstung nicht ablegen. Noch rasseln sie mit den Säbeln, aber ihre Streitwagen bleiben im Sande stecken, und die Gewehre funktionieren nicht mehr. »Eines Tages werden auch sie alle Gräben zuschütten und Bäume darauf pflanzen«, murmelt Sara leise.

Einige fangen schon damit an. Sie lösen sich aus der geballten Gruppe, werfen ihre Waffen weg und schreiten mutig voraus. Steinwürfe und Gewehrsalven begleiten sie, doch unbeirrt setzen sie ihren Weg fort. In ihren Händen tragen sie weißes Papier und in ihren Herzen den Wunsch nach Frieden. Sie sind bereit, eine neue Geschichte zu schreiben, ohne Blut.

»Wann werde ich das erleben«, fragt Sara und öffnet ein letztes Mal die Augen.

Saras Siegel prägt das Endzeichen ihres Lebens.

Leise flüstert sie Abraham und Hagar zu: »Wir alle müssen teilen und heilen, vergeben und lieben. Am meisten lieben.

Alles ist Liebe – Liebe – Liebe.« Das sind die letzten Worte, die von ihren Lippen kommen. Engel tragen Sara in ein anderes Reich und ihre Worte hinaus in die Welt. Sie schicken sie in jedes Atom, in jede Blume, in jedes Herz.

Liebe *Liebe*

Liebe

Wo sind sie schon angekommen?

Ismael, mein Bruder

Ismael, mein Bruder,
wie lange sollen wir uns noch bekämpfen?

Mein Bruder aus längst vergangenen Zeiten.
Mein Bruder – Hagars Sohn.
Mein Bruder, der du umherwanderst.

Ein Engel wurde für uns beide ausgesandt.
Ein Engel wachte über unser Heranwachsen
Dort in der Wildnis, wo der Tod des Verdurstens uns bedroht.

Ich ein Opfer auf dem Altar, Sarahs Erstgeborener.

Ismael, mein Bruder, höre mein Flehen.
Es war der Engel, der uns verband.

Die Zeit wird knapp, geben wir auf,
lasst uns den Hass beiseite legen,
lasst uns unsere Schafe Schulter an Schulter tränken.

Shin Shalom, israelischer Poet
Aus einem jüdischen Gebetbuch der britischen Reformsynagoge,
eingesandt von Annette Bygott, Copel Close (GB)